JN115372

愛知大学東亜同文書院大学記念センター叢書

書院生の見た日中戦争

三 好 章 ［編］

あるむ

序 言

　東亜同文書院の残した最も重要な成果として、書院生の卒業大旅行とその報告日記、および調査報告書をあげることは、誰しも異存のない所であろう。本書は、2019年度から開始された愛知大学東亜同文書院記念センターのプロジェクト「書院生大旅行報告書再読研究会」の成果の一部である。

　「書院生大旅行報告書再読研究会」は、中国国家図書館に所蔵されていた書院生の卒業大旅行日誌、同報告書などが大量に復刻出版されたことをきっかけとしている。愛知大学ではすでに所蔵していた1935年第32期生による報告書までをマイクロフィルム化し、公開している。それ以後は、報告書そのものが日本に存在しなかったのである。報告書は上海の東亜同文書院から東京の東亜同文会に送られることになっていた。しかし、1937年以降の日中戦争の全面化に伴い、輸送が滞っているうちに戦況が悪化し、それどころではない状態になり、最終的には「卒業大旅行」そのものも継続が困難となった。そして、昭和18年、1943年に中断し、そのまま終焉を迎えたのである。東亜同文書院に入学しても上海に渡れなくなったのである。敗戦後、学籍簿など一部の最重要書類は密かに持ち出せたものの、それ以外は時の中華民国政府に接収された。それが、まわりまわって中華人民共和国の首都北京の国家図書館に所蔵（死蔵？）されていたのである。それが国家図書館編『東亜同文書院中国調査手稿叢刊』全200巻として、2016年9月に復刻出版されたのである。「編」の意味する所の詳細は不明であるが、日本でマイクロフィルム化された部分に北京にあったものを付け加え、現在入手しうるものをそろえたといってよい。日本に存在しなかっ

た分量としては1938年第35期生によるものから1943年40期生までの6期分である。全体から見ると一部であり、地域も限定されている。しかし、その時期と地域が重要である。日中戦争全面化後の中国なのであるから。

　このプロジェクトは、東亜同文書院および同大学生による「卒業大旅行」の終末時期に焦点をあてたもので、日中間の戦争の影が色濃く、踏査範囲は極めて限定的である。その中で、書院生が何を見、感じていったのかが、研究のテーマとなる。それはまた、20世紀前半の中国の政治社会がいかに変化したかを見る手がかりともなる。書院生の継続的な「卒業大旅行」により、その報告書の内容などには当然精粗の差はあるものの、定点観測として整理することも可能だからである。わずか2〜3年の期間であっても、戦争という社会の変動期はそれが如実に見て取れる場合がある。従って、史料的にも有用な時期と地域であるといえよう。具体的には、日中戦争史研究においては、日本軍占領地域あるいは対日協力政権統治地域の実態に従来とは異なった角度から迫ることを可能にし、その一例ともなっている。

　本書は第1部総論と第2部各論から成る。第1部では、日中戦争期の書院生「卒業大旅行」の概要、日中戦争全面化以前およびその直後の調査旅行の経緯と変化、調査旅行報告書の資料状況を紹介し、補論として現在中国で進められている『支那省別全誌』の中国語翻訳について言及している。第2部では、書院生による内モンゴル、特にフルンボイルに関する調査、また「蒙疆」調査と書院生の時局認識、あまり注目されてこなかったカトリック教会「蒙疆」地域における活動、文化工作の一環としてのモンゴルの人々への教育政策にも言及する。華北の山西では、満洲国の協和会とも様々な関わりを持つ新民会の活動、さらに八路軍による初期日中戦争での攻勢である「百団大戦」時期の観察が検討されている。華中では、対日協力政権成立とその維持のための清郷工作を、実施した日本軍と汪政権の側から観察した。

　総じて、ここで検討したものは、書院成立前からの中国とその地の人々を知りたい、自分の目で見たいという若者の欲求が、その欲求の方向性や内容は様々であるが、日中戦争という現実によって押し狭められていった様、しかし限られた範囲であれ現実の各地の人々に触れられた喜び、そこ

から発する自分たちを含む現状に対する問い掛けに満ちた報告書であった。こうした見聞を残した書院生の殆んどが鬼籍に入っている。戦争を生き延びて戦後活躍した者、中国とは縁を切ってしまった者、個々人の人生は様々である。彼らの脳裏に残ったものは何であったのだろうか。そして、間もなく「戦後」80年を迎える我々は、血の通った人生の1つ1つにどのように向き合うべきなのだろうか。

目　次

第2部　各論

第1部

総　　論

第 1 章

日中戦争期の「卒業大旅行」

三好　章

はじめに

　本書の冒頭に、日中戦争全面化時期の「卒業大旅行」について、簡単に述べておきたい。

　「卒業大旅行」は、書院創設期の教授である根岸佶の尽力により、明治35（1902）年第 1 期生から開始され、昭和18（1943）年まで、期間の長短はあるものの、一貫して行われた[1]。卒業を前にした座学からの離陸は[2]、中国を、そしてそれを取り巻く世界を自分の眼で見ようとした20代前半の学生にとって驚きに満ちたものであったであろう事は、容易に想像出来る。また、書院の学問的成果として、実務経験を持たない未熟な段階とは云え、中国に関して一定の訓練を受けた学生たちが共通する地域を毎年のように訪れ、記録したことは、21世紀の現在から見て歴史の定点観測を可能とする。彼らが旅した20世紀前半は、東アジアの大変動の時期であり、日本にとっては異様な膨脹を企図して破綻していった期間である。一方の中国は、国民党が日本の妨害を受けつつ「統一化」に成功したものの、その

1　「中国内地旅行」（大学史編纂委員会『東亜同文書院大学史』滬友会、1982年 5 月、第 5 章、183–199頁、以下『大学史』）。後掲の藤田の研究によって、書院生「大旅行」の行き先が中国に限られたものではなく、東南アジアにも広がっていたことがわかる。本書所収の「東亜同文書院大学卒業大旅行報告書一覧：日中戦争全面化以後」および「日中戦争期東亜同文書院大学卒業大旅行報告書（調査地域一覧）」参照。ここからは、日中戦争全面化以後も、なんとか広い世界に飛び出したいという書院生の熱意が伝わってくる。

2　もちろん、東亜同文書院が置かれた上海という土地柄は、近代日本にとっての最も近い「西洋」であり、ほとんどの書院生が、日常的に日本を含む外来勢力が作った租界に繰り出し、中国人街である上海旧県城に親しみ、彼らの出身地の日本各地と比べてその違いに驚き、学んだことは想像に難くない。上海到着後の書院生の感想は「各期回想録・銘々伝」（『大学史』397–671頁）各所に見出される。

成果を共産党に奪われようとしていた時期である。

　こうした卒業旅行がその活動範囲を広げていく過程は、すでに藤田佳久の先駆的、かつ大量の実証的研究がある[3]。本書は、そうした藤田の研究なくしては生まれなかったし、その業績を継ぐ意図を持って編纂された。本書で中心的に対象とするのは、藤田の取り上げた拡大充実期ではなく、東亜同文書院開学以来の卒業大旅行が、日中関係の悪化、とりわけ日中戦争のために、日本軍および対日協力政権統治下の地域にその規模を完全に縮小せざるを得なくなった1938年から、結果的に最後の「大旅行」となってしまった1943年までである。「大旅行」の収縮期であり、総決算と言うには余りにも中途半端であり、突然の終焉であった。

　書院生「卒業大旅行」の目的地を見れば、その時々の日中関係が容易に判断できる。中華民国北京政府時期までは日中関係に配慮する中国側の配慮により、学生の旅行に護衛が付き、身の安全が保証された。しかし、広東を出発点とする「北伐」による「統一化」が進むにつれ、とりわけ1928年の済南事件、張作霖爆殺事件以降、当然の事ながらその旅行範囲が狭まってくる。まして、満洲事変の翌年である1932年[4]以降は、それは明確化してくる。1936年に「大旅行」の予定コースを終えた33期生永福茂三郎は、「護照」も持たずにさらに西行しようとして中国官憲に拘束されるという事態を引き起こしている[5]。微妙な国際関係を象徴する事態であり、書院生が民国初期のような「自由」を謳歌できなくなっていることの表れともいえよう。そして、日中戦争が全面化した1937年は、調査旅行そのものが途中で打切りになり、帰院後、書院生の「学生従軍」、すなわち「通訳従軍」が第一陣から第六陣まで、9月を皮切りに11月までに出発している。それはまた、書院生の中から早期従軍実現を直接交渉するた

3　代表的なものとして、『東亜同文書院 中国大調査旅行の研究（愛知大学文学会叢書）』大明堂、2000年があり、その他全5巻にわたる『東亜同文書院　中国調査旅行記録』（大明堂、不二出版、1994年〜2011年）がある。さらに、関連する著作論考は、多数にのぼる。

4　卒業大旅行は6月に開始されるため、1931年は実施されているが、行き先は満洲・山東など、日本の影響力が強かった地域に限られる（『大学史』763頁）。1932年は、実施はされているものの、現存する報告書は2本（日本人と覚しき佚名「満洲国の貨幣」、および中国人と覚しき趙俊生「昨年来の湖北大水災ニツイテ」）である。

5　『大学史』65頁。この件は、在張家口日本領事の手を煩わせる結果となっている。外交問題になりかねなかったのである。

めに代表を陸軍省に送ろうと、血判を押した嘆願書を携えての上京が計画
されたことが背景にあった。この「従軍通訳」は南京陥落後1938年2月
下旬から5月に掛けて「従軍解除」を受け、書院に帰還している[6]。東亜同
文書院と日中戦争との関わりそのものの検討には、多角的な視野が求めら
れよう。外地の学生が従軍に必ずしも否定的ではなく、積極的にそれを求
める者がいたことは、当然ながら留意すべきであろう。本書では、「卒業
大旅行」を通して書院生が日中戦争をどのように見ていたのか、あるいは
日中戦争に何を見たのか、の検討を課題としている。本来ならば、「15年
戦争」全体を俯瞰する必要があるが、ここでは日中戦争全面化以後、すな
わち1937年以降を対象とした。それは日中関係が本当に抜き差しならな
いものとなり、特に1941年12月以降は世界大戦の一部として名実ともに
「日中戦争」となったからである。それ以前については将来の研究に待ち
たい。

　さて、盧溝橋事件によって日中戦争が全面化した後、その年は見送られ
たものの、翌1938年以降には毎年同時期に「大旅行」が実施された。報
告書が残っている1943年40期までに、都合392本の報告が確認されてい
る。なお、報告書は確認されていないが、1943年入学44期生は同年4月
16日東京出発、東シナ海を遊弋するアメリカ潜水艦を回避しつつ30日上
海に着いた。2週間も日にちを要したのは、この間、船旅が23日の長崎
発が28日に延期されたためである。翌44年4月、崑山・青浦・常熟三班
に分かれて清郷地区調査に向かった[7]。これが、最後の「大旅行」である。

6　「第34期生回想録　支那事変と通訳従軍」(『大学史』571–571頁、765頁)。盧溝橋事件発生時、
　第34期生は「大旅行」の最中であったが、日本本国外務省より「旅行を中止して、一応帰
　院させるべし」との公電が発せられ、上海に戻ると校舎は焼け落ちていた。その中での従軍
　通訳志願であったことは、留意すべきであろう。なお、従軍していた部隊の作戦上の都合か
　ら帰還が遅れる者もおり、徐州作戦にまで従ったり、その後南京移駐後部隊の復員1939年
　4月まで従軍した者もいた。また、その待遇も将校待遇から下士官待遇までまちまちであっ
　た。

7　『大学史』637頁。なお、すでに1941年12月、清郷工作が本格化した頃、書院生が教員引率
　のもと清郷地区見学に赴いた際、乗っていた華中鉄道による長距離路線バスが太倉付近で銃
　を持った「新四軍敗残匪」7名に襲われ、学部1年宮川盛郎が撃たれて即死、引率教員の陣
　内豊吉と学生2名が重傷、2名が無事という事件があった(『大陸新報』昭和16年12月7日
　夕刊第2面)。この事件は『大学史』161頁にも言及がある。ここでは「占領治下の収買状
　況調査」が目的とされている。

5

この時はすでに軍事教練を受けた書院生[8]たちであり、「前後に60発の実弾を帯び、小銃を肩に出発した。当時、新四軍の浸透が激しく、虹橋飛行場を過ぎるあたりから、いつ敵襲を受けるかわからない状況にあった」のである。全般的には治安が維持されていたとはいえ、もはや農村地域では少しでも深く入ればもはや安全とは言い難い状態であったのである。

1　報告書から見る卒業大旅行踏査地域

　この時期の報告書を調査地域別に整理したものが以下の諸表である。書院生の一学年学生数は基本的に100人、全員が報告書の提出義務を有していた。また、書院の専門学校から大学昇格があった1939年入学者の卒業大旅行は書院で修了する者と大学生として修了する者が混在した結果、残存している報告書も多い。また、接収された後の報告書の保存環境が不詳であり、散逸や亡失を免れない劣悪な状態もあったと考えられる。

「日中戦争期東亜同文書院大学卒業大旅行報告書（調査地域一覧）」

昭和13（1938）年　第35期　22本

地域	本数	地域詳細	本数		本数		本数		本数
東北		華北	5	華中	13	華南	1	東南アジア	2
蒙疆	1	華北全域	5	江蘇	10	香港	1	タイ	1
華北	5			上海	2			英領マラヤ	1
華中	13			浙江	1				
華南	1								
東南アジア	2								

昭和14（1939）年　第36期　92本

地域	本数	地域詳細	本数		本数		本数		本数
東北		華北	22	華中	23	華南	20	東南アジア	16
蒙疆	11	河北	6	上海	2	広東	11	仏印	3
華北	22	山東	9	江蘇	9	香港	9	タイ	4
華中	23	山西	7	安徽	3			フィリピン	6
華南	20			江西	2			英領マラヤ	3

8　同文書院の軍事教練は、1938年11月に開始されている（『大学史』586頁、766頁）。

東南アジア	16	湖北	5	
		湖南	2	

昭和15(1940)年　第37期　56本

地域	本数	地域詳細	本数		本数		本数
東北		華北	14	華中	30	華南	8
蒙疆	4	北京	1	上海	1	広東	7
華北	14	天津	1	江蘇	3	澳門	1
華中	30	河北	3	浙江	7		
華南	8	山東	2	安徽	7		
東南アジア		山西	4	江西	2		
		華北全般	2	湖北	5		
				華中全般	5		

昭和16(1941)年　第38期　86本

地域	本数	地域詳細	本数		本数		本数
東北		華北	15	華中	52	華南	14
蒙疆	5	天津	1	上海	3	広東	14
華北	15	河北	1	江蘇	8		
華中	52	山東	5	浙江	2		
華南	14	山西	5	安徽	4		
東南アジア		華北全般	3	江西	10		
				湖北	16		
				湖南	1		
				福建	8		

昭和17(1942)年　第39期　39本

	本数	地域詳細	本数		本数		本数		本数
全国	9	東北	2	華北	9	華中	14	華南	1
東北	2	満洲国	2	北京	2	江蘇	5	香港	1
蒙疆	2			天津	2	浙江	4		
華北	10			山西	1	安徽	2		
華中	14					湖北	2		
華南	2					湖南	1		
東南アジア									

	本数		本数
江蘇	99		
蘇北	34	蘇南	65
南通県	10	蘇州	1
海門県	4	丹陽県	9
江都県	11	呉県	8
泰県	8	常熟県	13
揚州	1	太倉県	7
		無錫県	6
		崇明島	12
		常州	1
		武進県	8

1938～1943年総計（本数）

全国	9
東北	2
蒙疆	23
華北	66
華中	231
華南	45
東南アジア	18
総計	394

　調査地域の変動に関しては、上掲諸表から容易に読み取れよう。表では、調査地域と報告書の本数との歴年の変化を示した。すでに述べたように、報告書が全て完全に残存しているわけではないものの、一定の傾向が示せると考えたからである。

　1938年には全22本中蒙疆・華北6本であるのに対し、華中それも江蘇が10本と大半を占める。その一方で、南進の方向であるタイ・イギリス領マラヤが入っている。1939年は92本である。華北ではすでに王克敏を首班に中華民国臨時政府が成立しており、その意味で安定して調査できる地域であった。また、10月には武漢・広州が陥落して日本軍の軍事作戦は一段落し、占領地区の確保に課題が変化していた。この年の「大旅行」は華中では足元の上海や隣接する江蘇だけでなく、長江を遡上して安徽・湖北・湖南へ、華南では広東作戦の進行を背景に広東・イギリス領香港、また東南アジア全域への関心が見られる。なかでも、アメリカ領フィリピンの6本が目立つ。1940年は日中戦争自体の泥沼化からの脱却のため南進が一層現実の課題となり、すでに植民地体制を構築していた英米帝国主義との対立が視野に入ってきた。書院生の関心はもともとはより広い地域にあったのであろうが、実際の旅行はこの年以降華中に集中するようになり、全体の半分以上を占めるようになった。それでも、限られた華中のなかで出来るだけ遠方へと足を運んでいた。1942年は華中は最多ではある

ものの圧倒的ではなく、「満洲国」での開拓団調査が入っている。開拓団
に関しては、すでに多くの先行研究があり[9]、現在ではそれぞれの開拓団の
個別研究の段階に入っている。しかしながら、書院生の報告書はいまだ利
用されたことのないものであり、資料状況や調査方法を含め、今後検討に
供されるべきものであろう。また、その理由についての詳細は未詳である
が、この年は中国全国を範囲とする報告が 9 本あった。

　そして最終年の1943年は全ての調査地域が華中であり、しかも長江以
南の蘇南地区が 3 分の 2 を占めていた。蘇南地区は1941年 7 月以来、汪
政権成立時から日本軍の中心的力量とする清郷工作が展開されてきた地域
で、日本敗戦後も大きな治安の乱れはなかった[10]。従って、「卒業大旅行」
の目的地としては、近すぎるとの不満は当然あったであろうが、学生身分
の彼らの安全を考えれば、当然の結果であった。それでも、書院生として
は都会である蘇州ではなく隣接する農村地域としての常熟を選ぶなど、少
しでも中国内部に入り込もうとする彼らの意欲を見て取ることが出来るの
ではないだろうか。

2　報告書に示された調査項目

　日中戦争期の報告書総計393本。そのタイトルを見ると書院生の関心を、
見て取ることが出来る。テーマの詳細は巻末にあげた『東亜同文書院大学
卒業大旅行報告書一覧：日中戦争全面化以後』を参照されたい。

　日中戦争全面化以後の 8 年間を通して経済関係が最多であることは言う
までもない。なかでも、各地の財政・金融関連の報告が多いのが目立つ。
しかし、農業部門に関しては36期に 10本があるものの、他はおしなべて
低調である。もちろん、流通に関わって米穀や棉花を取り上げているもの
もあり、けして一次産品に関心が無いというのでもなさそうである。同文

9　詳述しないが、長野県泰阜村を舞台に近代の鉄道開通による村落の変化から分村移民に到る
　過程を詳細に検討した小林弘二『満洲移民の村』（筑摩書房、1977年 5 月）を嚆矢として、
　日本近代史と日中関係、植民地史の視点から多くの研究が成果を上げている。
10　清郷工作に関しては、拙稿「清郷工作と『清郷日報』」（拙編著『『清郷日報』記事目録』中
　国書店、2005年 3 月）、また日本敗戦後の蘇南の状況に関しては拙稿「南京1945年 8 〜 9 月：
　支那派遣軍から総連絡班へ」（『愛知大学国際問題研究所紀要』No. 143、2014年 3 月）参照。

「日中戦争期東亜同文書院大学卒業大旅行報告書（年次毎調査テーマ一覧）」

分類／年次	35期 (1938年)	36期 (1939年)	37期 (1940年)	38期 (1941年)	39期 (1942年)	40期 (1943年)
政治	10	1	8	16	16	30
全般	1				5	
地方行政	9	1	8	16	11	30
経済	8	51	41	51	15	35
全般（経済事情）	2	13	4	4	4	
財政・金融	3	8	10	11	2	16
工業	2	4	9	13	2	6
農業	1	10	2	2	1	
流通		8	9	7	6	13
交通		8	7	11		
社会	1	29	8	18	5	34
教育		10	6	14	1	6
対日観	1	7			2	
人口・家族		6		3		12
言語・文化		3			1	11
宗教		3	2	1	1	5
華僑	2	7		1		
その他		2			1	
総計	22	92	57	86	37	99

※36期、39期の「その他」は外国の在中国権益

書院の性格から、金融・流通部門に就業する卒業生が多かったことから考えれば、納得も行く。また、県単位の地方行政、治安などに関するものも目立つ。さらに教育関連では、「抗日教育」からの脱却が如何に進んでいるのかに焦点をあてたものが多くを占める。また、中国人の対日観について報告しているものが一貫して多い。日中戦争を「聖戦」と理解していた書院生もいて当然である。また、出征を目前に控えた書院生にとって、研究の対象としてきた中国人の日本観は、大問題であったはずである。なお、

極端に旅行地域が限定されている40期生にとっても、そうした関心は共通していた。

　同文書院は実務教育の場であったと同時に中国研究の場であり、大学昇格を目指しそれを実現する中で、学究的報告もまた生まれていった。例えば、中国各地に存在する「方言」については、北京語を中心に学び、上海語の中で生活していた書院生にとって、新鮮な音であったのではないだろうか。書院での中国語教育は北京語中心であったが、それはまさしく「官話＝Mandarin Chinese」であり、「方言」はいうならば民の言葉であって、治者の世界と被治者の世界が分裂していたとの中国社会観[11]とも通底しよう。また、書院生は中国に限らない各地で、上海での日常とは異なる「異文化」を見た。そうした蒐集物が戦火に焼かれてしまったことは、これまでも言及されてきた。しかし、報告書などから書院生の踏査地域やその文化を現在に再現、あるいは再確認することは可能である。従って、今後の書院研究としてそうした側面にスポットを当てるためにも、本プロジェクトは意味を持つと考えている。

おわりに

　書院生の卒業大旅行は、書院創設期からその終焉まで、およそ半世紀にわたって継続的に行われた行事である。それは、同文書院の設立目的である実地の中国理解に基づく日中交流実務者養成に従ったものであり、多くの人材を輩出してきた。しかし、日中間の不幸な関係悪化がそうした理解の深化を妨げ、卒業大旅行どころか書院の存続さえも不可能事としてしまったのである。今回検討したのは、そうした困難がきわまる時期を中心に、従って、彼らにとって可能な範囲での、すなわち日本の軍事力の及ぶ

11　わかりやすいものとして草森紳一『文字の大陸 汚穢の都——明治人清国見聞録』（大修館書店、2010年4月）をあげておく。ここであげられている「明治人」は、当時の日本としては国際感覚を持ち、日本内部に対しても西欧との比較で追い付こうとしていた「知識分子」であった。草森が取り上げているのは尾崎行雄、原敬、岡千仞、榎本武揚、伊藤博文の5人であり、1884年すなわち清仏戦争時期の「晩清」時期である。その後の芥川龍之介『支那游記』（改造社、1925年10月）やそれに先立つ短編「南京の基督」（1920年）からもそうした世界を読み取ることができる。

範囲において中国の民の世界に入り込もうとした若者の見聞である。当然
ながら制約は、卒業大旅行の開始当初よりも大きい。彼らの熱意を評価す
ることは、本書の目的ではない。研究において、努力は評価されてはなら
ないからである。しかしながら、その熱意と努力とを彼らが書き残したも
のの紙背から感じ取ることは、必要であろう。

第2章

1930年代の東亜同文書院における記述の再生産と大調査旅行

野口　武

はじめに

　東亜同文書院は1917年4月に上海徐家匯の虹橋路に校舎を移設して以来、教育・施設を拡充した。しかし、満洲事変以後は日中間の情勢から1937年に校舎が被災し、同年10月に仮校舎として長崎へ移転するまで、その経営には常に苦心した[1]。

　母体である東亜同文会は、1898年の成立当初には政治言論の場に活動を見いだそうとしたが、1910年代までには中国事情の調査・研究及び人材育成を主たる事業としてその方針を転換していった[2]。特に1945年に組織を解散するまでに教育の方面において事業の拡充を図ったが、最終的に経営が存続したのは東亜同文書院のみであった[3]。事業のうち、中国事情の調査・研究に関しては、調査編纂部（のち調査事業部）を組織し、機関誌や図書出版を実施する刊行事業が柱であった[4]。1906年に十二輯にわたり刊行した『支那経済全書』は、東亜同文書院の前身と位置づけられる日清貿易研究所時代に刊行した『清国通商綜覧』を拡充し、東亜同文書院一期生から四期生による中国現地調査報告の成果を盛り込む形で出版した東亜同文会最初の刊行事業となった。また、『支那省別全誌』は第一巻の「広東省」（1917年）から最終巻の「直隷省」（1920年）に至るまで、東亜同文書院

1　［大学史編纂委員会編 1982: 110］。

2　［東亜文化研究所編 1988: 32–33、73–108］。

3　［滬友会 1955: 28–30］。

4　このうち機関誌は『東亜時論』『東亜同文会報告』と続き、1912年に創刊した『支那』は月二回の発行で公売化し1944年までに36巻432号まで続刊した［滬友会 1955: 29］。

五期生以降の「中国奥地大旅行」によって調査・収集した資料をもとに整理、編纂して一般公売もされた[5]。

　当時好評を受けた刊行事業において、その下地となった「大旅行」は東亜同文書院第五期生（1907年）から本格的に開始された。大調査旅行の研究に先鞭をつけた藤田佳久によれば、十七期生（1920年時）の調査旅行で調査目的が明確化し、二十八期生（1932年）までが「円熟期」であったと指摘する[6]。その旅行記録からは「学生の自由な行動と、客観的な認識が読みとれ、かつての事大主義的な、また強烈な日本人意識は弱まって」おり、日中「両国間の関係が悪化する事態と、その理由の中に……客観的観察さえ行われるようになった」[7]。

　しかし、1931年の満洲事変によって日中間が緊迫化すると、排日気運に加えて中国側の「護照」が発行されなくなり日本支配地域における調査旅行に限定されることになった。特に満洲国成立以後は日本軍支配下の調査要請もあり満洲地域の調査が拡大した反面、「学生ら自らの主体性が弱められ、半ば義務的な調査旅行となった」ため、調査旅行の性質を大いに変えることとなったという[8]。

　藤田は膨大にある『大旅行誌』の記述から、華中華南の長江ルートを「メインランド」として位置づけ地理学的要素から調査ルートを精査し、大調査旅行の実態を明らかにしている。この藤田の研究を受けて、近年、満洲・西南地域、東南アジア地域の調査実態として、研究内容も進展している[9]。

　そこで、本稿ではこれら研究をふまえた上で、東亜同文書院の教育事業における「大調査旅行」に関して、1930年代前半を中心とする東亜同文書院の「記憶語り」について考察してみたい。その際に、東亜同文書院では「書院精神」[10]と呼ばれる「学生文化」が存在する。この「書院精神」

5　［大学史編纂委員会編 1982: 34、66］。『支那省別全誌』は1941年に新資料を元に追加訂正して刊行を目指したが、1941年6月の第6巻で中断した。東亜同文会の主要刊行物については、ひとまず［東亜文化研究所編 1988: 106–108］を参照。

6　十七期生は五四運動により満足な調査が行えず、より本格化したのは十八期生（1921年時）以降とする［藤田 2000: 288、297–324］。

7　［藤田 2000: 302］。

8　［藤田 2000: 310、314］。

9　［加納寛編 2017］。

10　「書院精神」が何かといった場合に、書院生の心性を議論した論考は少ない。さしあたり、

を読み解く際に、東亜同文書院の「通史」がどのように語られているのか
について述べる。また東亜同文書院の教育事業として中核に位置づけられ
る「大旅行誌」について、どのような社会的関連性を持ったのか、書誌の
ありかたを考察する。そして、これらの内容を整理した上で、『大旅行誌』
に描かれている「中国」の記述がいかなるものであったのか、上記のよう
な視角をもって、書院生の記憶語りのなかに見られる「心性」がどのよう
に位置づけられるのか、整理して述べてみたい。

1　東亜同文書院の「伝統」と自団体史の記述

1-1　東亜同文書院の「通史」

　東亜同文書院の前身である日清貿易研究所がひとつの「物語り」として
語られるときに、当時の政治経済的時事理解とともに、組織の創立者であ
る荒尾精や、その協力者たちがいかにその事業の実施に奮闘したのかが記
述される。

　1881年に荒尾精と根津一が陸軍士官学校で出会って以降、「隣疆の大国」
であった清国を「開発」し日本と「提携して立たしめ以て西力の東漸に拮
抗すべ」[11]く、欧米留学熱が盛んな時勢のなかで、いかに「支那事情を明
かにせんとそれのみ日夜心を砕」こうとしていたのか、荒尾と根津の紐帯
において兄弟の如く議論を通じたという「縁起」から語られる。

　1886年に参謀本部員として渡清した荒尾は、「大に同志を召集して支那
事情を研究せんと欲し真に支那に志ある有為の青年」を率いて中国の事物

藤田は書院の前史となる日清貿易研究所の活動と、設立の立役者となった近衛篤麿や荒尾精
による「意思」が根津一に影響したとする。前掲［藤田 2000: 6］。これに対して、石田は根
津一（根津精神とも呼ばれる）の陽明学に基づく「知行合一」による実践的自己修養が東亜
同文書院の教育に影響したことを指摘［石田 2019: 183–184］。このほかに、東亜同文書
院の教育を概説的に描きつつ根津一の「開拓者精神」として言及したものに、［大森史子
1978: 88］。また、「根津精神」を端的に言及したものとして、［森時彦 1979］。根津の思想性
に陽明学の存在を指摘した栗田は、書院生の精神史として、「『現地人の肩を持ちすぎる』と
いう批判を常に背負っていた東亜同文書院が、この時代に存続し続けようとするためには、
皮肉なことに日本への『貢献』とさらなる『日本化』が必要とされた」と述べ、「ミッション・
スクールに見られるような、中国や中国人の精神を作り直そうとする〈中国における使命〉
をまったく持たなかった」と指摘している［栗田 1998: 112–113］。

11　［松岡・山口 1908: 1–2］。

を研究調査しようと、支援者となった岸田吟香らと協力し、書籍や薬剤、雑貨を販売する漢口楽善堂を立ち上げる。荒尾と根津は1889年に「対清政策を立てんとし先づ経済的事業を起し更に進んで政治的方面へ発展せんと欲」し、当時の日清貿易の実権が清国人の手にあり、日本商人の勢力が及んでいないとの見立てから、上海に「誘導商会」を起こして「日本と連絡を通じ漸次に貿易の実権を清商の手より回復せんと企て」ようとした[12]。このため日清貿易研究所の設立を目指し、日本国内を遊説して研究所生を集め、政治経済界に賛同者を得たが、資金調達や校舎設置の選定には苦心した。

　上述した物語りに続いて、『沿革史：日清貿易研究所東亜同文書院』（以下、『沿革史』）では開校に至るまでの困難、開校式の荒尾の訓示、マラリアや生活苦、その中での研究所生の教育上にわたる思想統制、義和団事件の影響にともなう校舎移転の問題が連続的に記述され、そして『清国通商綜覧』、日清商品陳列所（瀛華広懋館）の設置、「上海東洋大学」「東方通商協会」の設立構想、そして日清戦争の影響による撤退へと「記憶」が整理されて記述される[13]。この記述のありかたは、東亜同文書院の縁起を語る上で、戦後に至るまでにも圧縮再生産された物語り構造として捉えることができる。

　東亜同文書院が創立三十周年を迎えた1930年には、『創立三十週年記念東亜同文書院誌』（以下、『三十週年記念誌』）が刊行されている[14]。同書の第一章は「日清貿易研究所」であり、『沿革史』を底本にした記述が見られる。たとえば、日清貿易研究所がさきに日清貿易商会（誘導商会）を設置して人材育成を図ろうと企図した記述に対して、『沿革史』では、「研究所の学生は種々なる思想を有し其希望も亦異なれり或は真に対清貿易者たらんとし或は又是れ東印度会社的のものならんと思ふあり……」[15]と述べている。この点を、『三十週年記念誌』では「日本の対支貿易商会にしてかの英国の東印度商会の如きとは異なるも稍趣を同じふせる所ありき」[16]

12　［松岡・山口 1908: 上編緒言、2-4］。
13　［松岡・山口 1908: 上編第一章、4-27］。
14　坂本義孝を編集主任とし、山田謙吉、小林文夫が編集委員［上海東亜同文書院 1930］。
15　［松岡・山口 1908: 上編第一章、15］。
16　［上海東亜同文書院 1930: 1］。

として、記述を簡略化して述べている。この『三十週年記念誌』の記述構成も、日清貿易研究所の設立目的、設立経緯が述べられたあとに、荒尾の「胸中に育まれたるもの」として、「我が帝国の基礎を鞏固にし、東亜永遠の和平を維持せんと欲せば、西方の東漸を阻遏せざる可からず」とし、西方の東漸を阻止するためには「東洋各国を聯合協緝するに非ざれば、……先づ惰眠せる老大帝国の実情を究明して、一大企画を樹んと欲し、日夜心を砕けり」と述べ、荒尾の意図に触れてゆく。

　『沿革史』(1908) をはじめとして、『東亜同文書院創立二十週年　根津院長還暦祝賀紀念誌』(1921、以下、『二十週年紀年誌』)、『創立三十週年記念東亜同文書院誌』(1930)、『創立四拾週年東亜同文書院誌』(1940) は、いずれも設立から十周年の周期をもとに編纂された東亜同文書院の「通史」であると見てとれる[17]。これら「通史」が記述されるなかで『沿革史』を皮切りに、十年ごとの時代のなかで物語の記述が圧縮・再編纂されることで、後代に「記憶」が継承されてきた[18]。

　上記で指摘したような記述は随所に見受けられる。この記述スタイルによって記憶が継承されるなかでは、日清貿易研究所から東亜同文書院の設立に至るまでその立役者となった荒尾と根津の「功績」がより強調した姿で描かれる。

　『沿革史』では、「隣疆の大国」である中国を日本人が主体的に「開発」し、日本と「提携」して自立させることで「西力の東漸に拮抗」するという明治期の国際情勢を前提に記述する。そして、漢口楽善堂での活動を記述した上で、日清貿易研究所の計画には対清貿易の振興のため「必要なる人材を養成して清国事情に通暁」させ、「興亜の偉業を志すもの」として描く[19]。

17　[松岡・山口 1908]、[上海東亜同文書院・清水 1921]、[上海東亜同文書院 1930]、[上海東亜同文書院大学 1940]。
18　戦後の連続性については、[栗田 2005]。戦後に「通史」的記述を果たしたものとしては、前掲 [滬友会 1955]。この出版背景として、[清水 1959]。滬友会は書院卒業生及び教職員などの関係者によって組織された同窓会組織で、1942 年 10 月に社団法人となる。戦後は 1946 年の第一回会合を期に任意団体として活動を再開し、1956 年に社団法人として復活した。戦後の滬友会の活動は、「通史」の記述とあわせて [大学史編纂委員会編 1982: 701-708]、この出版背景については、[滬友会 1977]。
19　[松岡・山口 1908: 上編第一章、4]。

『二十週年紀念誌』は『沿革史』を底本にして、東亜同文書院二十周年と院長であった根津一の還暦祝いをかねて刊行された[20]。根津の評伝では、荒尾との縁起に「荒尾氏の名を以て現れたる功績は先生（注：根津のこと）の心労に成り、先生の精神は亦荒尾氏の精神を体すれば也」として荒尾と根津の「一心同体」が唱われる。荒尾は1896年に台北で逝去するが、陸軍士官学校でともにした時代から互いに大志を抱き、「百年の知己」を得たもの同士、「深く相傾倒して措かず、其の交情骨肉に勝」り、「口を開けば必ず東方問題を説」く間柄として同じ志を抱いた「国士」の姿が強調して語られる[21]。その「東方問題」についても参謀本部時代から日清日露の両戦争を経て、「西力の東漸」はロシアの圧迫において対抗する道を講じなければ東亜の大局が「全滅の悲境」に至るものとして「支那をして覚醒せしめて富強に導」くことが重要であるとして述べられる[22]。ここでは荒尾と根津の記述が「一心同体」として連続して描かれることによって、日清貿易研究所から東亜同文書院の成立へ至る記述構造が再生産されている。

　続く『三十周年記念誌』では、荒尾の胸中に育まれた日清貿易商会構想が世界趨勢に臨み「東亜永遠の和平」を維持し「東洋」と手を携えようと企図されたなかで、荒尾と根津の参謀本部での縁起から相通じて「経済事業を興し、両国の関係を密接ならしめ、更に進んで政治外交方面にも発展せんと決意せり」として、漢口楽善堂から日清貿易研究所の一連の活動がやはり連続して記述される[23]。

1-2 1930年代の追悼イベント

　こうした荒尾と根津をはじめとする組織の紐帯に関連人物を位置づけようとする記述は、東亜同文書院の「通史」にわたるものだけではない。

---

20 東亜同文書院二十週年紀念式と根津院長還暦祝賀会は1920年10月24日に行われた。先に根津の祝賀式が行われ、休憩後に二十週年紀念祝典が実施された。沿革は大村欽一、根津の略伝は清水董三、山田謙吉らの書院出身者かつ教授陣らにより執筆された［上海東亜同文書院・清水 1921: 凡例、251、272］。
21 ［上海東亜同文書院・清水 1921: 100–101］。
22 ［上海東亜同文書院・清水 1921: 102］。
23 ［上海東亜同文書院 1930: 2］。

　1934年2月には近衛篤麿の没後30周年を記念して、『故近衛霞山公三十周年祭典紀事』が東亜同文書院から出版された[24]。この近衛篤麿追悼の「イベント」を主導したのは、1920年10月に東亜同文会幹事長代理に就任（1922年に理事長に就任）して以降、東亜同文会の会務を鞅掌してきた白岩龍平であった[25]。日清貿易研究所出身の白岩は東亜工業や日華実業協会で経済界の活動の幅を拡げるだけでなく、財団法人となった1922年から1936年12月に辞職するまで東亜同文会の理事長の任にあり、また対支文化事業調査会の役員を務め、特にその中核事業となった東亜同文書院の教育事業には注力した[26]。

　東亜同文会および東亜同文書院では、これより先に成立の立役者であった荒尾精と根津一に関しても追悼イベントを実施しており、ことの発端は『対支回顧録』の刊行事業の企画から起こっている。『対支回顧録』は1936年4月に出版されているが、1933年に対支先覚者伝記編纂委員会が会内で組織されると、日清貿易研究所の設立から東亜同文会および東亜同文書院の経営にも関与する中島眞雄を中心に、白岩が企画上のバックアップをとるかたちで推進され、およそ三年の編纂過程を経て出版されたものであった[27]。

　この間に行われた近衛篤麿の追悼イベントは1934年2月に、同年9月には荒尾精の追悼座談会が実施されている。東亜同文会の機関誌である『支那』には、1934年2月に「近衛霞山公記念誌」として近衛篤麿の追悼号が企画され、同年10月には『支那』発刊二十五周年として荒尾精の特別追悼号が組まれている[28]。さらに、これら顕彰イベントとあわせて東亜同

24　［上海東亜同文書院・山田 1934］。

25　「東亜同文会幹部人事表」［東亜文化研究所編 1988: 35］。東亜同文会は1918年に総裁制の組織体制に移行したが、1921年に財団法人への改組を決定し、1922年2月に認可され法人格を取得した［滬友会 1955: 27–28］、［財団法人霞山会 2003: 59、62］。

26　白岩龍平は日清貿易研究所出身で、日清戦争での従軍通訳を経て、1896年には大東新利洋行（後、大東汽船会社）、1910年には日清汽船会社を創業した同会きっての起業エリートで、日中間の経済実業家として重役を担っていく。白岩については、ひとまず、［中村義 1999: 150–154］、［東亜同文会編 1973: 338］。

27　その企画は多年東亜同文会と書院の運営に参与してきた中島眞雄が1932年10月に対中問題で落命した慰霊を顕彰するために「同志」で企画したものであった。『対支回顧録』の編纂と出版過程については、［野口武 2016］。

28　白岩は7月から10月にかけて、従来の調査編纂部を研究編纂部としてあらためると同時に、

文書院の敷地内に靖亜神社の建立が進められている[29]。

　靖亜神社については、「近衛篤麿公、荒尾精氏、根津一氏の三柱を中心に、主として東亜同文会、日清貿易研究所並に東亜同文書院等に縁故関係の物故者を合祀して永く其の英魂を奉安鎮座した」[30]もので、近衛篤麿、荒尾精、根津一は「三先覚」として顕彰され「招魂社」に合祀された存在であった。

　こうした東亜同文書院の内部での「三先覚」の位置づけは、関係者の記憶が風化するなかで独自の顕彰的態度を示そうとするものでもあった[31]。そして、これら一連の追悼イベントは最終的に『対支回顧録』の編纂に帰結している。

　『対支回顧録』は、上述した近衛、荒尾、根津をはじめとして日清貿易研究所、東亜同文書院の関係者の「伝記」が多数採録されている。その冒頭では対中問題で落命した人物たちについて、「東亜現勢の隆盛を見るに至りし所以のものは、実に一朝一夕の故に非らず、此間幾多先輩諸士が、身命を擲ち艱難に処して、国運の発展に資し、国力を培養したる結晶に外ならぬ」と述べており、対中問題に関係した人物で国家発展に貢献した人物を「国家的な顕彰」の枠組みに位置づけようとする記述を確認することができる[32]。

　以上のような、書院内部の「通史的記述」と1930年代に東亜同文会を通じて行われる「追悼イベント」を関連させて「記憶」のありようを考察すると、東亜同文書院のなかで語り継がれる「書院精神」のなかには、自団体としての足跡をたどり書院内部で語ろうとする営為と、満洲事変以後の対中情勢における「国家的顕彰」の立場が、東亜同文書院自らの存在を語ろうとするときに、同時に記述に現れていく姿を確認することができる。それは日清貿易研究所や荒尾精ら創立の立役者たちの記述が周年ごとに形

それまで雑誌『支那』の改良手段として企画特集を組むようになっていた［東亜同文会研究編纂部 1934a］、［東亜同文会研究編纂部 1934b］。
29　「対支先覚者伝記編纂委員会の成立」［東亜同文会研究編纂部 1933: 108］、［東亜同文会研究編纂部 1935］。
30　［牧野 1935: 1］。
31　関連するものとして、軍の営内神社にみる「招魂社」の慰霊・顕彰を論じた［坂井 2008］を参考とした。
32　「本書刊行に就て」［東亜同文会編 1968］、前掲［東亜同文会研究編纂部 1933］。［大学史編纂委員会編 1982: 143–146］。

式的文言として「追認」されており、記述が連続的に継承されてきたことにひとつの「物語り構造」を見て取ることができる。

　荒尾精がかつて「胸中に育くまれ」ながら構想した「誘導商会」は、「日清貿易の響導者たらしめんとする」人材育成において「深く世界の大勢に鑑み、我が帝国の基礎を鞏固にし、東亜永遠の和平を維持せん」とした記述が語られるときに[33]、顕彰的追悼イベントと近衛、荒尾、根津の三先覚の存在を筆頭に、物語りの記述のなかに連続的な記憶が保ち続けられており、そうした「記憶」が「書院精神」をめぐる学生の意識涵養とも結びついていた。

2　大調査旅行の記憶

2-1　学生生活と上海の記述

　東亜同文書院は 1901 年の成立以後、上海に基盤を置いた日本人学校であった。設立当初は南京にその場を置いたが、上海移転後は度重なる戦火の影響を受けても校舎機能は上海に在ろうとした。東亜同文書院の教育事業は、二十周年となる 1920 年 9 月に中華学生部を設置し、中国人学生の教育をはかり事業拡大しようとした。しかし、満洲事変の影響により学生募集を停止してからは、その根幹とする事業は日本人教育が主体となった。その教育内容は各学科の座学授業だけでなく、特に中国語学習を中心に中国の商習慣を把握するものとして、入学後三年目の夏期休暇期間に調査旅行を実施し、現場を実地把握する学習プランになっていた。

　一方で、学科授業以外での側面を考慮すると、書院生にとっては入学後の校舎付属の寮生活が、中国を認識する第一歩の教育機会であったことが考えられる。この点は当時の学生生活を垣間見ると、課外活動や生活空間の場を通じて、「上海」を認識しようとしていたことから、授業外における学習環境も「学習体験」につながっていたことが見て取れる[34]。

33　［上海東亜同文書院 1930: 1］。

34　1903 年に学友会の規則ができると書院生はみな会員となった。その活動は当初は交流のための茶話会からはじまり、卒業生への連絡や会員の弔祭・慰問、会報の発行が行われた［大学史編纂委員会編 1982: 200］、［松岡・山口 1908: 下編第七章、111］。

二十九期生の学生は、当時の上海の様相に「徐家滙に霞んで見える尖塔。クリークの間を民船が縫つて行く光景、何れも和やかな書院の環境であつて楽しい。……吾、東亜パイオニヤなりの意気に燃えて各科目の勉強に励むのは勿論であるが、各部に編成されている運動、趣味等の錬磨も厳しくもあり楽しくもある」と卓球部の活動とともに書院の記憶が述べられている[35]。

　三十二期生の回想では、入学イベントのなかでの第一次上海事変の思い出語りが紡がれている。入学の時点で京都の根津宅を訪問するなかで同期の学生と「お国訛りで将来の抱負を、未だ見知らぬ異郷の不安を語り合」った。トラックに乗せられて書院に到着してしばらくした後に、第一次上海事変の「戦績見学」に出ると、「日中親善の困難さが今日の状態にまで至るであろうこと」をはじめての「上海の思い出」として記述者は記憶にとどめている。そのなかで「埠頭の苦力、街頭の黄包車の車夫、租界の印度人警察官は半植民地上海の姿を物語つて」いた。「何ものかを学んだ」[36]とする同回想のなかでは、およそ生活一年後には個人で街頭に出て探索も可能になり、続けて日常的な上海での生活姿を語っている。

　こうした上海での現地生活に溶けこみながら暮らす姿は「書院生活」とも呼ばれ、同じ学生寮で過ごす仲間としての紐帯的記憶と結びつき、学生生活を終えた後も個人の青春を象る「記憶的」な学生生活でもあった。異国の地のなかでもとりわけ経済、文化ともに大都市としての空間を備える上海で日常的に生活することに加えて、同じ学び舎で同様の学習カリキュラムのもと、ともに生活を過ごすという学生生活空間は、東亜同文書院の独自の「中国認識空間」を用意していたとも言える。

2-2　満洲事変以後の調査活動制限

　書院三十一期生の回顧には、第一次上海事変に接した際の記憶が語られている。

35　卓球部は排日運動が高まるなかで、1928年頃には団体個人優勝や、満洲からの遠征試合、隣校であった南洋大学との接戦、日華対抗試合といった記憶が個人に刻まれている［滬友会 1955: 251］。

36　書院三十二期生は入学後に校舎内でおよそ二ヶ月の期間において隔離生活を余儀なくされた［滬友会 1955: 258］。

　「空爆の黒煙、殷々たる砲声に送られて黄浦江を下り……二月上旬長崎
に上陸して以来、……四月上旬長崎に集合浅間丸に乗船せよとの指令がき
た。……陸軍によって今や安全を取り戻した上海に我々は帰りついた。
……外出禁止の厳命で、せめてゾウリばきで街頭を散歩したり英軍の土ノ
ウを積み上げた大袈裟な陣地を見物に行くくらいが、憂晴らしになつた、
その単調を慰めてくれたのは戦跡見学であつた」[37]。

　大調査旅行は、1931年9月18日以降に始まる満洲事変以降、日中の時
事情勢悪化とともに排日運動が加熱化し、護照の発行停止による移動制限
によって計画は「制約」されるものになった。特に二十九期生以降はそれ
までの調査計画が限定され、日本軍支配下のもとで満洲地域を中心とする
調査に調査地域が限定された[38]。

　三十一期生の大旅行誌である『出廬征雁』の冒頭には、6月に調査旅行
が実施できた感慨が述べられている。「旅への憧憬が、過去三ケ年間、如
何に私達の心を躍らした事か？乍然、空想より現実への転化に一沫の不安
を禁じ得ない以上、観念的に組立てられた中国観の、より広汎なる実證へ
の旅立に際して、何等かの不安を抱いたとて無理はなからう」[39]。

　ここでは大旅行に旅立つまで校舎内で学んだ知識をもとに中国現地理解
の実践の場に結びつけられる機会が得られたことに個人の情念をもって語
ろうとしている。「空想より現実の転化に」不安を感じると述べているが、
調査旅行に挑む興奮が加味されている。それまで校舎で座学を中心に得て
きた中国の知識は「観念的」な「中国観」である。自らが得てきた知識に
もとづく「中国観」が、実際の現場で通用するのかどうか、調査旅行で実
践がはかられることによって「実証」するのであった。この「観念的な中

37　三十一期生は第一次上海事変で全員が一度日本へ引き揚げた。4月18日には虹橋路校舎に
　　戻ることができたが、その後は外出禁止を余儀なくされた。同月29日には上海虹口公園（現
　　魯迅公園）で天長節爆弾事件が起きて書院生一同も参列したため外出禁止は6月まで延長さ
　　れた［滬友会 1955: 254］、［大学史編纂委員会編 1982: 555–556］。
38　藤田によれば調査旅行を指導する教員にも変化がみられたとし、経済地理学の馬場鍬太郎か
　　ら東洋思想の小林文夫に交代し、二九期、三〇期、三一期は小林の指導のもとで満洲地域の
　　調査が計画され、調査旅行の性格も大きく変わらざるを得なかったとする［藤田 2000: 310–
　　314］。また、満洲旅行の認識を分析した荒武によれば、制約はありながらも、調査路線が満
　　洲地域に集中し、各県に駐在する手法が整備されたことにより、調査は深化したとする［荒
　　武 2017: 189］。
39　「北支雑報」［大旅行誌31期 1935: 1］。

23

国観」はまさに上海の場において書院での生活を経由して形成された中国認識であった。

2-3 書院生の日本人意識

　ここで彼ら書院生が得てきた「中国観」の有り様を整理してみると、まず、彼ら書院生は日本人としての意識を持ち続けている点を指摘することができる。

　書院第三十五期生の大旅行誌には上海の日常の姿も描かれている。朝の静かな徐家滙のとおりから日常の喧噪に包まれていく姿を目にして、「天主堂の尖塔が朝もやの中から光り出した。どぶ臭い運河の民船からも人の蠢を感ずる様だ。……古い〳〵歴史を二本の尖塔に誇る天主堂を中心とする、上海西郊の徐家滙には毎朝市がたつのだ。……どぎつい原色の赤青の広告の緞子が天をなしてゐる下を、喧しい銅鑼や太鼓の支那音楽を聞きつゝ、人波に揉まれてゐると、『俺も支那に来てるんだ』なんて今更ながら思ふことがあるね」[40]。日々の喧噪の姿から、自身も中国の地に溶けこんだ暮らしとともに、上海徐家滙での朝の陰陽の情景を文学的に描写しながら、感慨にふけっている。

　続けて、徐家滙の街並みの描写から上海租界の姿に、「外的なもの」によって近代的に整備されゆく風景と、「内から抜けきらぬ」その土地そのままの姿を対比して、江南運河や天主堂に集まる胡同の人々、天主堂脇にある徐光啓の墓に触れて、「天主堂の横を西の方に『東洋人、東洋人』とはやされながら、漫歩するとなつかしい旧書院の付近に出る。……虹橋路を書院の方にバックしよう。浅黄色の木棉服を着た下層民や、市から帰りらしい手籠を脇に吊した阿媽などが通る、断髪ウエーブの女性が歩くかと思ふと西洋人が大股に歩いて行く」[41]と虹橋路校舎の赤門に至るまでの散歩コースを記述している。

　この何気ない散歩コースの記述のなかでは、上海租界に行き交う西洋人と中国人の姿を折り重ねて眺めながら、自身が「東洋人」としての身を感じながら、外国の地で生活している姿が描写されている。

---

40 「上海紅楼夢」［大旅行誌35期 1939: 471–472］。
41 「上海紅楼夢」［大旅行誌35期 1939: 473–475］。

　彼ら書院生は上海租界における書院生活から中国そのものを見ているのであり、それは自らが「外国人」であるとの意識の上で日本人の意識を保ち続けられるものでもあった。また、中国人として上海に生を受け中国人としての国民意識を得ていたわけではなく、租界内部で生を受け租界の人間として成長育成したわけでもない。上海での生活文化を通じて「中国的観念」を培いつつ、その意識を中国人に同調させたとしても、自身の日本人としてのアイデンティティに揺らぎや亀裂を持ったわけではない。それは、やはり外国の地で暮らす「留学生」としての意識であり、そこには上海での生活が時々の事象や学生身分の経済的な生活苦に追われるようなことがあったとしても、自らの精神的な「居所」に喪失感をもってするような「学生生活」ではなかった。

　大旅行の経験を経た後には、三年間の上海での生活において――後に四年制の学校となり上海での生活空間が延長されたとしても――卒業後には居所の地を移し、いずれはどこかの別の社会へと旅立つことが前提であり、そのことが彼ら書院生の日常のなかで育成された中国認識であったとも考えられる。

　そして、この留学生であり外国人であるという「意識」は、上海で過ごした学生生活の期間だけではなく、とりわけ彼ら書院生が卒業した後も、青春の一齣として長く記憶を保ち続けるものでもあった。その象徴たる「記憶」のひとつが「大調査旅行」の記憶であった。

2-4　調査報告書と大旅行誌

　大調査旅行は 1905 年に、書院卒業後の二期生の五名が外蒙古と新疆へ調査を行ったことに始まる。その調査報告は『復命書』の形で外務省に報告されている[42]。1905 年以降に本格化した彼ら書院生の大旅行での経験は、書院の教育課程において必ずその情報が発信されるものであった[43]。さら

42　ウリジトクトフは、同時期対露情勢下に、中国各地の政治経済、風俗習慣の情報を収集することについて、書院を含む近代日本の諸機関が、「日本の勢力が大陸へ浸透していく過程の中で、生まれた産物で、同質的な側面をもつもの」であったとする［ウリジトクトフ 2017: 67］。
43　藤田は調査の質が転換した満洲事変以後の満洲調査について、満洲の植民地経営に対する内実の充当と不況下に日本農民問題に対する地域情報取得として情報源を提供したことを指摘

に、大旅行での報告は『大旅行調査報告書』と『大旅行誌』に分かれ、実質的な調査内容と旅行で得た瞬間的体験談は当然別々に記載されるものであった。

これら調査旅行は、書院内部での教育のみを目的として消化されたわけではない。この『調査報告書』と『大旅行誌』の両書はいずれも編者が存在し、教員が監修に当たるものであった。この両書は編纂の企画上、ひろく東アジアに向けて啓発活動をとる性質ももちあわせていた。特に『大旅行調査報告書』に関しては、日本の国家機関へも報告が及ぶもので、1920年代には参謀本部、外務省、農商務省に毎回一部を寄贈していた[44]。この調査旅行は時期を経て調査範囲を拡大するにつれて、彼ら書院生の調査した内容をもとに『支那省別全誌』などの出版物が刊行される役割も担ってゆき[45]、母体となる東亜同文会の教育事業としても主幹を占めるものでもあった。

これらの点から考慮すると書院生の調査旅行の記録は、第三者の目にとまるものを意識して作成されたものであることが考えられる。特に「調査報告書」の先には政府関係者の目にとまることを前提に作成されたことは十分に意識されてよい。また、東亜同文書院の教育は東亜同文会の教育事業の中核に据えられ、1920年代には対支文化事業とも連動することからも、国家機関筋と無縁の関係性ではいられない。

書院生の調査旅行が中国各地の地方官府の許可を得て、書院卒業生を含む人的ネットワークにより政府関係者筋の支援を得て実施されていたことはすでに明らかである[46]。それは書院生への教育的側面だけではなく、一調査としての社会公共性も備えていた「教育事業」であったことも考慮すべきである。特にその「教育事業」としては、調査報告書を前提とした出版刊行物にたどり着く側面を考慮したときに、学生、教職員、学校組織の

　　する［藤田 2000: 315-316］。

44　［上海東亜同文書院 1930: 41］。

45　藤田によれば、六期生以降の調査において、調査記録を「大旅行誌」として刊行し、調査各コースの紀行文、写真、里程、宿舎、言語、運賃、通貨、食事などのメモがまとめられたことで資料的価値を生んだとする［藤田 2000: 283-284］、［滬友会 1955: 29］。

46　暁敏はドロンノールの商業調査に関して、大旅行誌と調査報告書を検討しながら、日本の諸機関を通じて情報収集を行っていたことを指摘する。特に調査遂行にあたっては「書院の人的ネットワークの存在が大きかった」ことを指摘する［暁敏 2017: 82］。

枠を越えて、日本人一般大衆への社会啓発だけでなく、政府関係者への情報取得へも影響を持っていたことが言える。

　そうした情報発信のあり方として指摘し得ることは、上記で述べたように「日本人」としてのまなざしが主体となって記録されるものであったことである。これら両書は各期生の調査コースの違いはあれど、いずれも書院生が日本人として見た中国の姿を日本人に向けて情報発信する「翻訳書」でもあった。

2-5　大調査旅行と思い出の記憶

　とはいえ、『大旅行誌』のなかでの彼らの記録の姿に残るものは、偉大な「国家的貢献事業」を成し遂げたという達成感よりも、調査旅行のあらゆる場面で出くわした、現場的現実的困難に対する「苦労」の思い出である。つとに1920年代に加熱した排日情勢は、満洲事変を期に先鋭化したため、漠然とした心理不安が入り交じるものでもあった。当時の時代的条件による調査旅行への制約は、不安と期待が入り交じりながら何事かを達成した。その達成感は、大調査旅行を実施した同期の仲間と「苦労」の思い出語りのなかで共有されている。

　三十一期生の回顧には、「暑休明けに集つた学友たちはそれぞれの経験を語り合い、自慢し合うのだつた。その成果は『大旅行報告書』と『大旅行記』の二典に収められているので、ここでは詳細にはふれないが、この歳になつても、馬場三郎は『……大旅行で北満東興、宝山県の終了後、スンガリーよりアムールを北上した時の雄大ささらに朋友と別れ、黒河より漠河に単身輪船に身を託し、砂金鉱の見学をなし、帰路無一文となり、黒河、チチハル等で先輩のお世話になりなから新京の兄の家に着いた時の先輩の有り難さだ……』と語り、田代正文は『……中でも大旅行は面、平田正三、西山の三人と一緒に行きましたが、今でも隴海鉄路のうすぎたない客車で頭を四方からもたれかけて寝た思い出、臨童の十五仙の宿で南京虫に喰われながら寝た思い出……』などと同期の文章を引用しながら大旅行の「記憶」について述べており、「この大旅行が書院生活の中で如何に

大きなウエイトをしめているかわかるであろう」としている[47]。

　成果物としてなされたこれら「報告書」と「日誌」は、彼ら書院生の眼を通じて、その時々に記録された内容が、「記憶」として一書のなかに残り続けてゆくものでもあった。同時にそれは、特殊な時空・空間において「同じプロセスを体感したもの」たちが共有し得る「独自体験」でもあった。この独自体験のなかには、彼らが日本人として育ち——それは本国意識としての、英仏租界やインド人官憲らの姿、朝の雑踏からながめる中国人の姿であるが、日本本国外の周縁の地において、なおのこと多面的な姿から形成された「観念的中国」である。こうした中国を見るまなざしからは、東亜同文書院生の独特な「文化的雑種性」を指摘し得る。その記述に表象された書院生にとっての文化雑種性とは、言い換えれば日本人として育ち、異国の地で生活体験するなかで語られる、「中国語り」のことである。それは異国の地における「外国人としてのまなざし」であり、その視線は大旅行の記述にも随所に反映されている。

3　満洲事変を前後とする時期の大調査旅行の記述

3-1 『大旅行誌』に描かれるもの

　これまで書院生たちが調査旅行において「何を見たのか」に関しては、すでに分析されている[48]。それら研究成果から、大旅行誌の記述に表象されたものを指摘し直すと、まず、彼ら書院生が訪れたその土地で目にしたものを感覚的に記録している姿を確認することができる。

　その「目にしたもの」は、訪れたその土地での気候や天気から、日中の太陽の運行とともにその土地の情景が描写される。彼らは行く先々で「中

47　［滬友会 1955: 259–260］。

48　例えば、四川省の黒水チベット（蛮子）の姿が収集した資料に引きずられていると見た松岡論文、東南アジアのルート解析から、「一等国民」としての意識を自覚し、在留日本人や日本人移民の姿を「直接的に体感」したとする加納論文、台湾植民地化への賛否や杓子定規な植民地官僚の姿から、植民地へのまなざしに日本統治による「文明化」を見たとする岩田論文など。また、須川はベトナム・雲南ルートで学生が何を食したのかを分析し、言語の不自由や匪賊襲撃への恐怖心、衛生への不快感を抱えながらも「日常的な」「食」による心身安定を求めたとする。こうした「まなざし」が書院生のなかに存在することが指摘されている［松岡 2017］、［須川 2017］、［加納 2017］、［岩田 2017］。

継拠点」を確保しながら行動するが、行った先でその土地柄について耳にすることがあれば、その土地の風土なども記載される。文中に何等かの資料をもとに引用された記述が現れることは少なく、基本的には自分たちが目にしたもの耳にしたものをもとに記述していることを確認することができる。彼ら書院生は、出立前に行動計画を立案するが、その土地の景勝地やランドマーク、遊楽地、近代建築には立ち寄ることが多い。また、中継拠点として移動手段、宿、食事を確保することは必須であったため、移動する際の乗り物、宿泊先の宿状況、何を食べたかの記録も街の情景とあわせて記述される。

　移動手段は主要幹線都市では鉄道やバスだが、郊外に移動すれば手段は限られてくるため手配したチャーター車（主にトラックの荷台）や人力車、これらが手配できない場合は最終的には徒歩移動である。そうした移動手段によっては天候やその土地の治安状況、体調管理などにも左右されるため、急激な降雨により河川などが増水すればルート変更を余儀なくされるし、ルート上の調査コースに情勢不安や治安悪化の情報を聞けば、調査コースの放棄もその場で検討しなければならなかった。ルート変更の決定があれば、なぜ変更したのかも街の情景とともに記録がつけられる。

　また、街の情景を描く姿からは、帰任後に作成する『大旅行調査報告書』執筆の備忘録的記録であるとも理解することができる。街から街への移動のなかで、立ち寄った駅や港などのインフラ拠点、移動中の乗り物の乗り心地、一日の移動の中で何を食べ何が美味かったのか何が不味かったのか、こうした記録は『大旅行誌』のなかには随所に見受けられる。彼らは『大旅行誌』作成以前に、移動しながら記録をつけている姿も確認できる。移動しながら何を見て何を感じたのか記録するものもいれば、就寝前に記録をつけた記述も見える。

　移動のなかで記述されることは、誰と出会い、どのようなことを話したのかがごく簡潔に語られていく。その登場人物たちは、行く先々で出会った人物たちであるが、顔出し挨拶として出向いた公館や公署の人間、移動宿泊先で出会った現地の人間や旅行者、そのなかには卒業後に植民地官僚や商社などに従事した書院生の先輩たちの姿も現れる。

　こうした記述スタイルから指摘し得ることは、いつ何時に誰と出会い何

を見たのかを正確に記録することが、「報告書」作成の前提となる一貫した作業でもあったということが考えられる。

　彼ら書院生の見たものがそのまま記述される姿として、言わば「備忘録的」に現れる『大旅行誌』の記述のなかには、たとえば登場人物の氏名がイニシャルで登場し（書院生の先輩や世話をしてもらった貢献者などは実名でも登場する）、あるいはところどころに伏せ字が見られる箇所もある。このことは、『大旅行誌』が作成された際にも編集作業が入ったものとして窺い知れる。むしろ、記載されていないものに目を移すと、調査の目的や内容、調査の動機や意図、立案した計画や行動規定が『大旅行誌』の記述に現れることは稀である。こうした『大旅行調査報告書』と『大旅行誌』で記録を書きわけていたことが、後の編集作業の際に記述の差となって表れたと考えられる。

3-2　現地で出会った人々の記録
3-2-1　調査の規制と公安・憲兵・巡警

　三十二期生で陝西方面の調査に出た一行は、漢口から列車で長距離を移動し鄭州の駅に降り立つと、「私服刑事らしい」人物に取り囲まれている。

　「承知の上だつたが、始めてなので少々気持が悪い様だつた。が彼等の要求するまゝ、名刺を渡し護照を示して、同文書院の旅行隊なる事を説明した。……度々名刺を求められ、一つ一つそれに応じなければならないのは相当にうるさい事だつた」[49]。

　こうした現地での官憲や公安とのやりとりは普遍的な記述として大旅行誌に現れる。彼らは旅先で身分照会を求められれば応じねばならなかった。現地の「警察組織」ともめ事を起こして調査自体が無に帰しては意味がない。この点、書院の内部で教育により指導されたものなのか、調査旅行のノウハウとして形成されたものなのかは大旅行誌の記述上定かではない。

　しかし、1911年時点での書院の「清国内地調査旅行心得」には調査旅行の班長が「公式の通信事務及び旅行日誌作製を掌る」ことになっていた。各班員は班長の計画に従う義務も設けられ、また私情による分離行動は認

49　その後も宿に「私服警官」が来て応対した様子が補注に語られ、やりとりが「うるさい事」として感情も含めて端的に叙述される「隴海エックスプレス」［大旅行誌32期 1936: 88-89］。

められていなかった。「心得」の第十一条には「中外に対して言動を慎み礼儀を重じ思慮を周密にするは勿論特に日清通商条約中内地游歴に関する条文を確守し苟も支那地方官憲或は人民の好意を濫用し為めに帝国簡派留学生の体面を云々せらるゝが如きⅠある可からす」とあることからも、旅先での慎重な行動が求められていた。第十二条には「調査報告書及び旅行記等の類は許可なくして之を世に公にすることを禁ず」とあり、私的な情報公開は当然ゆるされていない。また、大都市に滞留するたびに月に2回は班の行動を報告し、やむを得ずルート変更しなければならない場合もすぐに書院へ連絡し、帰院後に詳細を報告しなければならなかった。さらに第十六条には「要塞地帯其他軍事設備の場所に於て写景実測、其他苟も嫌疑を招く等の行為あるべからず」ともある通り、調査現地で疑いのかかる行動は書院生にとって自省が求められていた[50]。

三十三期生の四川省游歴班では重慶から成都を目指す際に、富順に立ち寄ると、突然背後で声をかけられた。当時、富順の街は駐屯軍（中央第四軍）であふれており、旅館は軍で占領されていたため宿の手配に難航していた。声をかけたのは「日本で士官学校に留学してゐた参謀将校」で、宿の手配を保安局で行うよう案内された。「保安局の応接室に案内された僕等は……五月蠅い護照や荷物の検査が行はれた。彼等は僕等が兇器を持つてゐはしまいかと云ふことを最も怕れてゐるらしかつた。斯して疲れた僕等を二時間程も待たしたけれども、狭い汚い宿屋を世話して呉れた」[51]。

こうした護照や荷物検査は宿泊宿で抜き打ちに行われることも多かったようで、同班は続く成都行きの資中の旅館で、就寝時に保安局の臨検を受け、「既に幾度此の臨検の故に安眠妨害されたか知れない。護照の指示、果ては荷物検査、ピストル其の他武器の携帯なきかと頻りに追求する。眠いのに一時間余も費して『驚動々々』の御挨拶に苦笑させられては、明日の陸行の事を考へつゝ暑苦しきベッドの中にもぐり込むのが常であつた」と述べている[52]。

また、三十三期の湖北省游歴班では漢口から宜昌を経て、荊門で宿を手

50　［東亜同文書院編 1911: 131–134］。
51　「成渝街道を行く」［大旅行誌 33 期 1937: 250］。
52　「成渝街道を行く」［大旅行誌 33 期 1937: 254–255］。

配した際に、「ランプにほの暗い燈が入れられる時分になると、軍警が数人よくやつて来て、……此処より十数里先に、数百人の土匪がおるとか、共匪がおるとか称して、私達の襄陽行きを阻止しようとする……」。続く老河口ではバスを下車するとすでに公安局の軍警が来ていた。聞くと通過した樊城の公安局から電話があったため、すぐに公安局に赴いたところ、「此処の公安局長は以前上海曹河渡で務めて居たとの事で、書院をも知つて居」たのだった[53]。

こうした現地治安組織とのやりとりは、大旅行誌の記述を見る限り素直に応じている。荷物の臨検が頻繁にあったことはもとより「心得」が周知された上での調査旅行であったこともこれらの言動から察することができる。また「土匪」や「共匪」の記述が散見されることからも、現地の治安事情は行った先で確認してみなければ分からない側面もあった。満洲事変以後は書院生たちも調査ルートを踏破する欲に駆られ知らずと危険に近づいていることもあった。

3-2-2 中国「知識人」との会話

巡警や車夫以外に、道中に声をかけられて会話した人々の記述も見受けられる。三十二期生の綏遠省游歴班では大同から豊鎮に至り県政府を訪れた際に、六〇歳を過ぎた県長と会話したが、「その言葉アクセントは我々が不慣れな為か聞き取れぬ個所が多い。何しろ支那語で公式に話す最初ではあるし、多少間違ついたので、型通りの挨拶を終へ少し質問してあつさり引き上げた」。調査先によっては書院生が学習した中国語が通じない例もままあった。その後、一行は列車の中で背嚢に書いてある「游歴班」の文字に目をつけられて現地の人にも声をかけられたが、彼等は日本人と知ると離れていってしまった。これを記録した書院生は「支那服」を着て中国人から中国人と思われたことを「思い出」としているが、山西の郊外を訪れた際の中国現地人の日本人を見る視線と対日情勢にみる排日運動が全国展開するなかで、コミュニケーションが制限されており、会話が不成立となったシーンである[54]。

---

53 「湖北の唄」[大旅行誌 33 期 1937: 289–290、293]。
54 「北路西遊」[大旅行誌 32 期 1936: 44–46]。

　さらに三十二期生の綏遠省游歴班では綏遠にたどり着くと憲兵とのやりとりを記述している。新生活運動が盛んな地と聞いて臨んだ彼らは、道で煙草を吸う人の姿を見かけないことを指摘する。しかし、彼らは綏遠での二日目の夕食後に、一緒についてきた私服憲兵達と煙草を吸っていると、ひとりの男に腕をつかまれて何事か注意を受けた。この男は巡警で喫煙を注意したのであったが、憲兵が日本人であるが故に喫煙での注意は当たらないとの反論をしたことで、事なきを得たというシーンである。

　「一般人民は此の厳重なる取締りあるが為に、道で煙草を吸はざる事を余儀なくされてゐる訳で、……新生活運動は真に一般人民の自覚から生まれたものではなくたゞ単に強制的なものにすぎない」と見なしているが、この出来事をきっかけに、その後に憲兵の武装や街の警戒の姿からあらためて情勢の物々しさに気づき、襟を正している[55]。

　満洲事変以後の総体的な記述として、日中関係論や軍閥情勢、排日情勢や新生活運動といった時勢に及ぶ内容も当然記述されている。記述者も学生個人によるため意見がすべて一致するわけではなく、通りの時事理解から瞬間的なコメントまで含む。道中行き交う人と会話をするわけだが、時に時事問題に関して現地の人々が会話しなければならない場面にも遭遇した。

　三十五期の北支第二班は北京から南下する予定であったが、7月7日の抗日記念日により予定が足止めされてしまった。一行は北京前門の旅館に泊まることになったが、記述者は満洲事変以後の日本人増加によって在住環境が変化した北京において、純粋な北方語（北京語）を話す中国人を探しているところであった。ここで、宿で会話することになった女性は、旗人出身の元小学校教員で歳も同世代であった。ここで記録された会話は日本と中国の敵対について女性が話した戦争観の話しであった。しかし、女性側が「公事は公事、私事は私事」と言って「友達」として打ち解けると一緒に「芝居」を観に行っている[56]。

　満洲事変から日中戦争にかけての書院生の調査旅行は、排日運動や戦争の情勢に意識が向けられて、日常的な会話のなかにも時勢を気にしなけれ

55　「北路西遊」［大旅行誌32期 1936: 49–50］。

56　「華夏の夢」［大旅行誌35期 1939: 255–256］。

ばならない緊張感が漂っている。

3-2-3　排日運動と現地時事理解の必要性

　二十九期生の華北・東北方面での調査（第一班）では、北平での百貨店調査に及び、東安市場の見取り図作成に及んだ。すると、「巡捕に摑つて三十分程のお説教だつた。……時局柄一応お上の許可證を貰つて来てからにしてくれと言ふことである。成程、考へて見れば余り穏かでない空気が流れて居るのだつた。……上海から渡つて来た我々にはそよ〳〵吹く春風を心行くばかり肌に感じてゐるやうな所謂春風駘蕩！と云ふ都であるとしか思つてゐなかつた」[57]。

　また、二十九期の東北方面の調査（第十班）では、青島港から張店に出て淄川で切符を買っているところ、私服憲兵に取り囲まれた。一行は「昨年来の全国的排日運動が山東地方にも相当深刻化して居る事を知つて居た為、蒼蠅い事が起らぬ様に青島出発の時から支那服を着て、おまけに人相を胡麻化す黒眼鏡を掛けて居た」ため憲兵に警戒されて荷物検査を受けたのであった。「然るに中国共産党は益々猖獗し、時遇々山東地方の時局の緊張せるを機会に、党員の済南に潜入するを韓復榘は十分警戒してゐたのだ。だから支那人らしくもあり日本人らしくもあり極めて人相の悪い自分をテツキリ共産党員と間違へての御丁寧なるお検べに預つた訳だ。時節柄支那服は却つて怪まれて悪いらしいので早速制服に着替へる」[58]。二十九期生が調査した1932年当時は、山東での排日情勢や中国共産党の革命活動も時勢に現れ、書院生たちも情勢を意識している。

　三十二期の雲南省広西省游歴班では、昆明の対日感情を補足して以下に述べている。

　「唐継尭が此の地の督軍たりし時代には非常に親日的空気が此の高原の都会に漲つてゐた。……龍雲と代り、所謂彼の封建的政策はやがて雲南民衆に苦痛を与へると同時に、従来の親日派を弾圧する結果となつた……満洲事変の余波は猛烈なる排日となつて……水泡に帰した」[59]。ここでは、昆

57　「春風駘蕩」［大旅行誌29期 1933: 45］。
58　「赤陽礼讃」［大旅行誌29期 1933: 79–80］。
59　「瘴烟癘霧」［大旅行誌32期 1936: 324–325］。

明在住中に領事や書院生の先輩らに世話になっているため、時事理解からの排日情勢を述べているに過ぎない。とは言え、こうした排日情勢の気運は、書院生たちにとっては調査が実施できるかどうかの瀬戸際に追いつめられる可能性もあった。特に満洲事変以後になると調査先現地の排日運動の情勢は、各拠点で相次ぐ荷物検査とあわせて、各自の時事理解による判断が調査先現地のその場で求められる一課題ともなっていたと言えよう。

3-2-4　農村社会への観察と心情逃避

　排日情勢の気運に関して、三十三期の四川游歴班の記述では重慶の情勢が記述されている。重慶では、「日本人殊に日本商人の処に立寄ることを極端に嫌ひ、……日本商人の手に係るものだと凡て密輸入品だとして斯る貨物の売買過程に関係せる者は社会的圧迫を蒙ることになつてゐる」との切り口で現地情勢を語っている。しかし、「一度田舎に這入つて見ると一般大衆の間には排日気分等は一向萌して居ない。全く悠暢漠然とした支那人が勤勉に業を励んでゐるだけである」[60]として、都市と都市近郊（農村）での社会情勢を切り分けて判断している。

　一行は重慶から成都を目指すなかで、璧山の地に及ぶと野菜売りの農夫の群れの姿を目に留めている。

　「彼等は物珍しげに僕等の顔をジロ〳〵眺めながら去つて行くのであつたが、其処には純朴の気が満ちてゐた。僕は心秘かに彼等の生活が為政者のなす排日とか軍強工作等にはなるべく無関係である様に、そして彼等の天地に彼等の平和の生活が何時までも続く様に祈つてやらざるを得なかつた」。またその晩の夕食後にお茶で涼をとっていると、「若い知識人階級の人」と会話することとなった。その中国人には「支那に於ける交通の不発達、言語の不統一、貨幣の紊乱及びそれの不統一、奥地の未開不潔等について僕等の旅行がさぞかし不便だらうと慰めてくれた」[61]。

　ここでは、上海で観念的に得てきた「中国観」が現地の実態に目を向けたときにその「まなざし」が変化する姿を見て取ることができる。荒んでいく日中情勢に対して農民の純朴性や知識エリートたちの「好意」に、日

60　「成渝街道を行く」［大旅行誌33期 1937: 247］。
61　「成渝街道を行く」［大旅行誌33期 1937: 247–248］。

中の国家情勢と現場認識を折り重ねて中国の内面を見ようとしている。

　書院生たちが中国の内面を見ようとしたときに、上海などの都市と対比して農村の姿に「感化」された記述が一定数見受けられる。

　「戦争はあつても支那と支那人は永遠であり絶対である。そして土に生きる支那人の如実の姿が心憎いまで鮮明に映し出されてゐる。泥の家、壁土色の人間、江南の多彩な支那人の生活は、此処では全く見られない、揚子江唯一つに依つて豁然と一つに分たれた南北支那。言語、風俗、食物、農作物まで違ふのだ」[62]。

　「途中の章邱から乗り込んだ支那人が無智そうな大きい鼻の穴を動かして、恐れる様に私をみてゐたが、不図したことから話し相手となつて、無智な顔を色々にくずして話し出す。そのヂエスチユアの巧さ、如何にも支那人らしい話し上手を多分に持つてみえすいた御世辞をいふ」[63]。

　前者は列車の車窓から眺めた景色に、大地に生きる人々として多元的な中国世界に思ひをはせているのに対し、後者は列車のなかで出会った中国人と警戒が解けて会話するシーンである。

　三十八期湖北省第二十一班の書院生は戦火の及ぶ都市と農村を対比して、「上海が狂つた人間の熱鬧であるならば農村は土の香りも豊かな自然人の故郷であらねばならぬ。と同時に現実の生活と人間味とが織りなすうるはしい縮図であらう。……農村にも歴史は決して詩と情緒のみは与へず、悲劇と荒涼とを添へることを忘れなかつた。……農村生活の実態はこうした詩情より離れて居ること誠に甚しい。食ふための闘争が生活の全体であり、生きること其自体が唯一の希望である……」[64]と述べている。特に戦争期になると戦火によって荒廃した都市の姿と対照して農村への憧憬を抱いたようで、先鋭化した日中情勢に対する辛辣な情勢とは別に中国農村社会の自然な姿に逃避的な心性を寄せようとする姿勢が窺える。

62　「長江を渉つて」［大旅行誌35期 1939: 130–131］。
63　「光を追ふて」［大旅行誌35期 1939: 167–168］。戦争期になると中国人との会話記述が減少し、中国人の観察描写が主となる。戦争時の情報記述に配慮したものなのか、あるいは何かしらの編集意図として制限を受けたものなのかは大旅行誌からは判別できない。
64　「長江遡江記」［大旅行誌38期 1942: 176–177］。

おわりに

　以上のように、東亜同文書院の「物語り」を通覧すると、成立史の描き方を圧縮生産して語る物語構造が存在する。そこには日清貿易研究所の活動からの縁起から、創立立役者の荒尾や根津の業績が記述内容に位置づけられており、それら圧縮生産されたストーリーが「書院精神」を涵養した姿を見てとることができる。

　一方で、東亜同文書院の「物語り構造」を考えたときに、教育実践として筆頭に掲げられる「大調査旅行」の存在は書院生各世代において「中国観」を形成するための一大イベントでもあったことが言える。一面で、当時の書院生が各世代で政府関係から大企業まで人材輩出を果たし、社会的教育的ブランド力を高揚させてきたことも事実であるが、書院内部で涵養してきた「書院精神」が、大調査旅行の実施とともに書院内部での教育により形成されてきたことが指摘できる。特に、大調査旅行が毎年実施されたことは、当事者である書院生たちの「思い出語り」には絶大な影響力を持ったことが考えられる。

　本稿では書院生の「記憶」のありかたについて、試みに論じたにすぎない。しかし、『大旅行誌』に描かれた記述からは、以下の点を指摘することができる。

　第一に記述者たちの意識に通底していることとして、上海で得た「中国観」を調査先の地域社会と対比して述べている点である。彼ら書院生はあくまで大日本帝国下での教育を受け、日本を主軸として中国を捉えようとする理解のもと、中国の多元社会への理解を深めていた。第二に、そうした意識のもとで『大旅行誌』が記述された点を考慮すると、単に『大旅行調査報告書』を記すための備忘録的役割を超えて、日本人一般大衆から政府関係者まで含めたモノグラフとしての旅行記としてもまとめられていることが考えられる。第三に、多彩に描かれる『大旅行誌』の記述内容を見ていくと、調査コースに沿って彼らが目にしたもの感じたものが感覚的に記録されていく姿を見ることができる。時には国際的な時事判断をもとに現地での政治・経済・軍事事情に対して意見を述べたものも見受けられるが、その記述のほとんどが目にしたものをありのままに描こうとする姿勢

が記述のなかから見ることができる。この「ありのままに描こうとした記述」は、調査旅行が実施される際のひとつの観念的な指標となったことも考えられるが、そのまなざしの根底には、日本人としての「外縁」を描く姿に表象されていると言える。

参考文献

荒武達朗（2017）「書院生のまなざしに映る20世紀前半満洲地域の日本人」加納寛編『書院生、アジアを行く――東亜同文書院生が見た20世紀前半のアジア』あるむ

岩田晋典（2017）「大調査旅行における書院生の台湾経験――“近代帝国”を確認する営み」加納寛編『書院生、アジアを行く――東亜同文書院生が見た20世紀前半のアジア』あるむ

ウリジトクトフ（2017）「明治末期における東亜同文書院のモンゴル大調査旅行」加納寛編『書院生、アジアを行く――東亜同文書院生が見た20世紀前半のアジア』あるむ

石田卓生（2019）「坂本義孝から見る東亜同文書院の教育活動の変遷」『東亜同文書院の教育に関する多面的研究』愛知大学東亜同文書院大学記念センター叢書　不二出版

大森史子（1978）「東亜同文会と東亜同文書院」『アジア経済』19-6　アジア経済研究所

加納寛（2017）「書院生、アジアを行く!!――東亜同文書院生の見た在留日本人」加納寛編『書院生、アジアを行く――東亜同文書院生が見た20世紀前半のアジア』あるむ

加納寛編（2017）『書院生、アジアを行く――東亜同文書院生が見た20世紀前半のアジア』あるむ

暁敏（2017）「書院生の内モンゴル中部の商業経済調査について」加納寛編『書院生、アジアを行く――東亜同文書院生が見た20世紀前半のアジア』あるむ

栗田尚弥（1998）「引き裂かれたアイデンティティ――東亜同文書院の精神史的考察――」ピーター・ドウス、小林英夫編『帝国という幻想――「大東亜共栄圏」の思想と現実』青木書店

栗田尚弥（2005）「東亜同文書院の復権―最近の研究動向に則して―」『大倉山論集』51　大倉精神文化研究所

滬友会（1955）『東亜同文書院大学史』滬友会（代表宇治田直義）

滬友会（1977）「東亜同文書院大学史 編纂委員会始動す」『滬友ニュース』43　社団法人滬友会

財団法人霞山会（2003）『東亜同文会史・昭和編』財団法人霞山会
坂井久能（2008）「営内神社等の創建」『国立歴史民俗博物館研究報告』147　国立歴史民俗博物館
清水董三（1959）「滬友精神の高揚――維持基金募集の成果に寄せて――」『滬友』7　社団法人滬友会
上海東亜同文書院（1930）『創立三十週年記念東亜同文書院誌』上海東亜同文書院
上海東亜同文書院・清水董三編（1921）『東亜同文書院創立二十週年　根津院長還暦祝賀紀念誌』上海東亜同文書院同窓会
上海東亜同文書院・山田謙吉編（1934）『故近衛霞山公三十周年祭典紀事』東亜同文書院
上海東亜同文書院大学・久保田正三（1940）『創立四拾週年東亜同文書院記念誌』上海東亜同文書院大学
須川妙子（2017）「『大旅行誌』の食記述にみる書院生の心情変化――「雲南ルート」選択の意義を探る」加納寛編『書院生、アジアを行く――東亜同文書院生が見た20世紀前半のアジア』あるむ
大学史編纂委員会編（1982）『東亜同文書院大学史―創立八十周年記念誌―』社団法人滬友会
東亜同文会編（1968）『対支回顧録』上　原書房（初版：対支功労者伝記編纂会、1936）
東亜同文会研究編纂部（1933）「対支先覚者伝記編纂委員会の成立」『支那』24–11
東亜同文会研究編纂部（1934a）『支那』25–2　近衛霞山公記念誌
東亜同文会研究編纂部（1934b）『支那』25–10　二十五周年記念号追憶東方斎荒尾先生
東亜同文会研究編纂部（1935）『支那』26–12　靖亜神社建立記念号
東亜同文書院編（1911）『在上海東亜同文書院一覧』1911年　愛知大学図書館収蔵
東亜文化研究所編（1988）『東亜同文会史』明治大正編　財団法人霞山会
中村義（1999）「アジア主義実業家の生涯」『白岩龍平日記――アジア主義実業家の生涯』研文出版
野口武（2016）「日清貿易研究所生一覧表の作成と『対支回顧録』編纂をめぐる若干の考察」『Occasional paper』5　（リポジトリ発行のみ）
牧野伸顕（1935）「靖亜神社の建立に就て」『支那』26–12　東亜同文会研究編纂部
藤田佳久（2000）『東亜同文書院中国大調査旅行の研究』大明堂
松岡恭一・山口昇編（1908）『日清貿易研究所東亜同文書院沿革史』東亜同文書院学友会
松岡正子（2017）「四川の黒水チベット族と「猼猓子」伝承」加納寛編『書院生、ア

ジアを行く――東亜同文書院生が見た20世紀前半のアジア』あるむ

森時彦（1979）「東亜同文書院の軌跡と役割―「根津精神」の究明―」『歴史公論』5-4
雄山閣

『大旅行誌』引用一覧

「春風駘蕩」（1933）『北斗之光』第一班　東亜同文書院第廿九期生旅行誌編纂委員会

「赤陽礼讃」（1933）『北斗之光』第十班　東亜同文書院第廿九期生旅行誌編纂委員会

「北支雑報」（1935）『出廬征雁』河北省游歴班　上海東亜同文書院第三十一期生旅行
誌編纂委員会

「隴海エックスプレス」（1936）『翔陽譜』陝西省游歴班　上海東亜同文書院第三十二
期生旅行誌編纂委員会

「北路西遊」（1936）『翔陽譜』綏遠省游歴班　上海東亜同文書院第三十二期生旅行誌
編纂委員会

「瘴烟癘霧」（1936）『翔陽譜』雲南省・広西省游歴班　上海東亜同文書院第三十二期
生旅行誌編纂委員会

「湖北の唄」（1937）『南腔北調』湖北省游歴班　上海虹橋路東亜同文書院第三十三期
生旅行誌編纂委員会

「成渝街道を行く」（1937）『南腔北調』四川省游歴班　上海虹橋路東亜同文書院第三
十三期生旅行誌編纂委員会

「上海紅楼夢」（1939）『靖亜行』上海東亜同文書院第三十五期生旅行誌編纂委員会

「長江を渉つて」（1939）『靖亜行』太倉班　上海東亜同文書院第三十五期生旅行誌編
纂委員会

「光を追ふて」（1939）『靖亜行』上海東亜同文書院第三十五期生旅行誌編纂委員会

「華夏の夢」（1939）『靖亜行』北支第二班　上海東亜同文書院第三十五期生旅行誌編
纂委員会

「長江遡江記」（1942）『大陸遍路』湖北省第二十一班　上海東亜同文書院第卅八期生
旅行誌編纂委員会

※『大旅行誌』の出典は、［大旅行誌／期生／刊行年：出典ページ］の順に表記した。
例：［大旅行誌35期 1939: 130–131］

第3章

『調査報告書』など東亜同文関係資料の所蔵状況

石田卓生

はじめに

　本章は東亜同文書院[1]に関する主要な一次資料の現在の所蔵状況を報告するものである。

　東亜同文書院は、日本と東アジア諸国との交流促進を目指した東亜同文会が、1901年、上海に日本人を対象として設立した商学系の高等教育機関である。東亜同文書院の設立趣意を示した「興学要旨」[2]は、清国が列強の進出にさらされている状況にあって、「則東亜志士之務。尚有急於樹清国富強之基。固日清輯協之根者哉」[3]［東アジアの志ある人士の責務は、清国の富強の礎を築くことであり、それには先ず日本と清国の協力の土台を固めなければならない］、「則日清輯協之大義。不独為学生之持論。而将為両国士民之公論」[4]［日本と清国が協力するという大義は、本学の持論というだけではなく、両国の人々の輿論となろう］と述べている。つまり、この学校は日本の利益を一方的に追求するのではなく、日清協調を目指して設立されたのである。このことは東亜同文会会長近衛篤麿が自ら清国に赴き、清国の有力者である両江総督劉坤一に清国内での学校設立について賛

1　設立当初の東亜同文書院は私塾であったが、1921年に旧制専門学校となり、1939年に旧制大学の認可を受けて東亜同文書院大学となっている。本稿では私塾時期、旧制専門学校時期、旧制大学時期を通して東亜同文書院と表記する。

2　「興学要旨」『創立東亜同文書院要領』東亜同文会、1901年？。

3　同上。

4　同上。

同を取り付けていたことや[5]、日本人が清国に留学する東亜同文書院と同時に清国人が日本に留学するための東京同文書院の設立を進めていたことにもあらわれている。

このようにして出発した東亜同文書院は、その後の変転する日中関係下にあっても日本人の中国専門家を養成し続けたが、最終的には日本の第二次世界大戦での敗戦により上海での学校運営が不可能となって閉鎖を余儀なくされた。

戦後、東亜同文書院については東亜同文書院の同窓会である滬友会によって学校史が2回編纂されたり[6]、卒業生による手記などの中で触れられたりしたことはあったが、それらはあくまで当事者による回顧であった。東西冷戦期において、かつて中国にあり、日本の敗戦の混乱の中で消滅した東亜同文書院に関する一次資料の状況を確認することは容易ではなく、これについての実証的な研究は長らく行われてこなかったのである[7]。

そうした状況が変化したのは1990年代以降のことである。

その端緒となったのが藤田佳久による東亜同文書院生の中国を中心とする調査旅行（中国調査旅行、大調査旅行、大旅行とも言う）に関する研究であった。藤田は戦後顧みられなかった東亜同文書院生の調査旅行について、その結果をまとめた「調査報告書」や「調査旅行日誌」を再発見して分析を進め、「中国の基礎的、本質的部分がそれらの中で記録されていると言ってよいだろう」[8]と捉え、「書院生が中国全域で多方面にわたって旅行し、調査し、報告した多くの記録は、今日の中国を理解する上できわめ

---

5 1899年10月29日、南京を訪問し劉坤一と会談した近衛篤麿は日記に「東亜同文会の趣旨を述べ、今回南京にも学校を設くるの考えあれば、万事に相当の便宜を与へられん事を望むと乞ひしに、［劉坤一は］同会の事は既に聞知して貴邦の厚誼に感じ居れり、学校を南京に設けらるゝ事の如きは、及ぶ丈の便宜を与ふべしと答えたり」（近衛篤麿著、近衛篤麿日記刊行会編『近衛篤麿日記』第2巻、鹿島研究出版会、1968年、444頁）と記している。

6 滬友会編『東亜同文書院大学史』滬友会、1955年。大学史編纂委員会編『東亜同文書院大学史：創立八十周年記念誌』滬友会、1982年。

7 東亜同文書院研究の動向については次の報告を参照のこと。周徳喜「中国における東亜同文書院研究の現状」（『オープン・リサーチ・センター年報』第2号、2008年）、武井義和「東亜同文書院に関する発表論文の動向」（『オープン・リサーチ・センター年報』第2号、2008年）、同「中国における東亜同文書院研究」（『オープン・リサーチ・センター年報』第3号、2009年）、欧七斤「東亜同文書院の中国方面の研究に関する概要」（『オープン・リサーチ・センター年報』第4号、2010年）。

8 藤田佳久『東亜同文書院生が記録した近代中国の地域像』ナカニシヤ出版、2011年、315頁。

て重要である」[9]と評価した。これは資料に基づく東亜同文書院についての実証的研究の最初である。

　中国における東亜同文書院に関する研究活動も1990年代にあらわれている。

　和羹、任徳山、李岩峰、孫建軍訳『新修支那省別全誌：寧夏史料輯訳』（北京：北京燕山出版社、1995年）は、東亜同文書院生の調査旅行に基づいて編纂された中国に関する百科事典である支那省別全誌刊行会編『新修支那省別全誌』[10]（東亜同文会、1941〜1946年）の抄訳である。

　2000年代に入ると中国でも東亜同文書院や調査旅行そのものを扱う研究活動が進められるようになった。馮天瑜主編、滬友会編、揚華、李少軍等訳『上海東亜同文書院大旅行記録：近代日本人禹域踏査書系』（北京：商務印書館、2000年）[11]、薄井由『東亜同文書院大旅行研究』（上海：上海書店出版社、2001年）は調査旅行を紹介するものである。

　調査旅行の内容そのものについては、馮天瑜、劉柏林、李少軍選編、李少軍等訳『東亜同文書院中国調査資料選択』全3冊（北京：社会科学文献出版社、2012年）、周建波主編、張亜光副主編、李軍、胡竹清編訳『東亜同文書院対華経済調査資料選択（1927〜1943年）：金融巻』（北京：社会科学文献出版社、2020年）が「調査報告書」の一部を中国語に翻訳し、中国語圏での利用に資している。

　また、前掲『新修支那省別全誌』同様、調査旅行に基づいて編纂された東亜同文会編『支那経済全書』全12輯（東亜同文会、1907〜1909年）、支那省別全誌刊行会編『支那省別全誌』全18巻（東亜同文会、1917〜1920年）についての研究も行われつつあり[12]、それぞれ『中国経済全書』全24冊（北

9　同書、320頁。

10　『新修支那省別全誌』は四川省（第1〜2巻）、雲南省（第3巻）、貴州省（第4〜5巻）、陝西省（第6巻）、甘粛省寧夏省（第7巻）、新疆省（第8巻）、青海省西康省（第9巻）で刊行が中断した。

11　該書は、東亜同文書院生が中国調査旅行に触れて記したエッセイを収録した滬友会監修『上海東亜同文書院大旅行記録：実録中国踏査記』（新人物往来社、1991年）を中国語に訳したものである。

12　高啓「日本人編撰的中国地方志：『支那省別全誌』和『新修支那省別全誌：以甘粛巻為主』」『図書与情報』2010年。安張乃格「『支那省別全誌』間諜文献論：『支那省別全誌・江蘇省』『南京調査資料』比較研究」『江蘇地方志』2014年第6期、2014年。

京：中国線装書局、2015年）、『中国省別全誌』全54冊（北京：中国線装書局、2015年）として影印本が刊行され、さらに中国語への翻訳が進められている[13]。

このような中国の東亜同文書院関連研究について上海交通大学の欧七斤は次のように述べている。

中国の学術界の同文書院に対する研究は、これまで十分重視されず、資料も十分に集められておりませんでした。研究はまだ初歩的な段階にあります。研究の成果も多くありません。しかも、マクロ的なレベルにとどまっていて、今後の進化が望まれます。[14]

しかし、こうした状況は近年大きく変化しつつある。

中国に伝わった東亜同文書院の「調査報告書」および「調査旅行日誌」の影印本が刊行されたのである。それは国家図書館編『東亜同文書院中国調査手稿叢刊』全200冊（北京：国家図書館出版社、2016年）および同『東亜同文書院中国調査手稿叢刊続編』全250冊（北京：国家図書館出版社、2017年）であり、後述するようにこれらは日本には伝わっていない時期のものも収録している。

また、2020年には北京大学の経済学者グループによる「東亜同文書院経済調査資料的整理与研究」が中国の国家社会科学基金重大プロジェクトに採択された[15]。これは中国経済史研究において、清末から民国期の中国経済の実態を明らかにするための資料として東亜同文書院生の調査旅行による「調査報告書」を利用しようするものである。

このように日本はもちろん、中国においても東亜同文書院に関わる資料状況は充足し、その研究は深化しつつある。しかし、東亜同文書院が海外

13　李彬「『中国省別全誌四川巻』の中国語訳に関する報告」愛知大学東亜同文書院大学記念センター主催研究会、2019年4月26日（本書補論「『中国省別全誌四川巻』の中国語訳」参照）。
14　欧、前掲文、47頁。
15　2020年度国家社会科学基金重大プロジェクト第66号、課題名称「東亜同文書院経済調査資料的整理与研究」、批准番号20 & ZD066、主席専家周建波、責任単位北京大学（「2020年度国社科基金重大項目立項名単」）。「北大経院周建波教授獲国家社会科学基金重大項目資助」2020年12月1日、北京大学経済学院ウェブサイト、https://econ.pku.edu.cn/xwdt/349143.htm、2021年1月21日参照。

にあったことから、その資料は日本、中国、台湾に散在しており、その系統の把握や利用を難しくしているように見受けられる。本章では、そうした東亜同文書院に関する主要な一次資料の系統を整理しつつ、現在の所蔵状況を確認することによって関連研究に資したい。

1　東亜同文書院に関する一次資料の所蔵状況

1-1　愛知大学

1-1-1　東亜同文書院と愛知大学の関係について

　愛知大学と東亜同文書院は組織的には直結するものではないが、東亜同文書院が存在していなければ愛知大学は存在し得なかった。そうした両校の関係を確認する。

　東亜同文書院は日本の敗戦によって直ちに消滅したわけではない。1945年8月15日の日本のポツダム宣言受諾以降も上海で運営されており、同月下旬には学徒出陣で戦地に入り、敗戦によって現地で除隊した300名ほどの学生が帰校すると授業が再開され、さらに日本が降伏文書に署名した9月2日以降も存続していた。それが9月20日中華民国に校舎を接収されるに及び、実質的な活動停止を余儀なくされたのだった。

　この時期、東亜同文書院は上海だけではなく国内でも活動していた。敗戦前、戦況悪化により上海に渡れなかった1945年度新入生を中心とする200名ほどの学生を集めて富山県に設置されていた呉羽分校が、1945年10月15日に授業を再開している。この分校の責任者斎伯守は、東亜同文書院の国内での継続を主張したが実現することはなく[16]、分校も資金難などにより11月15日に閉鎖された。

　東亜同文書院の学校組織としての活動はこのように終焉を余儀なくされ、さらに1949年1月18日に卒業生の寄付による東亜同文書院大学維持会が清算されたことによって完全に姿を消した[17]。

　その一方、東亜同文書院を運営する東亜同文会は、敗戦後、幹部が戦犯

16　斎伯守発近衛文麿宛「東亜同文書院内地開校の要望」1945年10月29日、『東亜同文会史・昭和編』霞山会、2003年、317頁。

17　滬友会、前掲書、1955年、86頁。

指定や公職追放を受けるなどし[18]、存続自体が不透明となっていた。1945年12月、斎伯は次のように述べている。

　　外務省よりの示唆によれば［東亜］同文会ハ（ママ）マッカーサー司令部より
　　解散を命じられる懸念ある為め自発的解消の方針に決定、従って書院
　　も廃校となる重大局面に到着[19]

　それでも東亜同文書院の教職員は教育活動の継続を模索した。斎伯は、1946年1月、当時まだ上海にいた東亜同文書院の最後の学長本間喜一に次のように書き送っている。

　　津田［静枝］理事長退任以来　同文会との折渉はらち（ママ）のあかぬものに
　　有之、一宮［房治郎］理事長［代理］とは激論をしたる間柄につき
　　特に無責任を感じ居り候[20]

　このように東亜同文会への不信感をあらわにしつつ、さらに次のように教職員による国内での学校設立構想に言及している。

　　学校新設問題に関しては本年に入りて文部省の意向変化しつゝあり
　　［略］若し［東亜同文会に］設立の意志なき場合は我々にて設立する

18　敗戦時の東亜同文会の様子については、「近衛［文麿］会長は戦争の責任を自覚して引籠り、
　　阿部［信行］副会長は朝鮮総督として京城に在り、実際の運営は津田［静枝］理事長を中心
　　に一宮［房治郎］、牧田［武］、宇治田［直義］、沢田［源一］の四常務理事がこれに当たっ
　　ていた」（滬友会、前掲書、1955年、30頁）と伝わる。9月以降、近衛会長と阿部副会長は
　　戦犯指名を受け、さらに近衛が自死すると「沢田は他の理事一同と共に直ちに辞職した」（浜
　　田英毅「「上流学校」の大衆化と教養主義　東京女学館館長・澤田源一の学校経営」『人文』
　　第11号、2013年49頁）、その後、阿部は不起訴となったものの津田理事長、一宮常務理事と
　　共に公職追放されている（『公職追放に関する覚書該当者名簿』日比谷政経会、1949年、一
　　般該当者3頁、一般該当者682頁、一般該当者139頁）。こうした会運営の混乱については大
　　島隆雄「東亜同文書院大学から愛知大学への発展：たんなる継承か、それとも質的発展か」
　　（『オープン・リサーチ・センター年報』第3号、2009年）に詳しい。
19　斎伯守発本間登亀宛書簡、1945年12月18日、佃隆一郎「東亜同文書院大学から愛知大学へ
　　の"過渡期"の書簡：呉羽分校長が、帰国直前の学長へ発したメッセージ」『同文書院記念報』
　　Vol. 14、47頁。
20　斎伯守発本間喜一宛書簡、1946年1月31日、佃、前掲文、50頁。

計画有之［略］文部省ハ相良［惟一］事務官と主として交渉、田中［耕
太郎］［学校教育］局長にも面談、阿部［安部能成］新大臣以来空気
一転、大学建設には絶好の機会、なるべく同文会とのくされ縁は切り
たきもの［略］学校の性格は政治に触れるはよろしからずとのことに
有之、産業大学的なものとして英語、支那語を平等に取扱ひ、アメリ
カ講座、中国講座を付設するのがよろしかるべしと思はれ候[21]

　こうした教育活動継続の構想はほかにもあった。上海では東亜同文書院
再開について中華民国との交渉が模索されていたし[22]、1946年2月には上
海にいた卒業生たちが本間学長に東亜同文書院の継続を要請している[23]。
　しかし、東亜同文会は東亜同文書院について何かしらの方針を示したり、
決定したりすることもないまま1946年1月31日に解散を決定し、同年3
月1日に解散について監督官庁外務省の認可を受けた。清算人は林毅陸、
牧田武、大西斎、本間喜一に委嘱された[24]。
　同じ3月1日、上海から帰国した本間喜一は5月30日に斎伯を含む12
名の東亜同文書院関係者と新大学設立活動を開始し、同じく戦前外地に
あった京城帝国大学、台北帝国大学、哈爾浜学院の教員にも参加を呼びか
け、これが1946年11月15日に愛知大学として旧制大学の認可を受けた。
その初代学長には本間と共に東亜同文会清算人を務める元東亜同文会理事
林毅陸が就任している。
　このように愛知大学は、東亜同文書院の教職員が自校で行っていた教育
活動を継続させようとする取り組みの中から成立したものなのであり、東
亜同文書院の後継校に位置付けられる。

1-1-2　学籍簿・成績表
　日本の敗戦後、東亜同文書院の中国における全財産は中華民国に接収さ
れることになったが、本間学長が「学籍簿及接収財産領収書ハ携行許可ヲ

21　同上。
22　本間喜一「東亜同文書院大学引揚前後の事情」1946年4月20日、前掲『東亜同文会史・昭
　　和編』、312頁。
23　大学史編纂委員会、前掲書、170頁。
24　東亜同文会の清算が完了したのは1950年12月2日である（滬友会、前掲書、1955年、34頁）。

受ケ持帰リタル」[25] と述べているように学生に関する記録は国内に伝わることになった。それらは、現在、愛知大学が所蔵する下記のものである。

① 『東亜同文書院学籍簿』第 1 ～ 5 号（第 1 ～39期生）
② 『東亜同文書院大学予科学籍簿』第 1 ～ 2 号（第40～46期生）
③ 『東亜同文書院大学学籍簿』第 1 号（第40～44期生）
④ 『東亜同文書院大学附属専門部学籍簿』第 1 号（第44期生）
⑤ 『東亜同文書院聴講生学籍簿』 1 冊（1926～1938年）
⑥ 『東亜同文書院学業成績表』 4 冊（第 1 ～39期生）
⑦ 『東亜同文書院大学予科成績表』 1 冊（第40～45期生）
⑧ 『東亜同文書院大学成績表』 1 冊（第40期生、第41期生第 2 学年、第42期学部第 1 学年、第43期第 1 学年）
⑨ 『東亜同文書院大学附属専門部成績表』18枚

　東亜同文会清算の過程において、1948年 5 月 6 日に「東亜同文書院大学および北京工業専門学校学生生徒および卒業生に関する証明書等の事務を財団法人愛知大学に委託す」[26] とされており、この事務を行うために愛知大学が東亜同文書院の「学籍簿」および「成績表」を保管することになったのである。
　これら「学籍簿」および「成績表」は日本国籍（当時、日本領であった朝鮮、台湾出身者を含む）の学生についてのものである。東亜同文書院には中華民国出身者を対象とした中華学生部が設置されていた時期（1921～1934）があり、これについても学籍簿や成績表があったと考えられるが、筆者は愛知大学での所蔵を確認していない。また、前述したように愛知大学は北京工業専門学校についての証明書発行事務も委託されているが、これについての学籍簿や成績表も筆者は確認していない。

1-1-3　霞山文庫
　愛知大学図書館は霞山文庫について「東亜同文会の霞山会館図書室の旧

25　本間、前掲文、311頁。
26　滬友会、前掲書、1955年、34頁。

蔵書」[27]と説明している。なお、「霞山」とは東亜同文会の初代会長近衛篤麿の号である。

　1945年12月15日、東亜同文会が事務所を置いていた霞山会館が連合国軍最高司令官総司令部（GHQ）に接収された。この直前、接収通告状の移動禁止品目の中に図書が挙げられていないことに注目した東亜同文会関係者たちが、その蔵書を東亜同文会常務理事牧田武の自邸に搬入し[28]、これが1946年12月12日に愛知大学へ貸与された。この霞山会館旧蔵書の所有権は東亜同文会の清算によって1947年2月18日に霞山倶楽部[29]へ移ることになったが[30]、愛知大学への貸与は継続され、1950年3月には愛知大学が所有するところとなり、「霞山文庫」として整理、拡充[31]された。

　霞山文庫の洋装本12,303冊、邦文雑誌536冊、中国語雑誌111冊につい

27　愛知大学図書館編『愛知大学漢籍分類目録』愛知大学図書館、1960年、例言。
28　愛知大学五十年編纂委員会編『愛知大学五十年史』通史編、愛知大学、1997年、9〜10頁。
29　1948年3月24日に設立され、東亜同文会の資産を受け入れた財団法人。1958年に霞山会と改称した。
30　滬友会、前掲書、1955年、33頁。
31　霞山文庫には、次に挙げる1947年の愛知大学移管後の刊行本が含まれており、愛知大学によって追加されたものであると考えられる。大蔵省主税局編『租税法規類集』（大蔵省主税局、1946〜1950年）、永田厚平『最新養豚法』（地球出版、1947年）、平田敬一郎『わかり易い新税法』（万葉出版社、1948年）、大蔵省編『新税総覧：付・所得税早見表』（日本週報社、1948年）、馬場文夫『高周波誘電加熱と其応用』（天地書房、1948年）、深沢正策『実用養兎の新研究』（泰文館、1948年）、衣川義雄『実用家畜の飼ひ方』（泰文館、1948年）、川瀬勇『家畜と環境：家畜飼養と環境に関する一研究』（川瀬牧草農業研究所、1948年）、阿部余四男『家畜の歴史と遺伝』（文祥堂、1948年）、月野誠道『アンゴラ兎の飼い方と利用法』（泰文館、1949年）、同『乳用山羊の飼い方と利用法』（泰文館、1949年）、大瀬秋嶺『豚の飼ひ方と加工法』（泰文館、1949年）、大蔵省大臣官房文書課編纂『第三国会及び第四回国会の経過：税制、金融関係法律の解説』（大蔵財務協会、1949年）、石田八郎『新しい税』（広文堂、1949年）、小原国芳『算術・代数・幾何・高等数学・珠算・数学史』（玉川大学出版部、1950年）、同『社会総論・政治経済・交通通信』（玉川大学出版部、1950年）、同『東洋通史・西洋通史』（玉川大学出版部、1950年）、同『世界地理篇』（玉川大学出版部、1950年）、同『日本歴史篇』（玉川大学出版部、1950年）、同『総論・北海道・東北・関東・中部・近畿・中国・四国・九州』（玉川大学出版部、1950年）、同『地理通論・歴史概論・民俗学・考古学』（玉川大学出版部、1950年）、同『殖産・畜産』（玉川大学出版部、1950年）、同『家庭と社会・衣・食・住・医療・経理・他』（玉川大学出版部、1950年）、同『西洋・東洋・日本絵画史』（玉川大学出版部、1950年）、同『林業・水産・農政経済・農林社会・世界の農業・農業問題・農人列伝』（玉川大学出版部、1950年）、栗原一平『税の実務』（ダイヤモンド社、1950年）、税務経理協会編『税務問題例解集：税務実力錬成の書』（税務経理協会、1951年）、大蔵財務協会編『百万人の税金対策』（大蔵財務協会、1951年）、Édouard Chavannes, Le T'ai chan: essai de monographie d'un culte chinois, Farnborough: Gregg, 1969.

ては『愛知大学図書館霞山文庫図書目録』（愛知大学図書館、1999年）、漢籍22,700冊については「霞山文庫漢籍分類目録」[32]がそれぞれ作成され、一部は電子化もされている。

霞山文庫の大半は公刊図書であるが、一次資料に類するものとしては東亜同文書院の設立趣旨や教育方針を示す『創立東亜同文書院要領』（東亜同文会、1901年？）や東亜同文会の活動を記録した『事業報告書』[33]がある。

1-1-4 「調査報告書」と「大旅行誌」

東亜同文書院では、1907年から1943年まで、卒業年次の学生が数名のグループを組織し、夏季の2〜3カ月程度をかけ中国を中心とするアジア各地を調査旅行し、その結果を卒業論文に相当する「調査報告書」にまとめて提出することが行われていた（「表　東亜同文書院調査旅行実施年次一覧」）。これは東亜同文会が刊行した『支那経済全書』、『支那省別全誌』、『新修支那省別全誌』の編纂資料としても使用された。

愛知大学図書館には東亜同文書院が実施した調査旅行について、1916年分から1918年分および1920年分から1935年分の「調査報告書」[34]と1923年分から添付されるようになった「調査旅行日誌」、計707冊の手稿本が所蔵されている[35]。

愛知大学所蔵「調査報告書」は、「東亜同文書院調査報告用紙」と印字された26行の薄葉罫紙にカーボン紙を用いて写し取った原稿を綴じた線装本である。「調査報告書」は毎回数部の写しを作成したことが伝えられており[36]、その一つが東亜同文会に送られ、戦後、前述の霞山文庫の図書

32　「霞山文庫漢籍分類目録」愛知大学図書館、前掲書。

33　東亜同文会編『事業報告書』東亜同文会、1923〜1932、1937〜1944年。

34　第17期生の調査旅行は五四運動による反日意識の高まりを憂慮して当初予定の1919年夏の実施が見合わされた。翌春、規模を縮小して実施されたたものの、「調査報告書」としては伝わっていない。

35　愛知大学図書館は、愛知大学図書館編『愛知大学図書館概要：2000（平成12）年度』（愛知大学図書館、2000年、6頁）から所蔵する「東亜同文書院中国調査旅行報告書」は「第10期（1916年）〜第29期（1935年）までの707冊」と説明し、愛知大学編『愛知大学図書館概要：2006（平成18）年度』（愛知大学図書館、2006年、7頁）からは「第10期（1916年）〜第29期（1935年）までの稿本428冊」と説明している。この数字の違いについては「調査報告書」が428冊、添付された「調査旅行日誌」が279冊と推測する。

36　「調査報告書は参謀本部、外務省、農商務省に毎回一部宛寄贈す」『創立三十週年記念東亜同

と共に愛知大学に移されたと考えられる。また、東亜同文会を清算する際、1947年7月17日に「支那省別全誌刊行会を同大学［愛知大学］に引継ぐ」[37]とされていることから、東亜同文会の解散によって中断された『新修支那省別全誌』の編纂を愛知大学が行うための資料としての意味があったとも考えられる。

　現在、愛知大学所蔵「調査報告書」の原本は非公開であるが『マイクロフィルム版　東亜同文書院　中国調査旅行報告書：附録大旅行誌』（雄松堂出版、1997年）が刊行されている。

　調査旅行に関連する資料には、「調査報告書」のほかに「大旅行誌」と称されているものがある。第5期生と第6期生のものは東亜同文書院学友会機関誌『学友会会報』に掲載され、第7期生以降は単行本として31冊が編まれた。

　これらについて注意しなければならないのは、「調査報告書」がカリキュラム上の教育活動、学術活動の成果であるのに対し、「大旅行誌」は学生会が編んだものであり、学生生活の記念品である卒業記念文集に相当するものだということである。それは調査の成果を示そうとするものではない。したがって東亜同文書院の調査旅行を検討する際には「大旅行誌」だけではなく、「調査報告書」にもあたる必要がある。

　なお、「大旅行誌」は『マイクロフィルム版　東亜同文書院　中国調査旅行報告書：附録大旅行誌』に収録されたほか、『東亜同文書院大旅行誌』全33巻（愛知大学、雄松堂出版、2006年）として影印されている。

文書院誌』東亜同文書院大学、1930年41頁。

37　滬友会、前掲書、1955年、33頁。

表　東亜同文書院調査旅行実施年次一覧　＊着色部分は調査旅行実施学年

			私塾時期																				第21期	第22期	第23期	第24期
			第1期	第2期	第3期	第4期	第5期	第6期	第7期	第8期	第9期	第10期	第11期	第12期	第13期	第14期	第15期	第16期	第17期	第18期	第19期	第20期				
調査旅行実施なし	1901	明治34	1年																							
	1902	明治35	2年	1																						
	1903	明治36	3年	2	1																					
	1904	明治37		3	2	1																				
	1905	明治38			3	2	1																			
	1906	明治39				3	2	1																		
調査旅行実施時期	1907	明治40					3	2	1																	
	1908	明治41						3	2	1																
	1909	明治42							3	2	1															
	1910	明治43								3	2	1														
	1911	明治44									3	2	1													
	1912	明治45 大正元										3	2	1												
	1913	大正2											3	2	1											
	1914	大正3												3	2	1										
	1915	大正4													3	2	1									
	1916	大正5														3	2	1								
	1917	大正6															3	2	1							
	1918	大正7																3	2	1						
	1919	大正8																	3	2	1					
	1920	大正9																		3	2	1				
	1921	大正10																			3	2	1年			
	1922	大正11																				3	2年	1		
	1923	大正12																					3年	2	1	
	1924	大正13																					4年	3	2	1
	1925	大正14																						4	3	2
	1926	大正15 昭和元																							4	3
	1927	昭和2																								4
	1928	昭和3																								
	1929	昭和4																								
	1930	昭和5																								
	1931	昭和6																								
	1932	昭和7																								
	1933	昭和8																								
	1934	昭和9																								
	1935	昭和10																								
	1936	昭和11																								
	1937	昭和12																								
	1938	昭和13																								
	1939	昭和14																								
	1940	昭和15																								
	1941	昭和16																								
	1942	昭和17																								
	1943	昭和18																								
実施なし	1944	昭和19																								
	1945	昭和20																								

	旧制専門学校時期															旧制大学時期						
第25期	第26期	第27期	第28期	第29期	第30期	第31期	第32期	第33期	第34期	第35期	第36期	第37期	第38期	第39期	第40期	第41期	第42期	第43期	第44期	第45期	第46期
2	1																				
3	2	1																			
4	3	2	1																		
	4	3	2	1																	
		4	3	2	1																
			4	3	2	1															
				4	3	2	1														
					4	3	2	1													
						4	3	2	1												
							4	3	2	1											
								4	3	2	1										
									4	3	2	1									
										4	3	2	1								
											4	3	2	1							
												4	3	2	予科1年						
													4	3	予科2年	予科1					
														4	学部1年	予科2	予科1				
															学部2年	学部1	予科2	予科1			
															学部3年	学部2	学部1	予科2	予科1		
																学部3	学部2	学部1	予科2	予科1	
																	学部3	学部2	学部1	予科2	予科1

1-1-5 『中日大辞典』

　愛知大学が東亜同文書院から引き継いだものの一つに中国語辞典編纂事業がある。

　東亜同文書院では1933年頃から中国語辞典編纂事業が始められており、敗戦時には約14万枚の辞典原稿カードが作成されていたという。しかし、それらは敗戦によって中華民国に接収され、さらに国共内戦を経て中華人民共和国下で管理されるものとなった。

　東亜同文書院の学長本間喜一は、戦後、愛知大学を開学させた後、最高裁判所長官三淵忠彦に請われて1947年から最高裁判所事務総長職に就いていたが、中国における国共内戦が終焉に向かい1949年に中華人民共和国が成立し、接収された辞典原稿カードについての交渉相手が明確となると、すぐさまその返還について運動を開始した。1950年に学長として愛知大学に復帰した後も粘り強く交渉を続け、1954年に実質的な返還を実現させた。

　この東亜同文書院で作成された辞典原稿カードを基礎として、東亜同文書院の卒業生であり、教員でもあった愛知大学教授鈴木択郎や内山雅夫を中心に編纂されたのが『中日大辞典』初版（中日大辞典刊行会、1968年）である[38]。初版刊行後、『中日大辞典』を編纂する愛知大学の中日大辞典編纂処は一旦解散した。その際、編纂資料として収集されたり、中国などから寄贈されたりした図書3,277冊は大学図書館に「中日大辞典文庫」として所蔵されたものの[39]、東亜同文書院が作成したものを含む30数万枚の辞典原稿カードのほとんどは処分されたため、東亜同文書院当時の辞典編纂についての一次資料は現存しない[40]。

38　『中日大辞典』編纂事業については、今泉潤太郎『華語萃編と中日大辞典』（『オープン・リサーチ・センター年報』第2号、2008年）、同「資料による中日大辞典編纂所の歴史」（『日中語彙研究』第1〜8号、2012〜2019年）、同「編者から見る『中日大辞典』」（『日中語彙研究』第8号、2019年）に詳しい。

39　愛知大学図書館編『愛知大学図書館概要　昭和61年度』愛知大学図書館、1986年、5頁。

40　愛知大学は1975年4月に中日大辞典編纂処を再設置し、1986年第二版、1987年増訂第二版を刊行した。2003年中日大辞典編纂処は中日大辞典編纂所と改称し、2010年第三版を刊行、2020年には第三版を電子化し「愛知大学中国語語彙データベース」（http://hcs.aichi-u.ac.jp/）を公開している。

1-1-6　東亜同文書院大学記念センター

　1993年、愛知大学は「東亜同文書院大学に関する資料を蒐集、保存、展示し、その教育研究上の業績を明らかにするとともに、本学の発展に寄与することを目的とす」[41]として東亜同文書院大学記念センターを設置した。その紀要の創刊に際して当時の同センター運営委員長今泉潤太郎は次のように述べている。

　　　"幻"の名門校・東亜同文書院大学とは如何なる存在であったか、
　　自身が東亜同文書院大学を構成する教職員、学生であった本学創設者
　　たちは、これを語るのに饒舌でなく、寡黙は時に禁欲的ですらあった。
　　　時は移り人も替わり、いまは愛知大学通信等にのった関係者の回想
　　などから断片的にこれを知るのみである。[42]

　愛知大学の「創設者」たちは東亜同文書院の当事者だったのであり、彼らにとって両校の関係や東亜同文書院がどのような学校であったのかということは語らずとも自明のことであった。しかし、時間の経過と共に「創設者」たちは少なくなり、創立50周年を迎える時期に至って愛知大学の関係者であっても東亜同文書院の実態を知ることは難しくなっていたのである。

　こうしたことを背景にして設置された東亜同文書院大学記念センターは、次のような東亜同文書院の卒業生や教職員、その関係者から寄せられた資料を収蔵している。

　①根津家資料
　　東亜同文書院初代、第2代院長根津一旧蔵資料。
　②孫文、山田良政・純三郎関係資料[43]

41　「愛知大学東亜同文書院大学記念センター規程」『同文書院記念報』Vol. 1、1994年3月、64頁。
42　今泉潤太郎「創刊に際して」『東亜同文書院大学記念センター報』第1号、1994年、3頁。
43　「孫文、山田良政・純三郎関係資料」については、今泉潤太郎、藤田佳久「孫文、山田良政・
　　純三郎関係資料について」(『国際問題研究所紀要』第97号、1992年9月)、阿部弘、大野一
　　石、村上武「座談会　孫文・辛亥革命と山田兄弟関係資料受け入れ経緯」(『同文書院記念報』
　　Vol. 3、1996年3月)、今泉潤太郎、佃隆一郎、藤森猛「孫文、山田良政・純三郎関係資料補

元東亜同文書院教員山田良政とその弟で東亜同文書院卒業生山田純三郎の親族からの寄託資料。

③本間喜一資料

元東亜同文書院大学学長、愛知大学名誉学長本間喜一に関する資料。

④蔵居良造文庫[44]

東亜同文書院第28期生で朝日新聞中国各地特派員、東亜部次長、論説委員、調査研究室研究員を歴任し、その後霞山会東亜学院院長を務めた蔵居良造旧蔵書。

⑤小岩井浄資料

元東亜同文書院大学教授、愛知大学第3代学長小岩井浄に関する資料。

これら以外にも東亜同文書院の同窓会滬友会の旧蔵書や愛知大学五十年史[45]編纂事業において収集された資料なども収蔵している。

この資料群は書籍や書画、書簡、写真、手稿、インタビュー記録などさまざまな形態からなっており、これまでに33,090点が確認されているが、現在も整理作業中であることから公開されていない。

1-1-7　国立公文書館・外務省

東亜同文書院の旧制専門学校および旧制大学の認可に関する文書は国立公文書館に所蔵され[46]、通常の学校運営に関する文書は東亜同文書院を監督していた外務省での保管を経て現在は外務省外交史料館に所蔵されてお

遺」（『同文書院記念報』Vol. 4、1996年9月）、今泉潤太郎、武井義和「孫文、山田良政・純三郎関係資料補遺（続）」（『同文書院記念報』Vol. 5、1998年4月）、田崎哲朗、佃隆一郎「山田純三郎関係書簡」（1～2）（『愛知大学国際問題研究所紀要』第109～110号、1998年3月～1998年12月）を参照のこと。

44　豊田信介「蔵居文庫の紹介」『オープン・リサーチ・センター年報』第4号、2010年。

45　愛知大学五十年編纂委員会編『愛知大学五十年史』資料編、通史編、愛知大学、1997年。

46　旧制専門学校認可については「御署名原本・大正十年・勅令第三百二十八号・東亜同文会ノ設立スル東亜同文書院ニ関スル件」、1921年7月13日、JACAR（アジア歴史資料センター）Ref. A03021339100, 太政官・内閣関係 御署名原本（大正）大正10年 勅令（御12311100）（国立公文書館）などがあり、旧制大学認可については「御署名原本・昭和十四年・勅令第八七四号・大正十年勅令第三百二十八号（東亜同文会ノ設立スル東亜同文書院ニ関スル件）中改正」、1939年12月26日、JACAR（アジア歴史資料センター）Ref. A03022422100, 太政官・内閣関係　御署名原本（昭和［～昭和21年］）昭和14年 勅令（御23205100）（国立公文書館）などがある。

り、それらの多くはアジア歴史資料センターによっても閲覧に供せられている。

東亜同文書院は日本の学校であることから本来は文部省が監督すべきものであったが、開校後の1906年 5 月、文部省が東亜同文書院について「一切ノ監督ハ在清国上海帝国総領事館ヲシテ之ニ当タラシメ候」[47]と外務省に照会し、外務省が「了承致候右ハ差支無之候」[48]と回答していることからわかるように外務省の監督下に置かれた。1921年に旧制専門学校の認可を受けた際にも「文部大臣の職務ハ外務大臣之ヲ行フ」[49]とされ、これは1939年旧制大学認可時も踏襲されている[50]。このため東亜同文書院の運営に関する文書の多くは外務省に保管されることになり、それらは次のようにまとめられた。

①『東亜同文書院関係雑件』第 1 ～ 5 巻
②『東亜同文書院関係雑件／人事関係』第 1 ～ 2 巻
③『東亜同文書院関係雑件／収支予算差引関係』第 1 ～ 3 巻
④『東亜同文書院関係雑件／大学設立関係』
⑤『東亜同文書院関係雑件／紛議及治安維持法違反関係』
⑥『東亜同文書院関係雑件／卒業生及成績関係』
⑦『東亜同文書院関係雑件／年報関係』

また、外務省は東亜同文書院の運営母体である東亜同文会も監督しており、その関係文書は次のようにまとめられている。

①『東亜同文会雑纂』第 1 ～ 5 巻
②『東亜同文会雑纂／受払計算書及証憑書』第 1 ～ 9 巻

47　「在上海東亜同文書院ノ監督方同地定国総領事ニ委任之義文部次官心得ヨリ照会之件」、1906年 5 月、JACAR（アジア歴史資料センター）Ref. B12081873600、学校関係雑件　第三巻（B-3-10-2-1_003）（外務省外交史料館）、第 2 画像。
48　同、第 3 画像。
49　前掲「御署名原本・大正十年・勅令第三百二十八号・東亜同文会ノ設立スル東亜同文書院ニ関スル件」JACAR（アジア歴史資料センター）Ref. A03021339100、第 2 画像。
50　前掲「御署名原本・昭和十四年・勅令第八七四号・大正十年勅令第三百二十八号（東亜同文会ノ設立スル東亜同文書院ニ関スル件）中改正」。

③『東亜同文関係雑件』第1～9巻

④『東亜同文会雑件／補助関係』第1～10巻

⑤『東亜同文会関係雑件／収支予算差引表関係』第1～2巻

上記に加えて次のような東亜同文会関係文書がある。

①『東亜同文会ノ清国内地調査一件』(「調査報告」送り状等)

②『東亜同文会ノ清国内地調査一件／北京駐在班ノ部』(1907年)

③『東亜同文会ノ清国内地調査一件／天津駐在班ノ部』第2～3巻(1907年)

④『東亜同文会ノ清国内地調査一件／漢口駐在班ノ部』第1～5巻(1907年)

⑤『東亜同文会ノ清国内地調査一件／芝罘駐在班ノ部』第1～2巻(1907年)

⑥『東亜同文会ノ清国内地調査一件／営口駐在班ノ部』第1～3巻(1907年)

⑦『東亜同文会ノ清国内地調査一件／第一回調査報告』(1907年)

⑧『東亜同文会ノ清国内地調査一件／各鉄道線別報告ノ部／淮衛河線旅行班ノ部』第1～2巻 (1907年)

⑨『東亜同文会ノ清国内地調査一件／各鉄道線別報告ノ部／京漢線旅行班ノ部』第1～4巻 (1907年)

⑩『東亜同文会ノ清国内地調査一件／浙閩粤海岸線旅行班ノ部』第1～4巻 (1907年)

⑪『東亜同文会ノ清国内地調査一件／浙贛湘線旅行班ノ部』第1～3巻 (1907年)

⑫『東亜同文会ノ清国内地調査一件／上海駐在班ノ部』(1907年)

⑬『東亜同文会ノ清国内地調査一件／豫秦鄂旅行班ノ部』第1～2巻 (1907年)

⑭『東亜同文会ノ清国内地調査一件／各鉄道線別報告ノ部／贛閩粤ノ部』(1908年)

⑮『東亜同文会ノ清国内地調査一件／各鉄道線別報告ノ部／鄂蜀線ノ

部』（1908年）

⑯『東亜同文会ノ清国内地調査一件／各鉄道線別報告ノ部／沅貴線ノ
部』（1908年）

⑰『東亜同文会ノ清国内地調査一件／各鉄道線別報告ノ部／遼東沿岸線
ノ部』（1908年）

⑱『東亜同文会ノ清国内地調査一件／各鉄道線別報告ノ部／津浦線ノ
部』（1908年）

⑲『東亜同文会ノ清国内地調査一件／各鉄道線別報告ノ部／豫晋線ノ
部』（1908年）

⑳『東亜同文会ノ清国内地調査一件／各鉄道線別報告ノ部／河南湖廣線
ノ部』（1908年）

㉑『東亜同文会ノ清国内地調査一件／各鉄道線別報告ノ部／口外喇嘛廟
熱河線ノ部』（1908年）

㉒『東亜同文会ノ清国内地調査一件／各鉄道線別報告ノ部／長江線ノ
部』（1908年）

㉓『東亜同文会ノ清国内地調査一件／各鉄道線別報告ノ部／楚粵線ノ
部』（1908年）

㉔『東亜同文会ノ清国内地調査一件／第九期調査報告書』第 1 ～ 4 巻
（1915年）

　これらは1907年分、1908年分、1915年分の「調査報告書」である。なお、筆者が閲覧したアジア歴史資料センターで公開されている画像では原本なのか写しなのかの判別はつかない。

　②から㉓は「東亜同文会用紙」と印字された24行罫紙に記されている。

　㉔は、その第 1 巻から第 3 巻までは②から㉓と同じ「東亜同文会用紙」であるが、第 4 巻は「東亜同文書院調査報告用紙」と印字された26行罫紙に記されている。

　⑭から㉓は、東亜同文会発外務省宛「第二回調査報告書目録送付状」[51]（1910年 7 月27日）に挙げられている調査の名称と一致しており、これら

51　JACAR（アジア歴史資料センター）Ref. B03050448800、東亜同文会ノ清国内地調査一件（1-6-1-31）（外務省外交史料館）。

59

が東亜同文書院から東亜同文会を経て外務省に送られたものであることがわかる。こうした東亜同文書院から外務省への「調査報告書」の送付は、「5 第参期旅行調査報告書総目録」[52]（1911年4月）、東亜同文会発外務省文化事業部宛「2. 一般（22）支那調査報告書提出　昭和十三年一月」[53]（1938年1月31日）からも確認することができる。

2　中国国家図書館

　中華民国に接収された東亜同文書院所蔵資料の行方は長らく不明であった。その中で中国語辞典原稿カードのみが本間喜一の尽力によって実質的な返還が実現したことは先に述べた通りである。それ以外の資料については、1990年代以降に調査が進展した。

　後藤峰晴「『東亜同文書院』関係資料調査記」（『同文書院記念報』Vol. 11、2003年3月）は1991年12月に上海図書館龍呉蔵書館を、藤森猛「北京市の図書館と「東亜同文書院」関係資料」（『同文書院記念報』Vol. 2、1995年3月）は1994年7月に中国社会科学院歴史研究所図書室、中国社会科学院文献情報中心、北京図書館をそれぞれ調査し、東亜同文書院および東亜同文会が刊行した書籍が所蔵されていることを報告しているが、それらが敗戦時に接収された東亜同文書院旧蔵資料であるのかは不明である。

　森久男「東亜同文書院大学の資料の行方」[54]は、1994年8月に北京図書館を調査した際に図書カードの中に東亜同文書院に関する資料を見いだしたことを報告しており、それらについて次のように述べている。

　　第一に、資料の大半は図書館所蔵の一般書である。第二に、東亜同文書院大学自身の業務資料が一部含まれている。第三に、卒業生の現地

52　JACAR（アジア歴史資料センター）Ref. B03050449200、東亜同文会ノ清国内地調査一件（1-6-1-31）（外務省外交史料館）。

53　JACAR（アジア歴史資料センター）Ref. B05015341500、東亜同文書院関係雑件 第四巻（H-4-3-0-2_004）（外務省外交史料館）。これによれば、東亜同文書院は1930年分から1935年分までの「調査報告書」を1938年に外務省へ送付している。

54　森久男「東亜同文書院大学の資料の行方」『同文書院記念報』Vol. 2、1995年3月、37頁。

調査報告書がかなり完全な形で保存されている。[55]

　「業務資料」と「調査報告書」は公刊されるものではないことから、これらは東亜同文書院から接収されたものである可能性が高い。

　北京図書館の東亜同文書院に関する資料については、莫暁霞「訪書旧事：兼近代三個侵華文化機構蔵書的流散」(『国家図書館学刊』2017年第 3 期、2017年 6 月)に触れられている。これによれば1954年に北京図書館はスタッフを南京に派遣し、「同文书院历届毕业生在中国各省进行特务活动的日记、报告等手稿、印本数千册」[56]［東亜同文書院歴代の卒業生が中国各省で行った特務活動の日記や報告などの手稿、刊本数千冊］など東亜同文書院旧蔵を含む約900箱の資料を北京図書館に移送している。これが森の報告した北京図書館の東亜同文書院関係資料であると見られる。

　この北京図書館所蔵資料の原本を調査した報告が、房建昌「上海東亜同文書院(大学)檔案的発現及価値」[57](『檔案与史学』1998年第 5 期、1998年10月)と房建昌著、阮毅、武井義和、前田克彦訳「北京国家図書館所蔵東亜同文書院一九三八−四三年書院生夏季旅行調査報告書及び日誌目録」(『同文書院記念報』Vol. 8、2001年 3 月)である。房は「上海東亜同文書院(大学)檔案的発現及価値」の中で、1982年に北京図書館柏林寺分館で国立南京図書館蔵書であったことを示す青色の蔵書印がある「調査報告書」および「調査旅行日誌」を発見したと述べている。この「調査報告書」は愛知大学には所蔵がない1938年分から1943年分を含むものであった。これ以外に東亜同文書院の事務的な文書や郵便物、刊本があったと述べている。

　北京図書館が改称した中国国家図書館は[58]、1927年分から1935年分まで、および1938年分から1943年分までの「調査報告書」、「調査旅行日誌」、教

55　同上。

56　莫暁霞「訪書旧事：兼近代三個侵華文化機構蔵書的流散」(『国家図書館学刊』2017年第 3 期、2017年 6 月、107頁。

57　本論文の日本語訳は、房建昌著、武井義和訳「上海東亜同文書院(大学)資料の発見および価値」(『同文書院記念報』Vol. 7、2000年 3 月)である。

58　中国の国立図書館である。1909年設立の京師図書館を前身とし、1928年に国立北平図書館、1950年に国立北京図書館、1951年に北京図書館と改称され、1998年からは国家図書館(中国国家図書館)となっている。

員の調査旅行に関する文書[59]を影印した『東亜同文書院中国調査手稿叢刊』と、1916年分から1918年分まで、および1920年分から1926年分までの「調査報告書」を影印した『東亜同文書院中国調査手稿叢刊続編』を刊行しているが、これらの原本はかつて房が報告したものであると考えられる。

　さて、筆者は2015年9月と2019年3月に中国国家図書館で東亜同文書院関連資料について調査を行った。現在、中国国家図書館の利用手続きの多くは電子化されており、資料の検索も図書カードではなく端末を使用するものとなっていたが[60]、それによって戦前の東亜同文書院に関する資料を検索したところ、「調査報告書」や「調査旅行日誌」と見られる資料は次のものだけであった。

　「調査報告書」と見られる資料
　①井ノ口易男『通化県調査報告書』（東亜同文書院、1930年）
　②加藤隆徳『熱河省交通』（東亜同文書院、1930年）
　③橋ケ迫実『熱河省赤峰県』（東亜同文書院、1930年）
　④高谷靖輔［ほか］『呼蘭県調査報告書』（東亜同文書院、1933年）
　⑤勝田一夫『勃利県略誌』（東亜同文書院、1933年）
　⑥平林千幸『和龍県調査報告書』（東亜同文書院、1933年）
　⑦志波政男『珠河県調査報告書』（東亜同文書院、1933年）
　⑧平林千幸『延吉県調査報告書』（東亜同文書院、1933年）
　⑨松尾芳二郎「拝泉縣調査報告書」（東亜同文書院、1933年）

59　国家図書館編『東亜同文書院中国調査手稿叢刊』第76冊（北京：国家図書館出版社、2016年）には、林哲夫「支那研究部昭和十二年度研究旅行旅行日誌」、福田勝蔵「研究旅行日誌」、太田英一［研究旅行日誌］、無記名「指導旅行日誌」、戸田義郎「学生調査指導旅行日記」、内田直作「大旅行指導旅行日誌報告」、上田信三「大旅行指導調査旅行日誌」、林哲夫「学生調査指導旅行日記」、馬場鍬太郎「指導旅行日誌」、坂本一郎「研究指導旅行日誌」、福田省三「指導旅行日誌」、宮下忠雄「研究旅行日誌」、太田英一「旅行日誌」、熊野正平「研究旅行日誌」、戸田義郎「夏季研究旅行日誌」、成宮嘉造「南京、蘇州指導旅行日記」、宮下忠雄「指導旅行報告」、中内二郎「旅行日誌」、久重福三郎「昭和十六年夏北支方面旅行日誌」、飛石初次「臨時研究旅行日誌」、原一郎「南京、蘇州研究旅行日誌」、神谷龍男「指導旅行日誌」、小岩井浄「満洲視察旅行日誌」、北野大吉「指導旅行日誌」、若江得行「研究旅行日誌」を収録している。

60　中国国家図書館、中国国家数字図書館「聯機公共目録査詢系統」http://opac.nlc.cn/F（2020年2月3日）。

⑩馬場三郎［ほか］『東興県一般事情』（東亜同文書院、1935年）

「調査旅行日誌」と見られる資料
⑪伊藤正彌『大旅行日誌』（東亜同文書院、1932年）
⑫福島孝男『大旅行日誌』（東亜同文書院、1932年）
⑬富田邦弘『大旅行日誌』（東亜同文書院、1932年）
⑭風間禎三朗『大旅行日誌』（東亜同文書院、1932年）
⑮関弥七『大旅行日誌』（東亜同文書院、1932年）
⑯飯盛新一郎『大旅行日誌』（東亜同文書院、1932年）
⑰河野二夫『大旅行日誌』（東亜同文書院、1932年）
⑱藤原孝夫『大旅行日誌』（東亜同文書院、1932年）
⑲樫山弘『大旅行日誌』（東亜同文書院、1932年）
⑳仲田朝信『大旅行日誌』（東亜同文書院、1932年）
㉑森小八郎『大旅行日誌』（東亜同文書院、1932年）

　「調査報告書」とおぼしき①から⑩について、①②④⑤⑦⑧⑨⑩は『東亜同文書院中国調査手稿叢刊』に同名の文書が収録されている。
　③は中国国家図書館の書誌では「1930年」のものとされているが、著者の橋ケ迫実は第31期生として1934年に調査旅行に参加しており、『東亜同文書院中国調査手稿叢刊』においても1934年分に同名の文書が収録されている[61]。
　⑥は中国国家図書館の書誌では平林千幸を著者としているが、広田正のものとして『東亜同文書院中国調査手稿叢刊』に同名の文書が収録されている[62]。
　「調査旅行日誌」とおぼしき⑪から㉑については、㉑のみ『東亜同文書

61　『東亜同文書院中国調査手稿叢刊』第148冊には1934年第31期生の「調査報告書」として「橋迫実」名で「熱河省赤峰県調査」が収録されており、これが橋ケ迫実のことであると考えられる。『東亜同文書院大学史：創立八十周年記念誌』（558頁）によれば、彼は第31期生である。

62　『東亜同文書院中国調査手稿叢刊』第143冊には1933年第30期生の「調査報告書」として広田正「和龍県調査」が収録されている。

院中国調査手稿叢刊』に同名の文書が収録されているが[63]、⑪から⑳は収録されていない。

　上掲以外の資料では、東亜同文書院刊行の中国語教育雑誌『華語月刊』、東亜同文書院大学学生調査大旅行指導室編『東亜同文書院大学東亜調査報告書』（東亜同文書院大学学生調査大旅行指導室、1940年）、東亜同文書院の学生会機関誌『会報』[64]や同窓会機関誌『同窓』[65]、東亜同文会機関誌『東亜同文会報告』の所蔵記録があるが、森と房が述べている事務文書や郵便物などを見いだすことはできなかった。

　さて、端末からの検索で所蔵記録があった戦前の東亜同文書院に関する資料は全て出庫手続きを要するものであった。その一部について規程に従い閲覧申請をしたが[66]、「調査報告書」あるいは「調査旅行日誌」と思われる資料は「未找到」［見つからなかった］ということで閲覧することができなかった。

　東亜同文書院の学生会、同窓会の機関誌については閲覧することができたが、東亜同文書院旧蔵を示すような蔵書印などはなく、中華人民共和国成立後の「北京図書館」の蔵書印が押印されているだけで、これらが東亜同文書院から接収されたものなのかどうかを判断することはできなかった。

　以上のように中国国家図書館は東亜同文書院旧蔵資料を所蔵していることは確実であるものの、その全容については不明である。

3 　南京図書館

　中華民国教育部文書「関於処理同文書院大学図書等物件的指令」[67]（1946

63　『東亜同文書院中国調査手稿叢刊』第42冊には1932年第29期生の森小八郎の「調査旅行日誌」が収録されている。

64　東亜同文書院学友会『会報』第8〜9号、上海：東亜同文書院学友会、1909年3〜6月。

65　東亜同文書院滬友同窓会『同窓』第2、5、8、10、13、16〜17、19〜21、23〜31号、上海：東亜同文書院滬友同窓会、1910年1月、1910年11月、1911年5月、1911年9月、1912年3月、1912年9月〜11月、1913年1月〜1914年2月。

66　筆者利用時、出庫申請は1回につき3点とされていた。なお、複数冊であっても目録上で1点とされている場合は、全冊を出庫し閲覧することができた。

67　「関於処理同文書院大学図書等物件的指令」、1946年4月6日、上海交通大学校史研究室課

年4月6日）は、東亜同文書院から接収した図書などの扱いに関して、「所有図书除有原主外，交中央图书馆接收，资料交国立编译馆接受」[68]［図書は本来の所有者があるもの以外は国立中央図書館に引き渡し、資料は国立編訳館に引き渡す］としている。これによれば東亜同文書院旧蔵図書は国立中央図書館すなわち現在の南京図書館[69]に送られたと考えられる。

　このことについて蘇維「東亜同文書院蔵書考述」（『科技情報開発与経済』第21巻第27期、2011年9月）は、南京図書館史檔案には1946年国立中央図書館が東亜同文書院から接収した15万冊以上の図書を受け入れた記録があると述べている[70]。接収時の引き渡しについての資料「上海東亜同文書院大学交接書（節録）」[71]によれば、東亜同文書院から中華民国に引き渡された図書は255,084冊である[72]。国立中央図書館の1947年の記録[73]では、日本語と中国語の一般図書240,207冊、洋書20,281冊、日本語と中国語の目録28冊、洋書の目録2冊を受け入れたとある。蘇は、国立中央図書館に送られた東亜同文書院接収資料の一部が1954年5月頃に北京図書館に移されたと述べている[74]。これは前掲の莫「訪書旧事：兼近代三個侵華文化機構蔵書的流散」が述べるところと同じであり、移送資料の中に「調査報告書」および「調査旅行日誌」が含まれていたと考えられる。

　なお、現在、南京図書館が所蔵する東亜同文書院旧蔵図書は、蘇によれば館内の「古籍書庫」「民国文献書庫」「外文[75]書庫」に分散して所蔵されている。「外文書庫」では日本語の書籍を中心に洋書も含む2万冊以上が未整理であるという。漢籍については、南京図書館所蔵の東亜同文書院接

題組編『上海交通大学、財団法人霞山会歴史関係研究　資料選輯』、上海：上海交通大学校史研究室課題組、2006年、86頁。

68　同上。

69　国立中央図書館は1950年に国立南京図書館と改称し、1954年にはさらに南京図書館と改称している。

70　蘇維「東亜同文書院蔵書考述」『科技情報開発与経済』第21巻第27期、2011年9月、74頁。

71　東亜同文書院大学発教育部京滬区特派員弁公処「上海東亜同文書院大学交接書（節録）」、1945年12月20日、上海交通大学校史研究室課題組、前掲書、65〜79頁。

72　同、70頁。

73　「中央図書館接収同文書院図書数量統計表」、1947年、上海交通大学校史研究室課題組、前掲書、104頁。

74　蘇、前掲論文、74頁。

75　「外文」は中国語で外国語の意。

収図書の目録『接収上海日本東亜同文書院図書清冊』(1912年？〜1949年？)によると6,237種、93,754冊であるという。

　この東亜同文書院旧蔵漢籍について、蘇は『東亜同文書院大学図書館部類目録』が「方志部」「叢書」「経部」「史部」「子部」「集部」の六部に分類していると伝えている。「経部」「史部」「子部」「集部」の四部分類に叢書を扱う「叢部」を加えただけではなく、地方志すなわち地誌を集めて「方志部」を立てているのが特徴的であり、さらに「方志部」の中で当時の中華民国の東北9省を除く26省を「正編」としつつ、日本の強い影響下にあった「満洲国」域と日本の統治下にあった台湾を「附録」として中国から切り離している点に日本の領土的野心があらわれているとする。

　しかし、そうした捉え方は東亜同文書院と日本の中国侵略を過度に密接に結びつけてしまっていると考える。「満洲国」と台湾を中国から分けたのは、当時の日本人にとって前者は一国家と位置付けられていたこと、後者は日本の領土であったことを反映したものにすぎない。

　蘇が報告する東亜同文書院旧蔵漢籍について注目したいのは、「方志部」を漢籍について一般的な経史子集という分類項目と同列に扱っている点である。東亜同文書院が長年実施していた調査旅行は、いわゆるフィールドワークであり、同時代の中国の実態を捉えようとするものであった。そうした共時的な研究の蓄積は自ずと通時的なものへと発展していくことになると考えるが、その延長線上には過去の記録すなわち「方志部」に分類される漢籍が存在する。つまり、「方志部」を分類項目に立てるというのは、東亜同文書院が調査旅行による共時的中国理解と並行しつつ、さらに歴史を踏まえて通時的にも中国を理解しようしていたことを意味するものであり、ここには東亜同文書院による中国研究の発展があらわれていると考えることができる。

　さて、南京図書館のウェブサイトで「東亜同文書院」を検索語として蔵書検索すると、次の戦前あるいは時期不詳の図書がある。

　①『商業尺牘教科書』(東亜同文書院大学東亜研究部、1942年)
　②『東亜同文書院大学図書館図書分類目録』謄写本 (1942年)
　③『旅行用語』(東亜同文書院支那研究部、1941年4月)

④『普通尺牘文例集』（東亜同文書院大学東亜研究部、1941 年 9 月）

⑤『北京官話旅行用語』（日本東亜同文書院支那研究部、1941 年 4 月）

⑥『華語萃編』（東亜同文書院支那研究部、1940 年）

⑦『中国度量衡制簡表』（東亜同文書院支那研究部、1940 年 4 月）

⑧『資料分類目録』（東亜同文書院支那研究部、1940 年 9 月）

⑨『魯西道各県文化沿革調査』（東亜同文書院研究部蔵書印、1939 年 4 月）

⑩リヒアルド・ウイルヘルム著、内田直作訳『支那経済心理の研究』（東亜同文書院支那研究部、1938 年）

⑪『商業応用文件集』（東亜同文書院支那研究部、1938 年 4 月）

⑫東亜同文書院第三十三期生旅行誌編纂委員会『南腔北調』（東亜同文書院、1937 年）

⑬『支那経済の地理的背景』（東亜同文書院支那研究部、1937 年）

⑭『支那水運論附満洲国水運』（東亜同文書院支那研究部、1936 年）

⑮『商業応用文件集』（東亜同文書院支那研究部、1936 年 3 月）

⑯大谷孝太郎『現代支那人精神構造の研究』（東亜同文書院支那研究部、1935 年）

⑰東亜同文書院第三十一期生旅行誌編纂委員会『出廬征雁』（1935 年）

⑱『主要中国雑誌新聞記事索引』（東亜同文書院支那研究部、1940 年 11 月）

⑲『東亜同文書院大学図書館分類目録』 6 冊（時期不詳）

⑳『東亜同文書院図書分類表』 4 冊（時期不詳）

　①④⑥⑪⑮は東亜同文書院の中国語教育で用いられた教科書である。③および⑤は東亜同文書院の調査旅行を想定した中国語参考教材である。②⑲⑳は東亜同文書院図書館の目録である。これらは東亜同文書院内で作成、使用されたものであることから、日本敗戦時に東亜同文書院から接収されたものであると考えられる。

　以上のように南京図書館には東亜同文書院から接収された図書が所蔵されているが、館内で分散されており、未整理のものもある。

4 交通大学

1937年、第二次上海事変の戦禍によって校舎を失った東亜同文書院は、翌年春から交通大学の施設を使用して運営を続けている。当時、交通大学は戦禍を避けて上海から離れていた。このことについて交通大学の後身である上海交通大学の大学史は次のように述べている。

> 当年年底，日本軍部和外务省竟议定将交大校舍让与原在虹桥路的日本东亚同文书院［略］1938年4月8日，也就是在交通大学42周年校庆日当天，日本东亚同文书院进驻交大校园[76]
> ［1937年末、日本の軍部と外務省は交通大学校舎をもともと虹橋路にあった日本の東亜同文書院に渡すことを取り決めた。［略］1938年4月8日、交通大学の創立42周年の当日でもあるこの日、日本の東亜同文書院は交通大学の校舎に入った］

ここで注目されるのは、東亜同文書院の交通大学施設使用が軍や監督官庁外務省の指示によるものであったと記していることである。日本の国家としての中国侵略と東亜同文書院を一体化していない。こうした極めて客観的な記述がなされた背景には、上海交通大学の校史編纂を担当する同大校史研究室と東亜同文会をルーツとする霞山会が2004年から3カ年にわたって実施した研究プロジェクト「上海交通大学、財団法人霞山会歴史関係研究」がある。これには東亜同文書院大学記念センター関係者も参加し、交通大学と東亜同文書院の関係について調査が進められた[77]。このプロジェクトで収集された資料をまとめたものが上海交通大学校史研究室課題組編『上海交通大学、財団法人霞山会歴史関係研究　資料選輯』（上海：上海交通大学校史研究室課題組、2006年）である。該書は、これまで知られてこなかった東亜同文書院接収に関わる公文書や両校の長年にわたる

76　王宗光主編『上海交通大学史』第4巻、上海：上海交通大学出版社、2016年、11～12頁。

77　上海交通大学、財団法人霞山会歴史関係研究での日中間の交流については、藤田佳久「東亜同文書院をめぐる上海交通大学との共同研究と「史実共同研究発表会」について」（『同文書院記念報』Vol. 15、2007年）を参照されたい。

交流を示す文書などを翻刻している。

　現在、交通大学の後身である上海交通大学と西安交通大学の図書館には戦前の東亜同文書院関係資料を見いだすことはできないが、両校の大学檔案館には所蔵がある。

　上海交通大学檔案館については、2018 年 3 月に筆者は下記の資料を閲覧している。

①「同文」の字が入った皿 3 枚。
②長崎高等商業学校卓球部から東亜同文書院卓球部に贈呈された記念杯。
③第 36 期卒業生有志発翁史烈上海交通大学学長宛書簡（1986 年 9 月 26 日）。
④東亜同文書院編『創立四拾週年：東亜同文書院記念誌』(東亜同文書院、1940 年)。
⑤『日本東亜同文書院大学四十五期文集』
⑥東亜同文書院徐家匯虹橋路校舎正門写真。

　①②④⑥は戦前のものである。④および⑥は国内にも所蔵がある。③および⑤は戦後に東亜同文書院卒業生が上海交通大学を訪問した際のものである。

　西安交通大学檔案館については、張小亜「西安交通大学所蔵日本東亜同文書院檔案」(『歴史檔案』2014 年第 4 期、2014 年 11 月) が、次の東亜同文書院関係資料が所蔵されていると述べている。

①アルバム（1915～1943 年）、第 12～40 期生の卒業集合写真 37 枚。
②アルバム（1914～1925 年）、死亡した学生、教員 40 名余りの葬儀、追悼会の写真 50 枚。
③アルバム（1934～1943 年）、学生、教員 50 名余りや学内の記念碑、学校行事の写真。
④『東亜同文書院一覧（自大正 8 年 8 月至大正 9 年 7 月）』
⑤『1940 年東亜同文書院創立四十周年紀念誌』

⑥『東亜同文書院支那研究部概要』(1941年)

⑦「日立上海東亜同文書院大学交接書」(1945年12月30日)

①②③⑥については、愛知大学および東亜同文書院大学記念センターで該当するような資料を確認することはできない。

④は東亜同文書院編『東亜同文書院一覧：自大正8年8月至大正9年7月』(東亜同文書院、1919年)、⑤は東亜同文書院編『創立四拾週年東亜同文書院記念誌』(東亜同文書院、1940年) のことであろう。この2点は国内にも所蔵がある。

⑦は東亜同文書院接収時の引き渡し書と紹介されていることから、前掲「上海東亜同文書院大学交接書（節録）」の原本であると考えられる[78]。

5　国立台湾図書館・中央研究院

戦前、日本の統治下にあった台湾にも東亜同文書院に関する資料が伝わっている。

国立台湾図書館には1907年分から1912年分までの「調査報告書」の手稿本295冊が所蔵されている。「台湾総督府外事部」印があることから[79]、東亜同文書院が台湾総督府に送ったものであることがわかる。これらは愛知大学所蔵本、中国国家図書館『東亜同文書院中国調査手稿叢刊』、『東亜同文書院中国調査手稿叢刊続編』にも収録されていない時期のものである。

端末で検索すると「支那調査報告書」名で登録されているが、閲覧に供せられているマイクロフィルム版のラベルには「中国各地調査報告書」と記されている。また、この国立台湾図書館所蔵「調査報告書」のマイクロフィルム版は、『マイクロフィルム版　中国各地調査報告書　第壱期－第六期』(雄松堂出版、時期不詳) として愛知大学図書館にも所蔵されてい

78　張「西安交通大学所蔵日本東亜同文書院檔案」は「日立上海東亜同文書院大学交接書」を1945年12月30日付と紹介しているが、前掲「上海東亜同文書院大学交接書（節録）」は1945年12月20日付となっており、両者には日付の違いがある。

79　成瀬さよ子「台湾における東亜同文書院関係の収蔵資料調査について」『オープン・リサーチ・センター年報』第1号、2007年3月、127頁。

る[80]。

　「調査報告書」以外にも国立台湾図書館には東亜同文書院の内部資料とおぼしき東亜同文書院支那研究部編『自大正三年（第十一期生）至昭和七年（第廿八期生）学生大旅行調査報告書　目録及地方別索引』謄写版（作成時期不詳）が所蔵されている。

　また、中央研究院にも東亜同文書院の内部、あるいは同校から直接送られた資料が所蔵されている。中央研究院近代史研究所の所蔵本に馬場鍬太郎「支那の会審制度」、鈴木択郎「北京大学」、和田平市「黄河上流の水運」を収録して1922年に刊行された書籍があるが、これは台湾総督府図書館旧蔵書であり、「東亜同文書院研究部」から1922年8月24日に寄贈されたことが書き入れられている[81]。中央研究院近代史研究所檔案館には「両江総督請発南京同文書院日本学生遊歴護照」［清国が東亜同文書院の前身南京同文書院生に発給した査証か？］、「東亜同文会在津建築中学請免税所用材料事碍難照准由」［天津同文書院設立関係文書か？］が所蔵されており[82]、中央研究院台湾史研究所には1919年1月8日に東亜同文書院から台湾総督府図書館に寄贈されたと書き入れられている『東亜同文書院一覧』（東亜同文書院、時期不詳）、および1923年2月9日に「東亜同文書院研究部」から台湾総督府図書館に寄贈されたと書き入れられている山田謙吉、大村欣一『曲阜紀行聖蹟　江蘇省の教育概観』（東亜同文書院研究部、1922年）が所蔵され[83]、中央研究院近代史研究所郭廷以図書館には小竹文夫「支那各地民情論（未定稿）」（出版元不詳、出版時期不詳）が所蔵されている[84]。

　なお、前掲中華民国教育部「関於処理同文書院大学図書等物件的指令」には東亜同文書院から接収した「資料」を国立編訳館に送ると述べられていた。この国立編訳館は後に台湾に移転し、現在は国家教育研究院となっ

80　1999年に愛知大学豊橋図書館は国立中央図書館台湾分館から購入した（成瀬、前掲文、2007年、126頁）。

81　成瀬さよ子「台湾における東亜同文書院関係の収蔵資料調査について」『オープン・リサーチ・センター年報』第2号、2008年3月、360頁。

82　成瀬、前掲文、2007年、128頁。

83　同上。

84　成瀬、前掲文、2007年、129頁。

ているが、同院ウェブサイト上での所蔵資料の検索では東亜同文書院関連資料を確認することはできない。

おわりに

　上海にあった東亜同文書院は日本の敗戦と共に消滅したため、その一次資料は散逸し、長らくその研究を難しいものとしていた。しかし、1990年代以降、藤田佳久による東亜同文書院の調査旅行に関する研究を嚆矢として関連研究が活発化し、同時に資料調査も進展した。

　現在、東亜同文書院の一次資料は愛知大学、国立公文書館、外務省外交史料館、中国の中国国家図書館、南京図書館、上海交通大学、西安交通大学、台湾の国立台湾図書館、中央研究院に所蔵されている（「図　東亜同文書院に関する一次資料の所蔵状況」）。

　東亜同文書院の後継校である愛知大学は、東亜同文書院の「学籍簿」および「成績表」を東亜同文書院卒業生への各種証明書発行を行うための事務文書として保管しており、東亜同文書院の運営母体である東亜同文会の旧蔵図書を基礎とする「霞山文庫」および「調査報告書」、「調査旅行日誌」も所蔵している。この内、「調査報告書」についてはマイクロフィルム化されている。また、学内に設置された東亜同文書院大学記念センターによって関係資料の収集および研究に取り組んでいる。

　国立公文書館および外務省外交史料館には、東亜同文書院に関わる公文書などが所蔵されている。特に外務省外交史料館には監督官庁である外務省との間でやりとりされた膨大な量の文書が所蔵されており、その中には「調査報告書」の一部が含まれている。

　日本の敗戦時に上海で接収された東亜同文書院所蔵資料の多くは現在の南京図書館に送られており、同館は東亜同文書院旧蔵の漢籍、日本書、中国書、洋書を所蔵していると伝えられている。南京図書館に送られた資料の中で「調査報告書」、「調査旅行日誌」、調査旅行指導に関する教員の文書などについては、その後、北京に移されており、それらは中国国家図書館によって影印本として刊行されている。

　東亜同文書院が校舎を借用していた交通大学の後身校である上海交通大

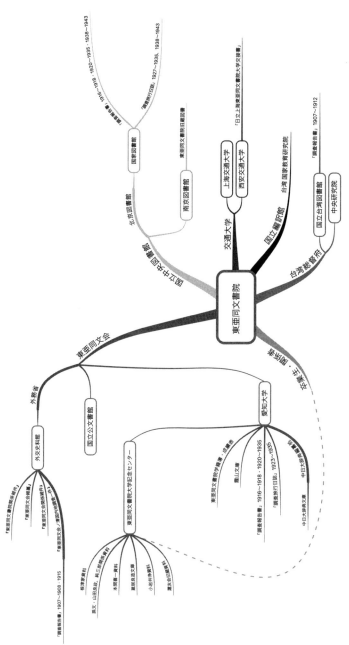

図　東亜同文書院に関する一次資料の所蔵状況

学と西安交通大学にも東亜同文書院に関わる資料が伝わっており、西安交通大学には接収時の引き渡し書『日立上海東亜同文書院大学交接書』が所蔵されている。

　台湾には東亜同文書院が台湾総督府に送ったと考えられる資料が国立台湾図書館や中央研究院に所蔵されており、その中で国立台湾図書館が所蔵する「調査報告書」についてはマイクロフィルム化されている。

　こうした東亜同文書院に関する一次資料の中で「調査報告書」は各所蔵機関での整理、公開が進んでいる。次に挙げるのは各所蔵機関が所蔵あるいは公開している「調査報告書」の時期である。

①国立台湾図書館　　　1907〜1912年
②外務省外交史料館　　1907〜1908年、1915年
③愛知大学　　　　　　1916〜1918年、1920〜1935年
④中国国家図書館　　　1916〜1918年、1920〜1935年、1938〜1943年

　これらを合わせても1913年分、1914年分、1919年分、1936年分、1937年分が欠けるが、1919年分については五四運動下の反日興論の影響で調査旅行が縮小されているため例年通りの「調査報告書」が作成されなかったと考えられ、1937年分については盧溝橋事件によって調査旅行が中断された上に日中戦争への学生の通訳従軍が行われたために「調査報告書」自体が作成されていなかった。つまり現存が確認されていない「調査報告書」は1913年分、1914年分、1936年分だけとなる。

　また、③と④は時期的に重複しているが、その中で1932年分については、次に示すように③の方が④よりも公開されている「調査報告書」が多い。

③愛知大学『マイクロフィルム版　東亜同文書院　中国調査旅行報告書
　［附録］大旅行誌　総目次』1932年分「調査報告書」[85]

---

[85] 『マイクロフィルム版　東亜同文書院　中国調査旅行報告書［附録］大旅行誌　総目次』（雄松堂出版、1997年）は、1932年分「調査報告書」について「調査報告書を抽出した」（62頁）と注記している。つまり愛知大学が所蔵する1932年分「調査報告書」にはマイクロフィルム化されていない部分がある。

第 1 巻　天津ノ市場状況　大都北京ノ状況　北京ノ商工業ニ関スル一考察

第 3 巻　最近ノ外蒙古ノ事情　呼倫貝爾事情

第 5 巻　吉林永衡官銀銭号　附属事業経営者トシテノ永衡官銀銭号官帖増発々行ニ就イテ

第 7 巻　満洲塩ニ就イテ　昭和 6 年度哈爾浜区ノ貿易ノ概要

第 8 巻　青島ノ紡績事情大要　淄州炭坑ノ炭質ニ就イテ　満洲ニ於ケル工業発達ノ情勢ト工業経営ノ利害ニ就イテ　貿易港トシテノ営口ノ価値　鞍山製鉄所ノ特殊機能　（撫順炭鉱調査）

第11巻　満洲ニ於ケル工業発達ノ情勢及現状

第17巻　吉林木炭ノ話

第22巻　（満洲国内ニ於ケル通貨）

第23巻　青島ニ於ケル邦人ノ経済的地位及貿易状態ニ就イテ

第26巻　（満洲国ニ就イテ）　満洲国協和会ニ就イテ　（養生学ノ国家観）

第27巻　日満経済提携ニ就イテ

第28巻　満洲国ニ対スル希望

第30巻　満洲国ノ再認識

第32巻　（満洲農業移民問題）

第33巻　新興満洲国論

第49巻　（満洲国ニ就イテ）

第57巻　達爾漢親王他

第63巻　（青島ニ於ケル主ナル邦人工場・他）

第66巻　（北満洲ノ資源、市場及地位）

第72巻　（台湾事情）

第77巻　（青島調査）

第78巻　昨年来ノ湖北ノ大水災ニ就イテ

④中国国家図書館『東亜同文書院中国調査手稿叢刊』収録1932年分「調査報告書」

　第22巻　満洲国内ニ於ケル通貨

第78巻　昨年来ノ湖北大水災ニ就イテ

　こうしたことからわかるのは、各所蔵機関が所蔵する「調査報告書」を
つなぎ合わせることによって調査旅行の全貌を把握することが可能になる
ということである。

　しかし、こうした資料の保存や利用については課題がある。愛知大学所
蔵「調査報告書」はマイクロフィルム化されているが、同大学所蔵「調査
旅行日誌」については、藤田佳久によって一部が翻刻された以外は公開さ
れていない[86]。中国に伝わった資料については中国国家図書館、南京図書
館共に東亜同文書院旧蔵資料の全容が明らかとはなっていない。例えば、
中国国家図書館は「調査報告書」および「調査旅行日誌」については影印
本を刊行したが、それ以外の資料の所蔵状況は詳らかではない。こうした
課題については所蔵機関での調査、整理、公開の進展が待たれる。

　以上、東亜同文書院に関する一次資料の所蔵状況を確認した。今後の東
亜同文書院に関する研究は、調査旅行が各所蔵機関の「調査報告書」を総
合することによってはじめて全体像の把握が可能となるように、日本、中
国、台湾各地で所蔵されている資料の相互利用が不可欠であり、かつて上
海交通大学と霞山会が協力した研究プロジェクト「上海交通大学、財団法
人霞山会歴史関係研究」のような国際的な取り組みが求められよう。

付記

　戦前の資料に用いられた「支那」や「満洲」の語句は歴史的用語としてそのまま使
用しつつ、旧字体は新字体に改めた。また、[　]は筆者による。

　また、本章はJSPS科研費JP26370747、JP18K00800の助成を受けたものである。

謝辞

　本章が依拠した資料の閲覧にあたり、多くの方々から多大なるご協力をいただいた。

86　藤田佳久『中国との出会い』（東亜同文書院・中国調査旅行記録第1巻、大明堂、1994年）、
　　同『中国との出会い』（東亜同文書院・中国調査旅行記録第2巻、大明堂、1995年）、同『中
　　国を越えて』（東亜同文書院・中国調査旅行記録第3巻、大明堂、1998年）、同『中国を記
　　録する』（東亜同文書院・中国調査旅行記録第4巻、大明堂、2002年）、同『満洲を駆ける』（東
　　亜同文書院・中国調査旅行記録第5巻、不二出版、2011年）。

ここに感謝いたします。

　上海交通大学では、欧七斤先生をはじめとする上海交通大学党史校史研究室の皆さまに感謝いたします。

　中央研究院では、黄福慶先生をはじめとする皆さまに感謝いたします。

『中国省別全誌四川巻』の中国語訳

李　彬

【本稿は2019年4月26日、「書院生大旅行日誌・報告書再読研究会」第1回研究会での報告である。報告は日本語で行われた。報告時の状況を尊重しているため、他の論考とは文体がことなっている。李彬氏は中国四川省成都にある西南民族大学副教授であり、当時愛知大学大学院に客員研究員として滞在していた。なお、本稿での固有名詞の表記は、李彬氏に従った。】

　1901年、東亜同文書院は、中国の上海に創立されました。中国・アジアで活躍できる人材の育成を目的とし、戦前海外に設けられた日本の高等教育機関としては、最も古い歴史を持っています。1915年から1921年にかけて東亜同文書院生による中国の実地踏査記録をまとめた『中国省別全誌』が刊行されました。これは、中国にとって他者の観察であるというだけでなく、村まで記述された詳細な資料でもあるため、近代史を研究する上での宝庫であると言っても過言ではありません。しかし、長い間、この資料は中国ではほとんど誰にも知られていない状態でした。2016年9月、『中国省別全誌』（50冊）が中国国家図書館出版社から出版されました。これをきっかけに、多くの人がこの資料を知るようになりました。しかしながら、言語的制約から、日本語が理解できない中国人研究者は、いまだ全く利用できずにいるのです。『中国省別全誌』は日本人の手による最初の中国各省の本格的な地誌として、清末から民国時代における中国の情報量としては最大級のものです。その成果の貴重さが四川省政府地方志関連部門の専門家に認められて、中国語への翻訳が実現することになりました。2018年、幸いにして筆者は『中国省別全誌四川巻』の中国語訳に参加しました。一年ほどで、漸く完成しました。ここで、同書の翻訳にあたっての問題点と、それにまつわる感想を報告いたしたいと思います。

1　片仮名で表記された外来語の翻訳

『中国省別全誌四川巻』全書は文語文で書かれており、表現はとても簡潔です。全体から見れば、原文の意味を中国語で正確に伝えるのはさほど難しいものではありませんでした。しかし、その中で一番やっかいであったのは、外来語の翻訳でした。片仮名で表記された単語は、主として西洋の人の名前と物の呼び方です。例えば、文章の中に「パイオニア號」という名前のイギリス軍艦が出ています。その名前の英訳は「Ship of Pioneer」です。もし、英語の意味でそのままに中国語に翻訳すれば、「先鋒號」という名前になってしまいます。しかし、中国近代史に関する資料を調べたら、「先鋒號」という名前のイギリス軍艦はないことがわかりました。それから、このイギリス軍艦の名前は中国語の発音によって書院の学生にそのまま翻訳された可能性もあるかと思って、中国語の発音が「パイオニア」と似る軍艦をめぐる資料もいろいろ探してみましたが、見つかりませんでした。幸いにして、文の前後の説明とほかの中国近代史の資料を手掛かりに、その軍艦の中国語訳の名前が、とうとう確認できました。最初の名前は「肇通號」でした。その後、軍艦が改造され、その名前も "KINSHA 號" になって、中国語訳は金沙號でした。そして、「金沙號」という名前で中国人に知られていました。そのほかに、『中国省別全誌四川巻』の調査者は一人ではないので、同じものだが、書院生によって名前の呼び方が違うことがあります。実は、『四川巻』の中には「パイオニア號」「肇通號」「KINSHA 號」「金沙號」といった四つの名前がばらばら出てきましたが、同じ軍艦を指すということです。

2　漢字で表記された専門用語の翻訳

漢字で表記された専門用語の意味は、中国人としての筆者の私には、全然わからなかったこともあります。例えば、四川省地理の紹介文の中で、「支那層」という言葉が使われました。そのまま「支那層」に翻訳したら、中国人の読者にもその意味がぜんぜん分かりません。これは辞書にもないし、yahoo や google で調べてみても何の記事もなかった言葉です。日本人に何

人か聞きましたが、その意味が分かった人もいませんでした。仕方なく日本の古い地理の資料を読んでみてはじめて、それが中国の「寒武奥陶紀（カンブリア）層」を指すとやっとわかりました。日本で、科学の発展と名付けの規範化とともに、現代日本語の中では、「支那層」という単語の使用をすでにやめたということです。翻訳の時に、そのような使われなくなった単語を考察することは筆者にとって大きな挑戦です。また、中国語と考えられる専門用語を翻訳する時に、困ったこともあります。一番印象に残ったのは全書の漢方薬に関する翻訳です。『中国省別全誌四川巻』に出てきた漢方薬の日本語での言い方は、四川省地元の特別な呼び方に由来すると思われます。その呼び方を識別することは、極めて困難なことです。それだけでなく、書院生は資料を集める時に、伝統的な経方派に影響されたらしく、その漢方薬の分類と分析がとても複雑です。筆者はその部分の漢方薬を漢字のままに翻訳した後で、中医業者にその訳文を読んでもらうと、誤訳がたくさんあると指摘されました。なぜかというと、それは、書院生によって書かれたその経方派の体系が現代の経方派の体系と違うからです。漢字のままに翻訳したら、現代の読者には全く理解できません。このような言葉を翻訳するには、二つの段取りが必要です。まず、日本語を当時の文脈に合う中国語に翻訳します。その上で、当時の文脈に合う中国語を現代の文脈に合う中国語に翻訳します。

3 　多義語の翻訳

　日本語の多義語を中国語に翻訳する時に、必ず注意しなければならないことがあります。例えば、日本語の「綿糸」を中国語に翻訳したら、「綿線」、「綿紗」、「綿絲」などの言い方があります。こういう場合、できるだけ、多くの中国語の史料を調査した上で、どの場合にどちらが一番適当な翻訳なのか確認するようにします。そして、中国語の資料を直接的に引用する場合の多義語の判断も、非常に複雑です。例えば、マッチ工場を紹介する時に、「箱」という助数詞がたびたび使われています。日本語の「箱」は、中国の「箱」（マッチ箱を沢山入れるための大きな容器のこと）を指すのか、それとも、中国の「盒」（日本語のマッチ箱と同じ小さなもの）を指すのか、

単純に文脈によって、実に判断できないのです。結果として、説明の注釈を付けるしかないということです。

4 原文に誤りのある文の翻訳

　翻訳のときに、『中国省別全誌四川巻』の原文から、色々な誤りを見つけました。ロジックの誤りや地名と数字の誤りなどが挙げられます。例えば、原文：繭一万斤より五十両を繰り出す。即ち六百四十斤の繭より百斤の製絲を得る。どう計算しても正しくありません。もう一例を挙げましょう。原文：重慶、宜昌は目下蜀通号の航行するあり、下航二日上航五日を要す。民船による時は上航八日下航平日約二十日、増水期には、四十日乃至七十日を要す。下航に要する時間は上航より短いということは常識ですから、原文に誤りのあることがわかりました。これらを翻訳する時に、説明の注釈を付けることにしています。また、村の名前などが前後一致していないこともあります。こういう場合、他の四川省の資料を参考として、対照しながら翻訳していたのです。

　以上、翻訳の時に出てきたいろいろな問題点をあげてみました。次はこの資料に対する感想を述べさせていただきます。

　『中国省別全誌四川巻』に記載された大量の情報と詳細の説明、特に書院生の手による絵や地図などに感心し、百年前の東亜同文書院の学生たちの努力と情熱が深く感じられましたが、それと同時に、一つの疑問もわいてきました。それは、彼らの原動力がいったいどこから来たのかということです。東亜同文書院の「血」に刻まれた「アジア主義」の使命感なのか、それとも、中国を侵略するための野望なのか。もちろん学者によって考え方が違うでしょう。伝統的な文化に影響されて普通の中国人は物事の性質を判断するときに、細かいところより結果のほうを重視することです。中国人の教育でいえば、子供の暴力におよんだ喧嘩を例にすると、最初の目的が何であるかは重要ではありません。過程も聞きますが、それは判断への影響がさほどあるわけではありません。結果としていじめたとすれば、このことの性質がいじめだと判断する傾向があります。つまり、結果がどうであったのかが学校の先生の判断基準です。「大局的に考えることが必

要で、細かいところにこだわってはならず、結果のほうがもっと大事だ」と教えられた中国人ですから、東亜同文書院の性質を判断するときに、結果として一部分の書院生の軍国主義の協力及び資料が侵略に利用されることで、スパイ機関と考える学者がたくさんいるようです。このことについて、細かいところがわからない中国人の学生たちの考えはもっと単純に見えます。ここで、ある学生の発言をご紹介したいですが、次の通りです。「ＡとＢは隣同士です。ＡはＢの家へ行って調査活動を行います。Ｂは反対するどころかいろいろ協力しました。数年後、Ａはこの調査資料を利用してＢを侵略しました。被害者のＢとしては、Ａの行動に対して、どのように判断したらいいのか」ということです。

　翻訳の仕事をしたことで、わたくしは違う考えを持つようになりました。大旅行の学生たちの中に、純粋に中国を慕い、尊敬する気持ちを持ち、中国に来た人がいると信じます。なぜかというと、彼らの日記を開き、中国の山水を謳う詩歌と面白い風俗の描写などを読み、その気持ちを垣間見ることができるからです。

　ところで、翻訳のために、資料を調査した時、意外に面白いことを発見しました。『中国省別全誌』が出版された後、四川省に関する一部の内容は、その当時、周伝儒という中国人によって翻訳され、『四川省一瞥』という本になりました。1926年その本は、中国で一番有名な出版社の商務印書館より出版されました。『四川省一瞥』は人々に四川省の風俗と地理を紹介し、大衆の文化を向上させたことで、当時の人気の読み物だったと言ってもいいほどです。

　以上で報告を終わります。

第 2 部

各　　論

第4章

1920、30年代における書院生のフルンボイル調査について

暁　敏

はじめに

　東亜同文書院の学生（以下「書院生」）が、20世紀初頭から半世紀近く中国において、大規模な調査を実施した。その調査範囲は、ほぼ中国全土に及んでおり、数多くの貴重な資料を残している。これらの資料は、近代中国の社会経済の研究に大いに有益である。

　20世紀の内モンゴル[1]は、日本の対外拡張政策としての重要な地域であるため、書院生は内モンゴルにおいて数多くの調査を実施している。その中で、書院生が現在の中国内モンゴル自治区東北部に位置し、当時「秘境」とも言われているフルンボイル（呼倫貝爾）地域において数回の調査を実施している。同地域は、ロシア、中国の二大勢力に挟まれた地域で、歴史上、中国、ロシア（ソ連）、および日本が抗争を繰り返す舞台となった。さらに、1939年に同地域においては、現在の日本とモンゴルとの外交関係の中で、避けては通れない出来事「ノモンハン事件（戦争）」が起きている。従来、政治・軍事上において、各政権に重要視されてきた地域である。

　こうした地理的地域的特性をもつフルンボイルは、明治時代から日本側の注意を引く地域であった。書院生が同地域において調査を実施する前の

1　20世紀前半の「内モンゴル」の範囲は、必ずしも明確な行政区画が存在しているわけではない。当時内モンゴルと見なされていたいくつかの地域は、現在では、それぞれ黒龍江省、吉林省、遼寧省、河北省などに含まれている例が多い。そのため、本稿での内モンゴルの範囲は、現在中国内モンゴル自治区の行政区画内に含まれている地域を対象とする。

段階から、書院生以外の日本人もこの地域で多くの調査をおこなっている。その調査の成果として、数多くの調査資料が残されている[2]。

　本稿では、こうした書院生がフルンボイルにおいて実施した調査を中心に、その調査のルートをたどり、調査内容などを確認する。さらに、書院生が実施した調査の大旅行誌とその後に作成された調査報告書の記録内容を比較検討しながら、書院生によるフルンボイル調査の特徴の一端を示したい。

1 書院生の内モンゴル調査について[3]

　現存している書院生による内モンゴルの調査資料から判断すると、20世紀初頭から40年代まで、書院生は内モンゴルにおいて70コース以上の調査旅行を実施した[4]。書院生による内モンゴルでの調査を概観すると、主に内モンゴル東北部、東部、中部、西部という四つの大きな範囲（ブロック）で実施されていたことが確認できる。図1は、書院生が経由あるいは訪問した「まち」の位置を示したものであり、円の大きさはその回数を表している。図1から確認できるように、書院生の調査では鉄道利用が可能か否かという点が重要であり、それぞれのブロックに存在する拠点的なまちを中心に各地方へ分散し、調査範囲が拡大されていったことがうかがえる。

　例えば、東北部ではハイラル（海拉爾）と満洲里、東部では通遼、中部では多倫、西部ではフフホトとパオトウを拠点に調査範囲を拡げている。

2　吉田順一「日本人によるフルンボイル地方の調査―おもに畜産調査について―」（早稲田大学大学院文学研究科『早稲田大学大学院文学研究科紀要』第4分冊、1999年）。

3　以下の記述において、特に注記しない場合は、拙稿「書院生の内モンゴル中部の商業経済調査について」（加納寛編『書院生、アジアを行く――東亜同文書院生が見た20世紀前半のアジア』あるむ、2017年）を参照。

4　書院生による内モンゴル調査に関する研究成果は、森久男・ウルジトクトフ「東亜同文書院の内蒙古調査旅行」（愛知大学国際問題研究所『国際問題研究所紀要』第136号、2010年）、ウリジトクトフ「明治末期における東亜同文書院のモンゴル大調査旅行」（加納寛編『書院生、アジアを行く――東亜同文書院生が見た20世紀前半のアジア』あるむ、2017年所収）、高木秀和「内蒙古自治区赤峰市街地の都市構造――1910、20年代と現在の比較」（加納寛編『書院生、アジアを行く――東亜同文書院生が見た20世紀前半のアジア』あるむ、2017年所収）などがある。

多倫を除いたまちには「東清鉄道」[5]、「四洮鉄道鄭通支線」[6]、「京綏鉄道」[7]が通過していることから見て、これらのまちは、調査の拠点としての重要性をもつ。

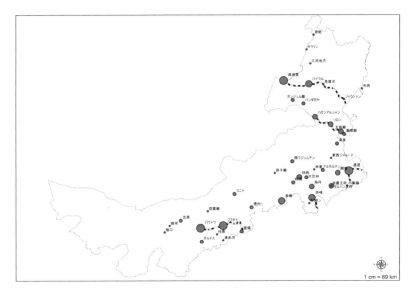

図1　書院生の内モンゴル調査の拠点

出所：東亜同文書院編『東亜同文書院大旅行誌』(2006年愛知大学オンデマンド版、雄松堂書店)、各年版により筆者作成。

　表1は、書院生の内モンゴル調査の経由地および回数を示したものである。書院生の内モンゴル調査において、これらのまちを通過あるいは停留した回数を確認すると、最上位はフフホト15回で、次にパオトウ、通遼、満洲里、赤峰、多倫の順に続く。これらのまちは、多倫を除けばほとんど現在の内モンゴル自治区の拠点都市であり、書院生の内モンゴル調査の多くがこれらのまちを中心に実施されていたことがわかる。

　なお、20世紀前半の内モンゴルは、様々な社会的政治的変遷を遂げて

5　ロシア帝国が中国の東北部に建設した鉄道。満洲里―綏芬河とハルビン―大連間の鉄道を指す。

6　四平―洮南線の支線で、鄭家屯―通遼間の鉄道。

7　北京―フフホト間の鉄道。

表1　書院生の内モンゴル調査の経由地および回数

中心経由地	年次（調査回数）														
	1	2	3	4	5	6	7	8	9	10	11	12	13	14	15
フフホト	1908	1920	1921	1930	1934	1935	1935	1936	1936	1938	1939	1939	1941	1942	1942
パオトウ	1908	1925	1929	1930	1934	1935	1935	1936	1936	1936	1938	1941	1942	1942	
通遼	1925	1928	1929	1929	1931	1932	1932	1932	1932	1932	1933	1934	1935		
満洲里	1925	1928	1928	1928	1931	1931	1931	1932	1932	1933	1934	1934			
赤峰	1909	1916	1917	1920	1922	1926	1930	1934	1934	1935	1936				
多倫	1908	1916	1922	1935	1936	1939	1941	1941							
ハイラル	1925	1931	1931	1932	1933	1934	1934	1935							
ハロンアルシャン	1932	1933	1934	1934	1934										
王爺廟	1933	1934	1934	1934											
開魯	1917	1930	1930	1934											

出所：東亜同文書院編『東亜同文書院大旅行誌』（2006年愛知大学オンデマンド版、雄松堂書店）、各年版により筆者作成。

　いる。これらの変化が、内モンゴルにかつてない社会的変容をもたらした。この時期の書院生の見聞が綴られた旅行記に加えて、調査報告書には調査地域の地理、経済、社会、交通、商業などのあらゆる分野を含む多くの内容が記録されており、特に調査報告書は近代内モンゴルの地域像や社会経済を理解する上で貴重な資料となっている。

　書院生の内モンゴル調査のルートとしては、中国内地の拠点都市から、例えば北京と内モンゴルを結ぶ張家口に到着し、そこから内モンゴルの中部あるいは西部へ分かれて調査を実施し、大連やハルピンから内モンゴル東北部と東部に入り、調査を遂行している。具体的には、張家口から内モンゴルのフフホト、パオトウ、多倫などに分散し、大連から赤峰・通遼、ハルピンからハイラルまで行き、これらのまちを拠点に調査範囲を拡大していった。これらの地域を中心に実施した調査の回数が重ねられることにより、調査が深化し、記録内容も次第に充実化していったのである。

2　フルンボイルの地域的特性[8]

　上記のように、書院生は内モンゴル東北部に位置するフルンボイル地域
において、数回の調査旅行を実施した。書院生が調査を実施した頃の同地
域の時代背景などを知るためには、まず第一歩としてフルンボイルの歴史
を確認しなければならない。フルンボイルの地理的位置は、東部に大興安
嶺山脈があり、南部は内モンゴルの現在の興安盟に接し、北部および北西
部はアルグン川を境界としてロシア、西部および西南部はモンゴル国と接
する。フルンボイルという名称の起源は、興安嶺の西部地域にある呼倫（フ
ルン）と貝爾（ボイル）の二つの湖の名前から来ている。本稿でいうフル
ンボイル地域は、興安嶺の西部地域であることを限定しておきたい（図 2
参照）。

　古来、フルンボイル地域は遊牧に最適な草原地域であり、東胡、匈奴、
鮮卑、室韋、契丹、タタール、突厥などの遊牧民族の居住地だった。そも
そも、行政区域としてフルンボイルが形成されたのは、清の時代からであ
る。17 世紀から清朝政府は、モンゴル地域を内外モンゴルに分け、盟旗
制度を実施した。1636 年、内モンゴルにおいて六つの盟、49 の旗を設置
した。その後、何度かの調整を経て、外モンゴルにおいては四つの盟、86
の旗を設置した。しかし、フルンボイル地域はその内外モンゴルのどちら
にも編入されなかった。ロシアと隣接しているフルンボイル地域は、地理
的に重要な地域であるため、同地域では満洲八旗制度が組織された。

　1840 年のアヘン戦争後、中国においては列強による侵略および分割支
配が始まった。ロシアは 1858 年の「愛琿条約」と 1860 年の「北京条約」
によって、中国の黒龍江北部の領土を手に入れた。さらに、1896 年の「露
清（ロバノフ・李鴻章）秘密協定」によって、ロシアは中国で東清鉄道（東
支鉄道・中東鉄道）を敷設する権利を得た。この鉄道敷設工事の開始とと
もに、フルンボイルに大量の漢人とロシア人労働者が流入した。こうして、
工事をきっかけにフルンボイルの人口が膨張したのである。流入した人口
は、主にハイラル市と鉄道建設とともに新しくできた国境に位置する都市

8　拙稿「満州国成立前のフルンボイル青年党の動き」（愛知大学現代中国学会編『中国21』
　　Vol. 31、2009 年）参照。

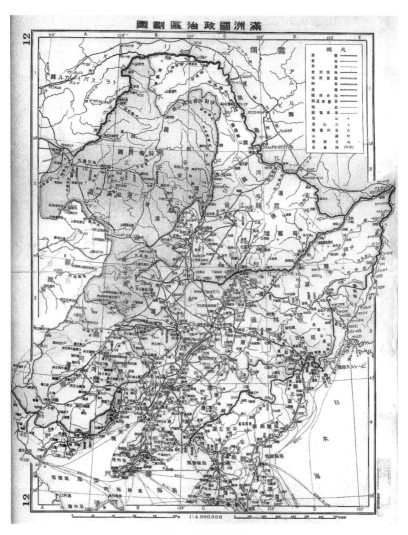

図2　満洲国地図

出所：南満洲鉄道株式会社哈爾濱事務所編（1934）『北満洲概観』社団法人満洲文化協会

——満洲里市に人口が集中するようになった。

　1911年、辛亥革命が勃発すると、ロシアの援助を求めていた外モンゴ
ルは清朝からの独立を宣言した。これを契機に、ロシアの支援も加わり、

フルンボイルは逸早く反応し、同年の 11 月 27 日にフルンボイルの勝福を
中心に、同地域の独立を宣言し、外モンゴルへの合流を求めた。結果とし
て、1915 年の「中露蒙三国キャフタ協定」によって外モンゴルは、中国
宗主権のもとで、外モンゴル自治だけが認められた。一方、フルンボイル
においては、同年、「フルンボイルに関する露中協約」が締結された結果、
フルンボイルは外モンゴルの自治から外された「特別区域」と指定され、
中華民国政府管轄内の「自治区域」となった。

　しかし、この自治制が 1917 年に起きたロシア革命による政情の混乱に
影響され、1920 年に廃止されるようになった。その 8 年後、1928 年 6 月
に起きた張作霖爆殺事件によって東北地方が動揺した際、ソ連および外モ
ンゴルの援助のもと、フルンボイル青年党による武装蜂起が起こり、再び
フルンボイルの独立自治を求める「フルンボイル青年党事変」が起こる。
1929 年 7 月、東北当局によるソ連の「赤化防止」と中東鉄道の権益回収
をめぐって、ソ連との間に軍事衝突まで発展した「中東鉄道事件」が起こ
る。同年末にソ連軍の攻撃で敗北した東北当局は、中ソ交渉によって利権
の回復および賠償を余儀なくされ、ソ連軍が撤退していくこととなった。

　その後、満洲事変が発生すると、日本側は各地のモンゴル勢力と連絡を
取り、諸会議においてモンゴル側に自治を約束してモンゴルの諸勢力を満
洲国に吸収していった。日本にとって満蒙地域の「中国からの独立」を図
る上で、モンゴル人の独立運動は有利だが、一方で新国家の樹立に当たり
内部の民族的対立を煽る可能性があった。モンゴルの独立を認めることは、
日本の異民族統治に困難をもたらすものであった。

　実際には、満洲国期の興安省の「自治」は、モンゴル人居住地域の「省」
レベルにおける統一自治が認められず、モンゴル従来の「旗」あるいは「旗
地」を保全する形に留まった。その結果、彼等が求めていた東部内モンゴ
ルの自治あるいはフルンボイルの自治の理想は実現しなかった。このよう
にして、満洲国が建国され、満洲国統治地区であった内モンゴル盟旗地区
に興安省および興安東分省・興安南分省・興安北分省の 3 分省が設置され
た。フルンボイル地域においては興安北分省が設置され、1934 年に、興
安総署の廃止にともない、その管轄下の分省が省に昇格し、興安北省となっ
た。

3　書院生によるフルンボイルの調査旅行

　現存の資料から見ると、書院生は初めてフルンボイルに入って調査旅行をおこなったのは、1925年、第22期生の「北満及国境調査班」[9]によるものである。次に、1931年に第28期生の「露支国境遊歴班」[10]と「黒龍江省遊歴班」[11]の2班がフルンボイルを訪れている。

　その後、フルンボイル地域は満洲国の行政区域になったため、日本人が安全にこの地に出かけることができたと言える。こうした背景もあり、書院生達は1932年から1935年の間に、毎年フルンボイル地域に出かけて調査旅行をおこなうようになった。1932年になると、第29期生の「第2班」[12]と「第6班」[13]、1933年には、第30期生の「海拉爾調査班」[14]がそれぞれフルンボイルで調査旅行を実施している。さらに、1934年に第31期生の「札蘭屯・免渡河・満洲里調査班」[15]がフルンボイルを訪れている。それから、1935年には第32期生の「龍江省景星縣・泰康縣調査班」[16]がフルンボイルを訪れたが、具体的な調査を実施しなかった。

　図3は、書院生が経由あるいは訪問した地点の位置およびその回数を示したものであり、書院生の調査は主に鉄道を利用し、満洲里やハイラルを拠点に各地方へ分散し、調査範囲を拡大していった。

　これらの調査のルートと内容を確認すると下記の通りになる。1925年

9　北満及国境調査班「アムールの悲歌」（東亜同文書院『乗雲騎月』1926年（愛知大学オンデマンド版、雄松堂書店、2006年）、112–168頁）。

10　露支国境遊歴班「アムールの流れ」（東亜同文書院『千山高里』1932年（愛知大学オンデマンド版、雄松堂書店、2006年）、2–47頁）。

11　黒龍江省遊歴班「東支線を行く」（東亜同文書院『千山高里』1932年（愛知大学オンデマンド版、雄松堂書店、2006年）、538–578頁）。

12　第二班「草原を思ふ」（東亜同文書院『北斗之光』1933年（愛知大学オンデマンド版、雄松堂書店、2006年）、155–170頁）。

13　第六班「蘇・満の國境に立ち」（東亜同文書院『北斗之光』1933年（愛知大学オンデマンド版、雄松堂書店、2006年）、173–193頁）。

14　海拉爾調査班「黄塵行」（東亜同文書院『亜細亜の礎』1934年（愛知大学オンデマンド版、雄松堂書店、2006年）、424–440頁）。

15　札蘭屯・免渡河・満洲里調査班「白樺の興安嶺を越えて」（東亜同文書院『出盧征雁』1935年（愛知大学オンデマンド版、雄松堂書店、2006年）、569–603頁）。

16　龍江省景星縣・泰康縣調査班「北窓に面する二人」（東亜同文書院『翔陽譜』1936年（愛知大学オンデマンド版、雄松堂書店、2006年）、423–445頁）。

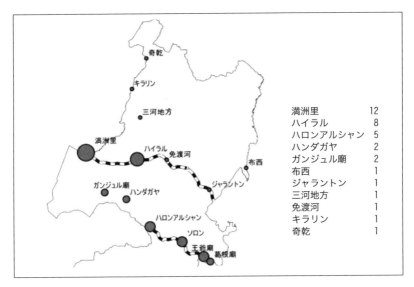

図3　書院生のフルンボイル調査の主な経由訪問地および経由訪問した回数
出所：図1に同じ。

に実施した第22期生の「北満及国境調査班」の調査の具体的な道順は、
上海―青島―済南―北京―大連―吉林―ハルビン―同江―大黒河―愛琿―
チチハル―満洲里―ハイラル―平壌である。フルンボイルについて、書院
生は主にハイラルと満洲里の両市の周辺を見学した。まず、鉄道を使って
満洲里まで行き、在満洲里日本領事館を訪ね、現地事情の聞き取りをおこ
なった。次に、農商務省から派遣された志水氏に案内され、満洲里市で日
本人が経営する試験農園と国境付近を見学した。次の日の朝、満洲里から
ハイラルに向かい、ハイラルでハイラル公園と洗毛場を見学した。今回の
調査旅行は、フルンボイルでの滞在時間が短かったため、記述として少な
かった。
　なお、上記の案内人である志水氏は、志水語氏だったかもしれない。同
氏は、1925年前後、『満蒙』などの雑誌でいくつかのフルンボイルに関す

る研究論文を発表している[17]。各文の著者名のところにおいては「満洲里
——志水語」と記されている。年代と志水氏の滞在場所などをあわせて考
えると上記の案内人志水氏は志水語氏であることが推定できる。仮に本当
に同一人物であれば、志水氏は当時のフルンボイルの事情に詳しく、書院
生が彼の話を通して詳細な現地事情と情報を得ることができたと考えられ
る。しかし、報告書においては、フルンボイルに関する記述は見られなかっ
た。

　1925年から1931年の間に、書院生はフルンボイルに出かけて行かなかっ
た。前述の1928年に起きた「フルンボイル青年党事変」によって、フル
ンボイル地域は一気に世間あるいは日本人の注目を集めたのである。その
関係もあり、同地域は、「擾乱の巷と化した呼倫貝爾・各種の資源豊富兎
に角不可思議な土地」[18]、「歴史は古い露支聞の係争地・外蒙と合して独立
を企てたコロンバイル地方」[19]、「今問題になっているコロンバイル如何な
る地域を含み如何なる歴史を有つか」[20]、「呼倫貝爾事件の裏面に潜む魔手
——ポリシエヴイキの関係愈よ明日となる」[21]というようなタイトルに
よって当時の様々な紙面に登場した。さらに、1929年の「中東鉄道事件」
の影響で、自然とフルンボイルに対する人々の関心が高まったと思われる。

　1931年になると、第28期生の「露支国境遊歴班」は、鉄道で満洲里に
入り、そこからハイラルに戻った。ハイラルから馬車で草原に行き、現地
のモンゴル人の生活を見た。「大旅行誌」において、「中東鉄道事件」後の
満洲里とハイラル市街地の悲惨な状況について触れ、「フルンボイルの独
立」についても記述している。さらに、草原まで同行したブリヤート・モ
ンゴル人との会話が記録されている。一方、同じく第28期生の「黒龍江
省遊歴班」は、先にハイラルで下車し、そこから満洲里に向かうルートを
選んだ。彼らはハイラルに着いた後、「昭和盛」という雑貨店を経営する

17　例えば、志水語「呼倫貝爾鹽湖事情」（大連満蒙文化協会『満蒙』1925年9月号）、「呼倫貝
　　爾タルバガン市況」（同『満蒙』1925年11月号）、「満洲里に於ける薬品類状況」（同『満蒙』
　　1926年6月号）、「呼倫貝爾羊毛市況及満洲里獣腸相場」（哈爾濱商品陳列館『露亜時報』
　　1927年9月号）などがある。
18　『満洲日日新聞』1928年8月15日。
19　『東京朝日新聞』1928年8月21日。
20　『中外商業新報』1928年8月23日。
21　『京城日報』1928年10月20日。

日本人島田氏に世話になった。次の日に一行は島田氏とブリヤート・モンゴル人夫婦に案内され、馬車で草原へ向かった。翌日にハイラルから満洲里へ移動した。一行は満洲里の在満洲里日本領事館で「露支国境遊歴班」のメンバーと合流した。のちに、両班は、領事館に勤める書院の先輩福間氏（福間徹、書院第22期生、福岡県出身、卒業後外務省に入り、中国各地に勤務―筆者）に、満洲里駐在武官上田大尉と満洲里領事館警察署長を紹介され、満洲里の現地事情について聞き取りをおこなった。同グループの旅行誌において、上記の「露支国境遊歴班」と同じように上記中東鉄道事件後のハイラルと満洲里のまちの様子について触れている。また、ハイラル市の商業状況やフルンボイルの種族についても記しており、満洲里での聞き取りの内容および同市の当時の状況などについて相当詳しく紹介している。また、旅行誌の記述を通して、「中東鉄道事件」後と「満洲事変」前のフルンボイル地域の状況を知ることができる。

　1932年になると、書院生の第29期生の第2班と第6班の2グループがフルンボイルを訪れている。第2班と第6班の道順は同じく、先に満洲里に到着し、在満洲里日本領事館を訪ね、書院の先輩の山崎氏（山崎誠一郎、書院第1期生、高知県出身、チチハル副領事、張家口領事、満洲里領事、芝罘領事などを歴任、当時の在満洲里日本領事館の領事―筆者）と福間氏に会った。山崎氏の紹介で、在満洲里特務機関の小原氏と国境監視隊の宇野隊長を訪問し、現地および外モンゴルの事情を尋ねた。こののち、ハイラルに向かい、山崎氏の紹介でフルンボイル蒙古政庁の顧問を務める猪之口氏を訪ね、現地事情について伺った。その後、第2班はハイラルを離れ、ハイラルの西南に位置するガンジュルスム（甘珠爾廟）、将軍廟およびさらに南のハロンアルシャン（モンゴル語の「温泉」の意味）に向かって出発した。途中、モンゴル人のオボを見聞する時に、フルンボイル蒙古政庁のモンゴル人の傲氏に出会った。彼は書院生をフルンボイルのモンゴル上層部の人々に紹介し、その後、書院生はモンゴル人官僚達に親切に歓待された。この傲氏という人物は、名前が華霖泰（傲霖泰ともいう）、早稲田大学出身、満洲国建国後、興安北省の秘書官になる。しかし、皮肉なこと

に、この出会いから4年後に華霖泰は「凌陞事件」[22]に連座して、日本軍部に処刑されている。

　一方、第6班は、ハイラルに残り、ハイラル警備隊の守島警備隊長と面会し、モンゴル兵の訓練を見学した。また、前述の「昭和盛」の島田氏を訪ね、現地の経済事情を伺った。両班の旅行誌において、フルンボイルの政治や経済などについて触れており、満洲里の国境付近の事情についても詳しく記述し、当時、満洲事変後の「ソ満」国境の事情などを理解するのに参考となるものである。

　今回の調査をもとに作成した報告書は、『第26回支那調査報告書』第3巻の「呼倫貝爾事情」の題として手書き原稿27枚の量でまとめられた。その内容の構成は、「呼倫貝爾事情」、「行政組織の有様」、「住民の有様」、「人口密度及び其分布状○[23]」、「主要都市」、「呼倫貝爾の牧畜業について」、「生活状態」、「蒙古犬」、「道路と交通」、「蒙古○○○指導者の傾向」と、10の部分からなる。

　その後、1933年に第30期生の「海拉爾調査班」は、ハイラルに着いた後、北上してフルンボイルの三河地方を訪ねた後、そこから南下してハイラルに戻って満洲里に向かい、さらに、満洲里からハイラルに戻り、ハイラルに2週間ほど滞在した後、南のガンジュルスムとハロンアルシャンに出かけていった。ハイラルから満洲里に向かう途中、同班の卜部義賢と松見慶三郎の両氏は、石炭で有名なダライノールの街を訪ねた。今回の調査旅行において、「海拉爾調査班」は書院生で初めてフルンボイルの北部に位置し、当時フルンボイルにおいて唯一の農耕地帯で、白系ロシア人が多く住む三河地方に足を踏み入れた。また、同調査班は書院生で最も長く（滞在期間が一ヶ月以上）現地に滞在し、ハイラルを拠点にしてフルンボイルの南北を踏破し、その調査範囲が書院生のフルンボイル調査の中で一番広い範囲

22　満洲国建国後、フルンボイルに興安北省が設置され、凌陞が興安北省長に就任した。彼は、満洲国に不満を抱いており、絶えず満洲国側にモンゴル人の権利を強く主張していた。しかし、彼の行動および主張は関東軍の疑いを招き、のちに「通ソ・通蒙」という嫌疑をかけられて関東軍によって処刑されたのである。さらに、満洲事変後フルンボイルの独立運動を試みていた中心的な青年党のメンバーも、事件と関連し処刑されたかあるいは追放されていった。これが「凌陞通ソ・通蒙事件」である。

23　手書き原稿であるため、「○○」の部分は読み取れなかった部分である。以下同じ。

に及んだ。旅行誌において、調査した地域の状況について記述しただけではなく、フルンボイルの地理、人口、歴史、行政などについても触れている。

　その後、調査の成果として『第27回支那調査報告書』第25巻「三河地方及北部国境地方調査班」の報告書としてまとめられた。同報告書においては、三河地方および北部国境地方、南部フルンボイル、満洲里の事情、フルンボイルの畜産について詳細に記述している。同時に、この報告書は書院生による本格的な「フルンボイル調査報告書」として、評価されるべきものである。

　1934年に第31期生の「札蘭屯・免渡河・満洲里調査班」は、まず、ハイラルに到着し、そこから満洲里に入り、満洲里から再び、ハイラルに戻り、ハイラルからフルンボイル南部に位置するガンジュルスムとハロンアルシャンに出かけた。その後、班員の奥田重信が一人でハロンアルシャンから歩いて興安嶺の南麓を横断して索倫に向かった。旅行誌に、ソ連のチタから帰満した者から伺ったチタの現地事情、満洲里のモンゴル騎兵団、ガンジュルスムにおける定期市（いち）についての記録が含まれている。今回の調査旅行は行きと帰りも、東支鉄道を使った他の調査班と違って、帰りに一人の書院生がハロンアルシャンから直接南のルートでフルンボイルを後にしたのである。その報告書は、『第28回支那調査報告書』第25巻、「札蘭屯・免渡河・満洲里調査班」として残されている。

　続いて、1935年、第32期生の「龍江省景星縣・泰康縣調査班」は、フルンボイルを通過しただけなのか、あるいは他の何かの理由で旅行誌中にフルンボイルについての記述が見られなかった。

4　旅行誌からみた書院生によるフルンボイル調査の特徴

　こうしてフルンボイル地域に全8コースの調査旅行を実施した書院生が残した記録は、当時の現地情報を把握する意味で貴重であることは言うまでもない。これらのフルンボイル地域で、実施した全8コースの調査旅行の記録を総合して、書院生によるフルンボイル調査の特徴をまとめることができる。

以下において、書院生によるフルンボイルにおける調査旅行のいくつかの特徴を整理してみたい。

　第一に、鉄道を有効に利用したこと。フルンボイルの東西を貫くような東支鉄道が存在したため、書院生は比較的奥地であるフルンボイルでの調査旅行がある程度安易にできたと言える。書院生のフルンボイルに入るルートとしては、ほとんど東支鉄道を使い、ハイラルあるいは満洲里に到着している。フルンボイルから帰途につく場合も、第31期生の「札蘭屯・免渡河・満洲里調査班」を除いて、ほとんど東支鉄道を使っている。また、東支鉄道線に存在するハイラルと満洲里の両市を拠点に馬車や車を利用して踏査旅行を実施したのである。

　第二に、フルンボイルにおいて、書院独自の人的ネットワークが存在していた。書院生によるフルンボイル調査の始まりは1925年からである。実際には、本格的に毎年フルンボイルに出かけていくようになったのは1931年から始まった。1931年に満洲事変が勃発し、その後満洲国が建国され、フルンボイル地域に満洲国を構成する興安北省が設置された。そのため、日本人が当局に便宜を与えられ、フルンボイル地域に簡単に入ることができたことが考えられる。

　しかしながら、学生が国境地域に出かけて自由に調査することはそれほど簡単なことではなかったと考えられる。そこで、現地に存在するのは書院独自の人的ネットワークである。前述したように、書院卒業生の山崎誠一郎領事と福間徹外務省職員が満洲里に勤務しており、彼らは書院生の調査旅行にさまざまな便宜を与えた。このようにして、書院生のフルンボイル調査が無事かつスムーズにできたと言える。また、このことから書院卒業生間の深いつながりをうかがい知ることができる。

　第三に、書院生は、フルンボイルに到着後、まず現地の日本の諸機関あるいは日本人から情報を収集し、その上で自分たちの踏査旅行を実施したのである。書院生は、フルンボイルに到着後、単に領事館など機関を通じて現地情報を手に入れるだけではなく、現地の日本人の様々な話を聞き、さらに調査のための情報や資料を充実化した。これらを踏まえて、現地で自分達が実際に見たあるいは確認したものを記している。さらに、フルンボイルの奥地まで出かけ、現地の人々（モンゴル人）とも色々な形で接触

し、そこから得た情報をも記録している。例えば、1934年、第31期生の「札蘭屯・免渡河・満洲里調査班」の旅行記の「脅威す可き蘇聯のスパイ網」において、以下のような当時の満洲里でのソ連諜報活動についての記述が見られる。

> 「日本の特務機関の某軍曹が満洲里の特務機関勤務となつて三月の五日に来満し、三月の十日に所用があつて蘇聯領事館を訪問したら故意か偶然か既に同軍曹の寫真が机上に置かれて在り而も金歯の本数迄調査してあつたと云ふのである」

この記述を見る限り、なぜ学生である書院生がこのような情報を得ることができたのかという素朴な疑問が浮かぶ。この疑問を解くには、上で述べたように、書院生が現地に到着後、東亜同文書院の独自の人的ネットワークを通して、あるいは、現地の日本機関を訪問して情報収集をおこなっていたことがヒントを与えてくれる。

　第四に、調査範囲が次第に拡大していったことである。書院生のフルンボイル調査は、最初のハイラルと満洲里の周辺における調査から、フルンボイル南部のハロンアルシャン、北部の三河地方まで拡大していった。具体的には、1925年の第22期生による調査は、満洲里とハイラルの近辺にとどまった。1931年の第28期生による調査は、満洲里とハイラルの近辺から草原へと踏破調査範囲を伸ばした。1932年の第29期生の調査は、フルンボイルの最南端であるハロンアルシャンまで行った。1933年の第30期生による調査は、南のハロンアルシャンにとどまらず、さらに、北の三河地方まで調査範囲を拡大していった。こうして、調査範囲の拡大によって、調査が深化され、記録内容も次第に充実化されていったのである。

　最後にもう一つだけ付け加えるならば、書院生の調査地は国境付近に集中している点である。もちろん、フルンボイル地域全体が国境地域ではあるが、その中で、書院生が足を踏み入れた地方は、ほとんど国境に隣接している地域である。例えば、満洲里は中ロ（ソ）国境都市である。ハロンアルシャン周辺は中蒙国境に隣接している。三河地方は中ロ国境に位置している。しかし残念ながら、現段階においてこの点についての具体的な理

由は不明である。

　ここまで、主に、書院生の旅行記を中心に、その調査旅行のいくつかの特徴を提示してみた。これらの旅行記とは別に、調査報告書においてはさらに興味深い点がいくつか存在する。以下において、調査報告書を取り上げて議論していきたい。

5　書院生のフルンボイル調査報告書
——「海拉爾調査班」による調査報告書について

　書院生の調査の中で、満洲国が建国されて初めてフルンボイルにおいて調査を実施したのは第30期生の「海拉爾調査班」である。さらに、この「海拉爾調査班」は、上でも述べたように書院生で初めてフルンボイルの南北を踏破し、同地域において唯一の農耕地帯であり、白系ロシア人が多く住む三河地方において詳細な調査をおこなった。また、同調査班は書院生の中で、フルンボイルで最も長く滞在し、フルンボイルの南北を踏破し、その調査範囲が書院生のフルンボイル調査の中でも一番広い範囲に及んだ。その後、調査の成果として『第27回支那調査報告書』第25巻「三河地方及北部国境地方調査班」報告書がまとめられた。同報告書において、三河地方及び北部国境地方、南部フルンボイル、満洲国の事情およびフルンボイルの畜産について記述している。同時に、この報告は書院生による本格的な「フルンボイル調査報告書」としての価値が極めて高いと言える。

　上記から見ると、フルンボイルにおける書院生による調査の中で、滞在期間と調査範囲から見ても、「海拉爾調査班」による調査が一番全面的であるため、ここでその調査報告書を取り上げて具体的にその内容などについて検討してみる。

　その報告書の具体的な構成は、

　　「第1編　三河地方及北部国境地方」（手書き原稿100枚）
　　「第2編　南部呼倫貝爾の概説」（手書き原稿26枚）
　　「第3編　呼倫員爾に於ける畜産調査」（手書き原稿30枚）
　　「第4編　満洲里概説」（手書き原稿10枚）

「第5編　海拉爾に於けるトルコタタルに就いて」（手書き原稿5枚）

と、5部構成からなる。

　同報告書の内容構成から見ると、全体で手書き原稿170枚程度であるが、第1編の「三河地方及北部国境地方」の部分が全体の約半分以上の分量を占めている。

　その章立ては、「第1章　興安省北分省（旧呼倫貝爾）三河地方」、「第2章　興安省北分省（旧呼倫貝爾）北部国境地方」の2つの章によって構成されている。

　第1章の「興安省北分省（旧呼倫貝爾）三河地方」と第2章の「興安省北分省（旧呼倫貝爾）北部国境地方」の節の構成は、同様であり、地勢、人口、交通、産業、商業及び金融、風俗及び民度、文化施設、三河地方の警備状態、三河地方の将来、などの全体が9つの節によって構成されている。ここで、第1章の内容を具体的に取り上げて、いくつか興味深い点について確認してみたい。

　まず、調査を実施する人員構成のことである。今回のフルンボイル調査の人員構成については、

「視察調査参加分署員名
　高波騎兵第壱旅団長閣下
　星騎兵連隊長閣下及小川副官殿
　護衛兵、下士官以下十名海位爾特務機関ヨリ一名、同協和会ヨリ一名、通訳一名、同憲兵分隊ヨリ二名、同文書院海拉爾班四名、他ニ乗用自動車二輌及トラック二輌」

との記録が見られる。すなわち、書院生は日本の軍、警察、諜報機関でもある特務機関、さらに協和会などと一緒に調査を実施したことが確認できる。なおかつ、憲兵隊など兵隊の護衛のもとで調査をおこなったことがわかる。

　次に第4節の「産業」の項目について確認してみると、中には「農業」、「牧畜業」、「林業」、「工業」、「鉱産業」などの内容が含まれており、とり

わけ「牧畜業」について相当詳細な「部落別の牛・馬・羊の頭数表」の記録がある。さらに、その調査の信憑性を高めるために、第一資料としては「ダラガツェンカ[24]警察署調査資料」、第二資料としては書院生の海拉爾班員の調査資料、第三資料としては部落付近の住民の所有概数として推算したものという3つの資料を利用し、三河地方の正確な牛・馬・羊の頭数を示そうとした。そこで、一つ興味深いことは、書院生がダラガツェンカ警察署の調査した資料を自由に使えたという点である。

また、最後の第9節においては、三河地方の将来について「アドバイス」なり「提言」なりの記述が見られる。その一部の内容は次のようなものである。

　　　「日満両国○○此地○○満洲国の王道主義○○烏刺爾[25]方面へと延長○○基礎○○作○○である」。

すなわち、書院生はフルンボイルでの現地調査を踏まえ、最終的に国境地帯である三河地方の日本にとっての重要性を強調している。

これらのような報告書に含まれる具体的な内容を確認すると、書院生によるフルンボイルに関する調査報告書は、完成度の高い報告書であったと認めざるを得ない。これを可能にしたのは、①書院生がフルンボイルに到着した後に現地の日本の諸機関（警察および特務機関など）から情報を収集できたこと、②これらの資料を自由に利用できたことである。このことが精度の高い報告書の作成につながったのではないかと考えられる。

以上、書院生の「海拉爾調査班」によるフルンボイルでの調査旅行と彼らによって作成された報告書について具体的に確認してきた。したがって、書院生の調査旅行の「性格」、あるいはその「特殊性」の一端を提示することができた。しかし、「海拉爾調査班」によるフルンボイルの調査に対していくつかの素朴な疑問が残る。以下、そのいくつかの疑問についてまとめておきたい。

第一に、なぜ日本の軍、警察、諜報機関などと一緒に調査を実施したの

24　ダラガツェンカは三河地方の中心地である。
25　ウラルのこと。

104

かである。言い換えれば、単なる「調査旅行」なのに、なぜこれらの機関が同行しなければならなかったのかということである。

　第二に、資料および情報収集の問題。

　第三に、調査の時期と意義に関する疑問。

　第一の「なぜ日本の軍、警察、諜報機関などと一緒に調査を実施したのか」については、残念ながら現段階においてその経緯などについて説明できない。

　第二の「資料および、情報収集の問題」については、書院生は軍・警察関係・特務機関などからの情報収集をおこなったと考えられる。例えば、前述したように三河地方の牧畜業の家畜頭数表の作成にあたり、書院生は「ダラガツェンカ警察署調査資料」を活用していた。ここにその時代における東亜同文書院の「存在の特殊性」の一側面を見ることができる。

　というのは、筆者はこれまでフルンボイルに関する日本語の報告書などを丹念に収集してきた。この時期の報告書や出版物と言えば、そのほとんどが「マル秘」あるいは「極秘」になっており、「普通の学生」では、なかなか見ることができないものが多い。このことから、「書院生」だから日本の軍・諜報機関などから情報を収集できたのではないかと考えられる。

　そして、第三の「調査の時期と意義に関する疑問」ではあるが、三河地方の特殊性は、まず国境地帯で、同時に白系ロシア人の居住地域でもあり、そしてフルンボイルの唯一の農耕地帯でもある。すなわち、当時、三河地方は農耕地帯であるため、その後の満蒙開拓国の入植予備地の性格をもつ。実際には、この三河地方に本格的に満蒙開拓団が入植し始めたのは、1936年からのことである[26]。このことと関連付けて言えば、この1933年の時点でおこなった書院生による調査は、ある種の「予備調査」の性格をもつ。「学生ならではの身分」で調査を遂行する意義があったのではないかと思われる。

　管見の限り、書院生による三河地方での調査は、比較的早い段階の調査であり、その参考価値はかなり高かったと言える。要するに、早い段階で

26　森久男「満州国興安北省三河地方の満蒙開拓国」（日本現代中国学会『現代中国』第71号、1997年7月）140–141頁。

実施した書院生による調査およびその後に作成した調査報告書、いわゆる調査の成果が、どのように他の機関などに利用されたのかについては不明だが、他機関の調査に参考となる部分が多かったのではないかと考えられる。これらを総合してみると、書院生のフルンボイル地域あるいは三河地方で実施した調査については、いくつかの疑問が残されたが、却ってこれらの疑問がある意味で書院生の調査旅行の「性格」あるいはその「特殊性」の一端を説明しているのではなかろうか。

おわりに

　本稿では、書院生がフルンボイル地域でおこなった調査旅行について検討してきた。旅行記と調査報告書をあわせて確認しながら、その調査のいくつかの特徴および疑問点を提示してみた。その中で、旅行記に記載している内容は、書院生の感想などがメインで、それを確認すると若い学生たちが現地で楽しく調査したことがわかる。

　しかし、調査旅行後に作成した調査報告書を確認すると、書院生の記述が大体当時の日本の大きな方針と「同調」していたことが伝わってくる。いわば、単なる現地情報を収集だけではなく、日本にとって「参考価値のある資料を提供するような調査」であったという性格をもつものである。

　これまで、書院生の調査報告書を活用した研究は、それほど盛んではなかった。その理由としては、資料の公開の問題と、手書き原稿であるため、読み取り困難の問題が存在していると考えられる。実際には、調査報告書を活用しながら研究を進めていくと、当時の当該地域の地域像はもちろんのこと、それとは別に、本稿で提示したようないくつかの書院生による調査の特徴が浮かんでくる。今後においては、これらの作業を中心に進め、より総合的に書院生の調査を検証していきたい。

第5章

書院生が歩いた蒙疆　1937〜1942

長谷川怜

はじめに

　1937年（昭和12年）に日中戦争が勃発すると、日本人が中華民国内を旅行するために国民政府から護照発給を受けることは不可能となった。その影響は、当然ながら東亜同文書院の大旅行にも及んだ。従来続けられてきた中国内をフィールドとした調査旅行は、日本軍占領地や傀儡政権が統治する領域に限られるようになった。

　本章では、日中戦争勃発後の1937年（第34期生）から1942年（第39・40期生）にかけて実施された内蒙古における大旅行のありようを旅行記

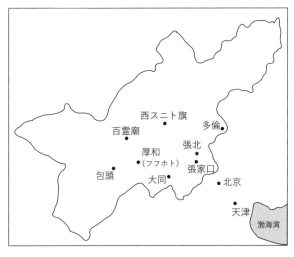

蒙疆地域図

録から概観し、書院生が内蒙古で何を見、どのような感想や認識を持った
のかを紹介したい。

　なお、「蒙疆」はモンゴルを漠然と表す言葉であるが、本稿では日本が
勢力伸張を目指した察哈爾省、綏遠省、山西省北部（晋北）を中心とする
地域を示すものとして扱う[1]。

1　蒙疆での調査概要と各種記録に対する評価

　内蒙古における大旅行については、すでに森久男とウルジトクトフが「東
亜同文書院の内蒙古調査旅行」（『愛知大学国際問題研究所紀要』136号、
2010）および「東亜同文書院の内蒙古調査旅行（続き）」（同138号、
2011）で、調査のために内蒙古へ入った学年（期数）、訪問地、報告書の
タイトルを列挙・採録し、全体像を示しているが、部分的に採録から漏れ
た記録もある。本章では上記の研究に加え、各期の旅行誌編纂委員会が編
纂して活字化された旅行記や実際の旅行日誌を用いて、日中戦争勃発後の
蒙疆調査について簡単にまとめたい。

　蒙疆での調査の嚆矢は1937年に第34期生が張家口で実施したものであ
る。この旅行では3名の書院生が北京を経由して張家口を訪問したが、も
とより蒙疆全域を対象としたものではなく調査は限定的である。日誌や大
旅行誌は現存していないが、東亜同文書院第三十四期生旅行誌編纂委員会
編『嵐吹け吹け』（東亜同文書院、1938）には「北支の感覚」と題する記
録が掲載されている。この年次に限らず、蒙疆を対象とした日誌や報告書
は完全に揃っておらず、旅程や調査の詳細には不明な点も多い。

　1938年（第35期）の調査では、第二班が張北〜徳化〜西スニト旗〜貝
子廟を調査して蒙古民族の生活や文化などを記録し、第三班が張家口〜厚
和〜包頭〜大同を調査し蒙疆の各自治政府の現状を調査した[2]。第四班の動

1　堀井弘一郎「『満蒙』『蒙疆』とはどこか」（内田知行・権寧俊編『アジア遊学260　アヘン
　からよむアジア史』勉誠出版、2021年）134–135頁。蒙疆において日本陸軍が行った傀儡政
　権の設立や対中国政策との関わりについては、森久男『日本陸軍と内蒙工作 関東軍はなぜ
　独走したか』（講談社選書メチエ、2009年）を参照。
2　森久男・ウルジトクトフ「東亜同文書院の内蒙古調査旅行（続き）」（『愛知大学国際問題研
　究所紀要』138号、2011年）238–239頁。

きは詳らかでないが、調査報告として「蒙疆地域に於ける金融経済」が残され、学年全体の旅行記をまとめた東亜同文書院第三十五期生旅行誌編纂委員会編『靖亜行』（東亜同文会業務部、1939）が刊行されている。

　1939年（第36期）は旧察哈爾省班・綏遠調査班・蒙疆遊歴班に分かれて広範囲で調査を実施し、東亜同文書院第三十六期生旅行誌編纂委員会編『大旅行紀』（東亜同文会業務部、1940）を刊行した。

　1940年（第37期）は綏遠省と晋北を訪れ、1941年（第38期）は包頭、厚和（現在のフフホト）、多倫などを巡った。1942年（第39・40期）は4班に分かれて張家口や厚和、包頭など蒙疆の主要都市と百霊廟や西スニト旗、西ウジュムチンなど草原地帯へも足を延ばした[3]。

表：日中戦争期における蒙疆地域調査旅行

実施年	期	蒙疆での主な訪問地（班）	参加者
1937年6〜7月	34期	張家口（第五班）	橘清志、豊崎龍太郎、脇田五郎
1938年7〜8月	35期	張北〜徳化〜西スニト旗〜貝子廟（第二班）	横尾幸隆、本土敏夫、田浦正成
		張家口〜厚和〜包頭〜大同（第三班）	細川正直、細萱元四郎、今里明、濱田守保
		詳細不明（第四班）	望月今朝男、上野善臣、小川弘一、内坂旌旗
1939年6〜8月	36期	張家口〜張北〜多倫（旧察哈爾省班）	安藤武治、深澤治平、尾見博巳
		大同〜豊鎮〜平地泉（集寧）〜厚和〜パインタラ〜托克托〜薩拉斉〜包頭〜大同〜張家口〜徳化〜西スニト旗〜東スニト旗〜張家口（綏遠調査班＝第九班）	桜井善一、房野博、仲俣秋夫、伊東重美
		張家口〈察南自治政府〉〜大同〈晋北自治政府〉〜厚和〈蒙古聯盟自治政府〉〜包頭〜張北（第九班＝蒙疆遊歴班）	大澤康男、浅川典生、宇野善蔵、南恭輔
1940年6〜8月	37期	綏遠省調査班	
		晋北（山西省調査班）	

3　前掲「東亜同文書院の内蒙古調査旅行（続き）」239頁、愛知大学東亜同文書院大学記念センター編『愛知大学東亜同文書院ブックレット　別冊　調査大旅行の追憶——第四十回調査大旅行』（愛知大学東亜同文書院大学記念センター、2009年）。

1941年6〜8月	38期	山西省（第三班）	森精市、奥野重雄、荒木茂
		張家口〜大同〜厚和〜包頭〜多倫（第七班）	秋貞健一、山田公太郎、松本浩一
		張家口、多倫ほか（第八班）	白井秀夫、尾藤昇、中條泰彰
1942年6〜7月	39期・40期	大同〜厚和〜包頭〜張家口（第一班）	高橋昇治、奥田隆春、黒木正吉
		大同〜厚和〜包頭〜百霊廟～張家口（第二班）	佐藤泰司、高田宣夫、坂下雅章、大島新吾
		大同〜厚和〜包頭〜オルドス〜百霊廟～張家口〜多倫（第三班）	齋藤博、滝沢哲雄、松原一夫、野村智一
		大同〜厚和〜多倫〜百霊廟〜包頭〜張家口（第四班）	中村輝美、吉田倬三、大江勝、秋元伸一

1942年の大旅行で蒙疆を調査した第3班の集合写真

出所：愛知大学東亜同文書院大学記念センター編『愛知大学東亜同文書院ブックレット　別冊　調査大旅行の追憶——第四十回調査大旅行』愛知大学東亜同文書院大学記念センター、2009、6頁）

大同の石窟を見学する第 3 班

出所：同 17 頁

オルドスにおける調査の様子

出所：同 23 頁

東亜同文書院の内蒙古調査について、森久男とウルジトクトフは明治～大正期の報告書は調査内容が詳しく、1920年代以降は『支那省別全誌』の刊行によって成果を上げたとする一方、満鉄や関東都督府などによる調査報告書の刊行が増えると、同文書院生の報告書はそれらを利用して簡略化する傾向にあったと分析する[4]。

これに加え、同文書院生の報告書の史料的意義をもう一つ指摘するとすれば、報告書には現在ではアクセスすることのできない（調査する術のない）情報が多量に含まれている点を挙げることができる。彼らが調査した現地の政体にせよ、文化や風俗、宗教にせよ、ほとんどが現在では失われてしまっているか、大きく変化しているからである。

書院生たちは、現地の政府や機関で勤務する書院の先輩たちを頼ることで必要とする情報を入手し、また実際の政務に携わる人物たちから直接話を聞いた（後述するようにある年次の学生たちは徳王にも面会した）。都市部から離れた草原地帯での調査に際しても特務機関の庇護を得るなど、最大限の援助を受けながら調査を実施しており、それは調査報告書の水準の高さに直結している。

書院生の残した諸記録は、1930年代の日本の蒙疆進出を研究する際の参考資料であることに留まらず、かつての同地域における産業・経済・文化・風俗など各方面のありようを記録した一級の史料であると評価できる。

なお、書院生たちが執筆した様々な調査研究報告のうち、宗教政策と文化工作に関しては他の一次史料との比較・検討を行い、章を改めて個別に分析を行いたい。

2　書院生は蒙疆で何を見たか──旅行記録を読む

前節で確認した概要を踏まえて、蒙疆調査旅行における書院生たちの旅行記の分析を行う。学生たちの旅行記には街並みや現地の人々の様子など道中で眼にしたあらゆることが記録されている。同時に、旅行中の調査の

4　前掲「東亜同文書院の内蒙古調査旅行（続き）」248頁。

様子についても簡潔ながら記述があり、後に提出された調査報告書がどういった調査過程を経て執筆されたのか、その裏側を部分的に知ることができる。

　しかしながら、前述の通り旅行記や報告書の残存状況は一定ではなく、全ての年度の旅行の様子を同じ密度で扱うことは不可能である。そこで、旅行誌や日誌の残っている年次の記載内容の比較や感想の類型化を行い、蒙彊を訪ねた学生たちが旅行を通してどのような感想を持ったのか、何を観察したのかを明らかにしたい。

〈日本人の蒙彊進出についての観察〉

　1937年（第34期）の旅行誌『嵐吹け吹け』に掲載された短文「北支の感覚」には「張家口に住む邦人の男も女も…機会があれば奥地へ奥地へ進まんと熱烈な意気」[5]があったという記述がある。ここからは、1937年時点の在外邦人の生活や活動のありようを知ることができる。書院生たちは6月1日に上海を発したが、約1か月後の7月7日に盧溝橋事件が発生したため旅程の変更を余儀なくされている。実際に、書院生たちが訪問しようとしていた地域の混乱は激しかった。7月15日、日中戦争の勃発を受けて天津総領事から華北〜内蒙古地域の在留邦人に対して引揚げの勧告が出されている。張家口には当時600名の邦人がいたが、急な引揚げのため個人でその移動費を捻出することは困難であった。張家口駐在領事代理の要請で天津から為替が送られたが、情勢悪化のため現金化できず飛行機で現金を空輸するという一幕もあった。また、太原では抗日の気勢が激しく邦人への投石も行われるようになったため、綏遠の邦人などと同様に張家口への一時避難が行われた[6]。その後、彼らのうち260名程度が満鉄の準備したバスとトラックに分乗して張北経由で多倫へ避難し、さらに満洲国の熱河省承徳へ入り、錦県から北寧線で天津へ向かった後に商船で門司へ帰着した[7]。8月に関東軍が張家口を占領して以降この地域の治安は急速に回復

5　「北支の感覚」（東亜同文書院第三十四期生旅行誌編纂委員会編『嵐吹け吹け』東亜同文書院、1938年）170頁。

6　「邦人引揚　天津総領事報告」（『読売新聞』1937年7月16日 朝刊）。

7　「張家口の邦人たちも」（『読売新聞』1937年7月19日 朝刊）、「バスとトラックで二百人、内蒙を突破」（『読売新聞』1937年8月10日 夕刊）。

し、年内に察南自治政府、晋北自治政府、蒙古聯盟自治政府が成立した。12月には張家口や大同方面への輸送交通は日中戦争前の状態に復した[8]。

　こうした状況を背景として1937年の大旅行は実施されており、学生たちは戦乱による混乱の様子を生々しく記録したのである。一時的に避難した邦人がいた一方、日本軍の進撃に合わせるように内蒙古の奥地へ商売を目的として入っていった邦人の一団がいたことが分かる。日本人の内陸部への進出は、翌年の旅行記にも登場する。

　1938年（第35期）に張家口を訪問した学生たちは、「戦雲は遠く隴海線の彼方に去つたとは云ふものゝ、あれから一体どの位の月日が経つたと云ふのだらう。それなのにこの町は最早全く日本化して居て、赤い灯、青い灯のカフエー、料理屋が氾濫し、日本人経営の商店、旅館が軒を並べて客を呼んで居るではないか」[9]と急速に日本人による街づくりが行われていたことを驚きを持って記している。かつて抗日の嵐の吹き荒れていた地域にも邦人が戻り始めたことは当時の新聞記事にも記されている。華北〜内蒙古へ進出する日本人の多くはかつて満洲在住であった人々が多いというが[10]、いずれにせよ戦乱の収束後は在留邦人が激増した。張家口では1938年8月末の時点で3,783名を数えた[11]。

　また同様に包頭を訪問した際も市内を巡り、「土で造つた町の様で、土臭い。又今では西北貿易が停止して居る為か、何となく活気を欠いて居る」としながらも、邦人の進出が著しく、500名に達していることを記録する。豊鎮では現地政府の副顧問から治安の確保が不完全であることや政策が充分に行われていないことを聞きつつも、「国家の大なる使命を帯びて、同胞の姿もまばらなかゝる辺鄙な地」で奮闘する日本人の姿を見て感謝と敬意を持った[12]。この年の記録は、調査報告ではなく、「感想あり、意見あり、叙事あり、詩歌あり」の様々な原稿を収録したものであり、それゆえ学生

8　「張家口、大同方面の交通復旧」（『読売新聞』1937年12月10日 朝刊）。

9　東亜同文書院第三十五期生旅行誌編纂委員会編『靖亜行』（東亜同文会業務部、1939年）、229頁。

10　長谷川春子「張家口のタイピスト　北支戦線女性点描（二）」（『読売新聞』1938年1月26日 夕刊）。

11　「張家口の邦人激増」（『読売新聞』1938年9月17日 朝刊）。

12　前掲『靖亜行』、237頁。

たちの生の声を知ることができる[13]。

　現地の邦人の活動については、調査地域の資源との関わりを記載した箇所でも触れられている。1938年に綏遠を訪問した彼らは羊毛同業会に宿泊することとなった。羊毛同業会とは、三井や三菱など計 8 社が組織するカルテル組織で、蒙疆地域の羊毛の改良や増産に取り組んでいた[14]。羊毛は寒冷地での軍事行動を行うための軍服製造には欠かせないが、日本内地での自給が困難であることから、海外にその供給を求めざるをえなかった。大正期（寺内内閣期）から満洲地域からの供給が模索されるが、一般事業者による満蒙への進出は低調であり、満洲国成立後に産業開発五ヶ年計画の中に緬羊増殖計画が組み入れられ[15]、また1938年に満洲羊毛同業会が満洲国政府によって設立されたのである[16]。

　旅行記では羊毛と獣皮類について「此の地方に於ける経済資源の主」にして「戦時日本の必需品」であると述べられ、羊毛同業会や満洲畜産株式会社[17]、大蒙公司[18]の人々が積極的に直接地方住民と取引していることが記録されている[19]。

〈蒙疆の景観や風物・風俗の観察〉

　学生たちの旅行記録には、初めて訪れる蒙疆の景観や風物、風俗などに関する記述も多い。好奇心をかき立てられて記述したものから、自身の調査報告書の内容に関連するものまで様々であるが、当時の蒙疆の一断面を伝える貴重な観察記録であるといえよう。

　例えば、1939年（第36期）の大旅行に参加した宇野善蔵（蒙疆班）の

13　前掲『靖亜行』、2 頁。
14　「蒙疆羊毛業者の日満視察」（『読売新聞』1938年 6 月 3 日 第二夕刊）。
15　北野剛『明治・大正期の日本の満蒙政策史研究』（芙蓉書房出版、2012年）第三部第一章「羊毛自給と満蒙」を参照。
16　「満洲羊毛統制　けふ同業会成立」（『読売新聞』1938年 3 月14日 朝刊）。
17　満洲国の新京に本店を置き、家畜の輸入、国内家畜の売買、畜産物の加工と売買などを行う株式会社（満洲中央銀行調査課編『特殊会社準特殊会社法令及定款集』満洲中央銀行調査課、1939年、447頁）。
18　大倉系資本によって内蒙古に設立された貿易会社で、各地に出張所を開設して内蒙古の住民に対しては食糧や生活用品の販売を手掛けた（朝日新聞社東亜問題調査会編『朝日東亜リポート』第 5 冊、朝日新聞社、1939年）。
19　前掲『靖亜行』、231–232頁。

日誌には、厚和駅前でアヘン販売所の看板を見たことや、乗車した鉄道の沿線では「罌粟の花真盛りに咲き誇りゐた」のを実見したことが記されている[20]。蒙疆政権がアヘンを財源としていたことはよく知られているが、それを実感させる光景を描写した生きた記録である。

　また、前年の旅行で西スニトを訪問した「北支第二班」の旅行記には、陸軍の特務機関があるものの街並みはなく、包が３つ４つ見えるだけであったという記述が存在する[21]。ここには特務機関が置かれ、また徳王府があることから外務省調査局第二課による調査報告書など[22]、西スニトを訪問した際の記録は僅かに存在するものの、現在でも訪問が困難な地域であり[23]、当時の周辺環境について書かれた書院生の記録は貴重であろう。また彼ら「北支第二班」は特務機関の協力を得て「ブリヤード蒙古族」の部落へ行き、１週間にわたり包で生活するという体験をしている。旅行記には、かつてシベリア附近にいたブリヤート族がロシアの圧迫から逃れて南下し、シリンゴル盟に土着したこと、それまでに実見した他の盟のモンゴル人たちと服装が異なっていること、包や衣装、食といった文化・風俗に関しても短いながらもレポートがまとめられている[24]。

　蒙疆における交通の不便さという点については、1939年の旅行記録に掲載された「多倫難行記」（執筆は安藤武治、深澤治平、尾見博巳）で知ることができる[25]。この旅行記では、彼らは張北から多倫までトラックで移動するが、泥濘にタイヤを取られ立ち往生しながらたどり着く様子が活写されている[26]。

20　宇野善蔵「昭和十四年六月　大旅行日誌」（1939年）７頁。

21　前掲『靖亜行』263頁。

22　外務省調査局第二課編「最近ノ蒙疆情勢 視察中間報告」（外務省調査局第二課、1943年 JACAR Ref: B02031787400）。

23　筆者は2013年に内蒙古自治区（呼和浩特、西スニト、多倫、張家口）の調査を行った。西スニトへは、まず呼和浩特から化徳（内蒙古自治区烏蘭察布市化徳県）まで鉄道で移動し、駅から車をチャーターし、徳王府（温都尔廟）まで草原の中の幹線道路を片道３時間ほど要してたどり着いた。

24　前掲『靖亜行』266頁。

25　東亜同文書院第三十六期生旅行誌編纂委員会編『大旅行記』（東亜同文会業務部、1940年）所収。

26　前掲注の通り2013年の調査旅行では、正鑲白旗（蒙古自治区錫林郭勒盟）から車をチャーターし、上都遺跡に立ち寄った上で片道５時間かけて多倫へ到着した。うち２時間程度は未舗装の道路であった。

〈大旅行を支えたOBたちの支援〉

　広範な地域をめぐるフィールドワークにおいて、書院生たちはどのように訪問する諸機関、施設等とコンタクトしたのであろうか。彼らが各所を自由に訪問し、政府などの要人から解説や講話を聴くことができたのは、OBたちの存在によるところが大きかった。

　例えば1938年の旅行において、学生たちは厚和に到着した後、蒙古聯盟自治政府の庁舎を訪問した。同政府の財政部顧問に彼らの先輩（櫛部正暉）が勤務していたことから、訪問手続きは容易であった。彼らは櫛部の案内で徳王にも面会した。「蒙古に君臨せる英傑徳王とは、さぞかし鬼をもひしぐ偉丈夫と期待せしに思ひの外の好々爺」であったという感想が旅行記には見える。学生たちが徳王に向かって「我們是東亜同文書院的学生、這次旅行到貴地来、今天特意拝会請安来了」と挨拶すると、徳王は彼らの中国語が堪能であることを褒め、東洋平和のために各民族が協力すべきこと、言語を通してそれが実現されることから、蒙古学院[27]を引き合いにして、中国語を活用して尽力を望むと語った[28]。

　政府代表者である徳王との面会場面からも分かるように、書院生は各地でOBの伝手を頼って旅行しているのである。また、大同（晋北政府）訪問時の記録にもOBが政府顧問を務めていたことが記されるほか[29]、1939年の大旅行では張家口の蒙疆聯合委員会のOBを訪ねている。この時訪ねた先輩は不在であったが、民生部の西本哲三を紹介され蒙疆教育の現状について聞き取りを行っている。西本は満洲国の教育行政に携わった過去があり、当時は新教科書の編纂担当を務めていたという[30]。

　円滑な旅行の実施と質の高い調査報告の刊行は、もちろん書院生たちの綿密な計画や研究能力に裏打ちされたものであったが、日本の大陸進出の最前線で要職にあるOBたちの存在があればこそ政府機関や教育機関の内

27　蒙古学院は蒙古聯盟自治政府によって厚和に設立された教育機関で、1938年から日本語教育が行われていた。同学院には日本人教員が3名おり、満洲国で用いられている日本語教科書を一部改正したプリントによって学習が行われていた（「日本語の大陸征服　行手はなお多難　現地からはこの叫び」『東京朝日新聞』1939年6月21日　朝刊）。

28　前掲『靖亜行』、232–238頁。ちなみに翌年の大旅行では学生たちが政府を訪ねた際、徳王は地元の西スニトにおり会うことは叶わなかった。

29　前掲『靖亜行』、238頁。

30　宇野善蔵「昭和十四年六月　大旅行日誌」（1939年）5頁。

部に自由に入ることができたのであり、大旅行を OB たちが裏で支えていたという側面を見逃してはならないだろう。

3 学生たちの時局認識

1939年の大旅行前、気分の高揚を第36期生の南恭輔は「嵐吹け吹け靺鞨颪――とたゞ一筋の感慨が流れるばかりであつた。事変後変貌を来したであらう中国の姿を、そして大陸に見る新しひ日本の姿を全身で受取る時期が来たのである」と記した[31]。書院における学修の集大成としての大旅行にかける期待の大きさを感じさせる言葉である。

ただ、学生たちがこうした高揚感だけを持って旅立ったわけではなかったことは、1938年の旅行記からも知れる。蒙疆を訪ねる学生たちは出発前、「旅行不可能なるにあらずや」という印象を持っていた。これは初めて足を踏み入れることや交通機関が発達していない地域を自力で移動しなくてはならないことに対する不安であろう。しかしながら現地を実見する中で蒙疆に対する「多大の愛着」を覚え、「自由でのびのびとした気持」で旅行を続けたという。「蒙疆に入つた時、既に同情とか親しみとかの安価な感情は全く取り去られて、ノー文句で彼等と手を携へ、腕を組んで進んで行かなければならぬ」と感想を記している[32]。

先に挙げた南恭輔と共に1939年の旅行に参加した櫻井善一も、「自分は約一ケ月の旅行をしたと此の蒙疆地方に多大の愛着と心残りを覚えながら別れを告げた」と記した[33]。

それでは、彼らが感じたのは中国や蒙疆に対する愛着や人々との「提携」の重要性だけであったのだろうか。フィールドワークで現地を実見したことによって彼らが体得した中国に対するまなざしのありようを確認してみたい。

これまで見てきたように、彼らは現地の政府や学校をはじめ多くの機

---

31 南恭輔「昭和拾四年度 大旅行日誌」(1939年) 1頁。なお、冒頭の「嵐吹け吹け靺鞨颪…」は書院生たちによって歌われた「大旅行送迎の歌」の歌詞であり、「雪の蒙古に日が暮れる」と続く。

32 前掲『靖亜行』239頁。

33 櫻井善一「大旅行日誌」(1939年) 31頁。

関・組織を訪問して調査を行い、またある者は草原地帯へも足を踏み入れ
て蒙疆の伝統的な生活に触れた。調査地へは中国の「農民・商人で一杯」
の鉄道に乗って移動し、当初は不快に思っていた大蒜や葉タバコのにおい
にも慣れたという。またある地点で乗車したバスの車窓からは牧羊の群が
川のほとりに移動するのを見て「牧歌調の中に人は何故に戦はねばならぬ
か?」とややセンチメンタルな感情を吐露した[34]。こうした部分を見ると、
彼らが中国の中に入り込み現地の人々に共感して日本と大陸との提携とい
う理想を持ったように思われる。

　しかし一方で旅行記には、蒙疆の人々に対して「彼等は日本の真の力を
知り、日本の真意を理解し、日本に頼り、日本に協力してこそ平和を保つ
て行けるものである事をよく知つて居るのである」というやや独善的な考
えも見ることができる[35]。

　さらに、日中戦争の意義は国民政府打倒にとどまるものではなく、中国
の人民に日本の実力を知らしめ、「日本に依頼して立つこと」こそ中国に
与えられた唯一の生きる道であることを理解させねばならないという。そ
のためには「私は北支、特に中支の支那人をもつて徹底的に叩く必要があ
りはすまいかと思ふのである…彼らが真に日本に頼らざるべからずと自覚
した時、その時こそ我々日本人は徒に安価な優越感を陋守すべき時ではな
い」という意見も披歴されている[36]。

　日本が蒙疆のみならず中国を啓蒙して率いていくべきであるという考え
は、当時の価値観からすれば当然であったかも知れないが、力で現地の住
民をねじ伏せて日本に従わせるという価値観は中国文化に深く触れてきた
はずの書院生であることを思えばやや意外な印象を受ける。また前述した
ような現地への愛着とは相反するようにも思われる。ただし、全ての学生
がこうした考えを持っていたわけではなく、同年(1939)の大旅行参加者
の感想の中には、3 年以上にわたる中国生活の中で、中国人の友人から語
られた以下のような言葉を旅行後に反芻し、日中友好や両国の提携の実現
に思いを新たにする者もいた。

34　宇野善蔵「昭和十四年六月　大旅行日誌」(1939年) 18–19頁。
35　前掲『靖亜行』240頁。
36　前掲『靖亜行』240–241頁。

私達は自国の地位が余りに悲惨なるが故に、日本の人達から、たゞ『支
　　那人』と呼ばれただけでもいやな気がします。ましてチヤンコロなん
　　て呼ばれると、実に屈辱を感ずるんです。ですから若し貴下方が真に
　　日支親善を欲するのでしたら、我々に対するかゝる侮蔑詞は真先に廃
　　して下さらねばなりません[37]

　中国人の友人によるこの言葉は、その学生の心に滓のようにたまった。
大旅行によって中国の人々と直に触れることで、日中の融和の重要性を考
えるようになったという1つの事例である。
　もう1点、学生たちの時局認識を確認しておきたい。1938年に現地を
見た上で彼らが得たのは、日本は「赤露」に対抗するために積極的に内蒙
古へ進出すべきであり、その実現のために「蒙古民族三百万の協力」が必
要であるという理解だった。そのために現地の人々に日本に対する理解を
深めてもらうことが対蒙政策の要点であるが、それがまた同時に難点であ
るとする。その理由として、「彼等の精神には喇嘛が巣喰つてゐる」から
であるという。「喇嘛万能の妄信」を払いのけ、新知識の刺激を日本が与
えなくてはならない、医療による宣撫、牧畜に関する新知識を与えて毛皮
やバターなどの生産力を上げることなどを通じて「文明の世界に憧憬させ
る」ことで弊害を取り除けるであろうと主張する。同時に、内蒙古での産
業を日本の助力で発展させることは、日本への原料供給を満たす上でも重
要であるという[38]。力による屈服ではなく、啓蒙（＝宣撫）によって住民
の信頼を勝ち得ていくべきだという時局観がうかがえる。
　翌年の1939年の旅行記では、蒙疆を含む大陸の人々について、鉄道の
中で大蒜臭く、鼻糞をほじり、手鼻をかむ民衆の手に「東亜新秩序への窄
き門の鍵が残されてゐる」と書かれている。なぜならば、現段階において
は劣勢にあるが「組織されてゐないだけに力が未知数」だからである。こ
うした認識によって、潜在的な力を持った民衆を啓蒙していく＝「東亜の
指導原理を内蒙古へ持ち込み発展させる」ことが日本の中国進出の意義だ

37　前掲『靖亜行』230頁。
38　前掲『靖亜行』277–280頁。

120

という主張がなされているのである[39]。

おわりに

　蒙疆を旅した学生たちは、ある面では日本の帝国主義的な中国進出を肯定した。1937年、日中戦争直後に反日の嵐が吹き荒れたことを体験した学生たちがいた一方で、関東軍の軍事力を背景として地域が安定した翌年に蒙疆を訪れた次年度の学生たちは、邦人が活発に活動する様子、新たに設立された蒙疆の各政府を実見することで日本の進出の成果を実感したのだと捉えることができよう。

　政治的には当時、蒙疆には三自治政府があったが、日本側は蒙古人の経済基盤の弱さ、漢人との人口比の少なさから[40]、本来徳王の目指した蒙古の独立ではなく、多様な民族を包含する聯合自治政府の設立へと舵を切り、1939年に蒙疆の各政府が統合した蒙古聯合自治政府が成立する。蒙古人の自治を完全に認めるのではなく、日本の強い影響力の下に地域を統合し蒙疆を防共の拠点とするという当時の政治的状況は、1938〜1939年の旅行における学生たちの感想にも強く影を落としているといえるであろう。

　現地の人々に寄り添い共感する気持ちと、日本による軍事的・政治的・文化的な進出を肯定する気持ちは、一見すると相反するようであるが、彼らの中では矛盾なく同居していたのであり、共に真実であったのだろう。学生たちは刻一刻と移り変わる時局を旅行の中で敏感に感じ取りながら、自らの中国認識を形成していったのである。

39　東亜同文書院第三十六期生旅行誌編纂委員会編『大旅行紀』（東亜同文会業務部、1940年）59、65頁。

40　広中一成『20世紀中国政権総覧 Vol. 1　ニセチャイナ——満洲・蒙疆・冀東・臨時・維新・南京』（社会評論社、2013年）150頁。

第6章

日本による蒙疆のカトリック工作

──伊東重美「大旅行報告書 蒙疆に於けるカトリック宣教師の活動状況」(1939) を手掛かりに

長谷川怜

はじめに

　東亜同文書院生による大旅行報告書は、当時の中国各地の政治、外交、経済から宗教、文化まであらゆる分野を網羅している。現地調査に基づく記述は、他の史料からは知ることのできない貴重なデータを含み、歴史研究に新たな知見をもたらすものである。

　本稿は、書院生の報告書を手掛かりとして、従来明らかにされてこなかったテーマを考察する一つの試みである。

　1935年から急速に展開された日本の蒙疆進出の目的は、第一に外蒙・ソ連方面からの赤化防止であり、仮想敵国であるソ連との戦争に備えた軍事的な基盤の確保であった。第二にはこの地域に埋蔵する豊富な鉱産資源の確保であった。さらに、森久男が指摘するように、関東軍は蒙疆から中央アジアに防共回廊の建設を目指し、同時に日満独連絡航空路の拠点を建設しようとしていた[1]。関東軍の工作は、綏遠事件の失敗によって一旦は挫折するものの、日中戦争勃発によって蒙疆へ進出する再度の機会が到来したことで、関東軍察哈爾派遣兵団の侵攻を経て察南自治政府・晋北自治政府・蒙古聯盟自治政府を樹立し、その目的を達した（1939年9月、三自治政府は統合され蒙古聯合自治政府が成立）[2]。

1　森久男『日本陸軍と内蒙工作 関東軍はなぜ独走したか』（講談社選書メチエ、2009年）268–269頁。

2　詳しくは、内田知行・柴田善雅編著『日本の蒙疆占領 1937–1945』（研文出版、2007年）、広

しかし、察南自治政府と晋北自治政府の境域は漢族の居住地域であり、蒙古独立というスローガンは三自治政府の全ての住民に対して有効なものではなかった。そのため、関東軍は蒙古の独立ではなく、蒙疆の高度自治を目指すという新たな方針で統治を進めていくことになったのである[3]。蒙疆には蒙古民族、漢民族、回民族が集住しており、それぞれの地域で独自の文化・習俗に基づいて生活を営んでいた。そのため、日本は蒙疆進出の過程で民族政策の推進を行う必要性に直面した。満洲をはじめとする大陸の勢力範囲内で展開した文化工作が蒙疆にも適用されていく。特に力が入れられたのが教育、衛生、宗教であった[4]。

　文化工作の中でも重要視されたのが宗教工作である。蒙疆における宗教の代表はチベット仏教（ラマ教）であるが、包頭から西北へ進むにつれイスラーム教徒の居住率は稠密になっていく。また、この地域の漢族の中にはカトリックを信奉する人口が一定数存在し、地域の宗教事情は複雑であった。ただし、人口数と政治上の重要性は必ずしも比例しなかったため、それぞれの民族・宗教に個別に工作を行わねばならなかった[5]。

　蒙疆における日本の文化工作については、教育・衛生政策や回教工作に重点を当てた研究が行われてきた[6]。その一方、これまでの研究の中で充分に扱われてこなかったのがカトリックに対する工作であり、今後深められるべき研究課題となっているといえよう[7]。

中一成『20世紀中国政権総覧 Vol. 1　ニセチャイナ──満洲・蒙疆・冀東・臨時・維新・南京』（社会評論社、2013年）を参照。

3　前掲『日本陸軍と内蒙工作』271頁。

4　「北支蒙疆 興亜建設の現地報告 6」（『大阪朝日新聞』1939年8月1日）。

5　橋本光宝『蒙古の喇嘛教』（仏教公論社、1942年）1–3頁、東亜研究会『最新支那要覧』（東亜研究会、1943年）729–730頁、高津彦次『蒙疆漫筆』（河出書房、1941年）380–381頁。

6　澤井充生「日本の回教工作と清真寺の管理統制──蒙疆政権下の回民社会の事例から」（『人文学報』483号、2014年）、新保敦子『日本占領下の中国ムスリム──華北および蒙疆における民族政策と女子教育』（早稲田大学出版部、2018年）、何広海「蒙疆学院の研究」（『人間発達研究』33号、2019年）、財吉拉胡「日本占領期の内モンゴル西部における医療衛生の近代化」（『アジア経済』60巻2号、2019年）など。

7　日中戦争における宗教工作のうち、キリスト教に焦点を当てた最新の研究に松谷曄介『日本の中国占領統治と宗教政策──日中キリスト者の協力と抵抗』（明石書店、2020年）がある。本書では、日本の宗教政策をめぐる外務省や陸軍の対応、また占領地における政策の展開、日本キリスト者の戦争の関わりなどを後半に分析している。ただし、本書の分析対象地域に蒙疆は含まれていない。

　以上の点を踏まえて、本稿ではまず1930年代の蒙疆におけるカトリックについての事実関係を確認したい。史料に乏しい分野であるが、東亜同文書院第36期生の伊東重美が1939年の大旅行で執筆した「大旅行報告書　蒙疆に於けるカトリック宣教師の活動状況」は現地調査による情報を多分に盛り込んだ重要な史料であることから、これを使用する。伊東の執筆した「昭和十四年度　大旅行日誌」(1939) の記録によれば各地の教会へ調査に行っているほか、各政府機関で宗教政策に関する聞き取りを行っている。聞き取りや現地調査によってまとめられた報告書であり、その信頼性は高いと評価できる。また、平山政十（後述）が執筆した『蒙疆カトリック大観』（蒙古聯合自治政府、1939年）には当時の蒙疆におけるカトリックについて詳細なデータが示されていることから、適宜参照したい。

　伊東の報告書などによって蒙疆のカトリックの概要を摑んだ上で、日本がこの地域でいかなる宗教政策＝カトリック工作を展開しようとしたのか、中心人物である平山政十の活動を中心としてその概要を明らかにしたい。

1　蒙疆におけるカトリックの概要
　　──大旅行調査報告書を手掛かりに

　1939年に行われた大旅行において、綏遠調査班に所属した伊東重美が執筆した報告書は、「支那に於ける「カトリック」の歴史的発展」という項目から始まっている[8]。伊東は、キリスト教が中国民族の覚醒と成長において道徳・科学の面から大きな役割を担ってきたことを踏まえ、「民衆把握の為の組織と技術、特にその強烈なる熱意等は我が対支国策の組織化に当つても研究摂取に価する」と主張している。伊東は、中国におけるキリスト教の現況把握が日本の中国進出に役立つものであると認識していたことが分かる。

　また、伊東の調査の翌年に蒙疆での調査を行った第37期生の加藤咨郎は、報告書「蒙疆に於けるカトリック教勢」(1940) の中でカトリックは「キ

8　中国におけるキリスト教の歴史については、石川照子ほか『はじめての中国のキリスト教史』（かんよう出版、2016年）を参照。

リスト教の諸派の中隠然たる勢力を蒙疆に持つ」と述べ、その現状を把握することの重要性を示した[9]。

　なお、以下の記述や引用のうち、特に注記のないものは全て伊東の報告書による。

〈蒙疆地区におけるカトリックの沿革〉

　中国では全般的にプロテスタントの活動が活発であったが、蒙疆ではカトリックが優勢であった。それではなぜ蒙疆ではそうした特殊な状態となったのであろうか。

　蒙疆では1883年に初めて綏遠・寧夏両教区が設立され、1885年にはベルギー系のアルフォンズ・デ・ボンが主教として両教区を管轄した。1922年、寧夏省三盛公を中心とする綏西・寧東教区、綏遠を中心とする綏東教区に分立、また寧夏省定遠営以西は甘粛省総堂の管轄となった。綏中、綏西・寧東の両教区で75か所の教堂が設立され、信徒数は8万にのぼったことから、蒙疆地域は北平ローマ宗坐駐華代表公署の直轄となった。

　1939年段階における蒙疆のカトリック教区は、西湾子、宣化、大同、朔県、集寧、綏遠の6つに分けられていた。主教は6名であり、施設としては教会237・祈祷集会所528で合計765か所に及んだ。また神父は中国人125名、ベルギー人119名、オランダ人13名、ドイツ人20名の計277名であった。信徒数は「洗礼志願者」（洗礼を受けていないが教会に通う信徒）2万6982名を含めて24万9341名である[10]。

〈信者の社会層〉

　伊東は、蒙疆地方を「支那本部に於ける生存競争に負けて追はれて出た民」の住む地域であり、「文化低く、知能程度も幼稚」であると看做している。また、歴史的、文化的にキリスト教以外にも種々雑多な宗教が原始宗教のように存在する地域であるとする。

　それではなぜこうした地域にカトリックが根付いたのかといえば、蒙疆の各教会は「匪賊」に対抗するため武器を有しており、匪賊の襲来時には

9　加藤杏郎「蒙疆に於けるカトリック教勢」（1940年）1頁。
10　平山政十『蒙疆カトリック大観』（蒙古聯合自治政府、1939年）21頁。

教会に信徒を匿って保護した。すなわち自身の安全のため、実際に信仰を有していなくても名前だけ教会に属す民衆が多く、統計上は実体のない信者総数が多くなったのだという。

　また、教会がメリケン粉工場を運営していたり、神父の権限で地域の農産物の価格を決定したりするなど、教会組織が行政や経済にも関与しているため、教会内の保護下にあれば生命財産が保護され自給自足できるという状況が出来上がっていたと評価する。

　こうした教会の庇護や教会が生み出す経済的利益を享受する「便利主義」から入会した者も、徐々に神父の人格に惹かれ後には心から信じるようになり、その結果蒙疆ではカトリックの力が強くなっていったという分析がなされている。実際に、カトリック教会の活動は地域の人的・物的な移動を活性化させ、臨河の西北や綏遠教区では人家の存在しなかった場所に1万人以上の人口を有する集落が誕生したという事例も報告書の中では示されている。

　教会は、人々の生命・財産の保護だけではなく、社会事業や教育にも力を入れていた。公医院・診療所、慈善関係（養老院、孤児院など）を運営し、X線を用いた高度な近代医療も行われていた。また、厚和哲学院、教会設立の大伯高級小学校なども存在し、蒙疆におけるカトリック信者は知的程度が高く他より優秀であったとされている。優秀な生徒は教会の援助を受けて大学や専門学校に通うこともできた。

教区	教区の概要・管轄区域・施設など
綏中教区（厚和中心）	施薬所や公医院、育嬰堂、小学校を有し、中でも公医院は規模が大きく経費は年間4万円、職員は140名。教区の所有財産のうち地所は数千項目にのぼり牛馬、ラクダなど数万頭を飼育する。不動産によって経済的基盤を整え、利潤を元に貧民と信徒へ貸し付けを行う。また24か所に修道院を有する。
集寧教区（玫瑰営子中心）	陶林、豊鎮、集寧、商都を管轄。メリケン粉工場を経営し、発電所も有する。信者の出資や土地の貸付金で施設の運営を行い、生産物は神父（中国人）が決定する。
西湾子教区	全域の詳細は不明。大同教区にはベルギー系宣教師20名、ポーランド系宣教師1名。

各教区の施設や活動一覧（伊東の報告書より作成）
＊なお、本来の教区名としては綏遠教区であるが、ここでは厚和を中心とする記述であることから「綏中」の表記にされたと考えられる。

なお、1930年代に日本の傀儡政権が発足すると教会が運営する学校では政府が制定する満洲国編纂の教科書が用いられた。

　教育方針としては「階級闘争、排外排日は人類愛の立場に及すると云ふ純宗教的立場」であり、また日中戦争勃発後においてもベルギー系の神父たちは、母国が日中戦争にほとんど関係を持たなかったことから排日教育を行う理由がなく、むしろ日本との協調方針が採用されていた。教会が運営する学校に勤める中国人教師も同様のスタンスをとっており、プロテスタント系の学校とは対日方針が異なっていた。

〈日中戦争が蒙疆のカトリックに及ぼした影響〉

　伊東は、中国におけるキリスト教の通史的な記述や、蒙疆地区のカトリックに関する基礎データを詳細にまとめた一方、時局を意識し、日中戦争勃発後にカトリック教会がどのような対応を行ったのかについても調査を行っている。

　まず、教会の被害状況が述べられるが、日中戦争に巻き込まれた蒙疆の地域では、教会側の被害は比較的少なく、各教会は任意で救済活動を展開した。組織的な救済活動は行われなかったものの、難民収容、病院における罹災者・戦傷病者の看護、防疫がなされていた。

　すでに教育の項目で見た通り、反日的な感情をベルギー系のカトリック教会は持っておらず「最初より好意を寄せ現地の事情を知悉して日本に協力」したという。

〈蒙疆におけるカトリックに関する伊東の分析〉

　蒙疆におけるカトリックの特徴は地理的困難を廃して「超人的努力と忍耐」で僻遠の地に教会が建設されたことであり、教会を中心とした村づくりが実現され、信徒と教会は精神的・物質的に利害を共にし強力な組織を生成したとする。また、蒙疆地区では対日感情と日本の傀儡政権に対する態度も極めて協調的であり、新政府側が反日分子の摘発を行う必要はなかったようである。

　さらに、教会は宗教的活動ばかりでなく、農民には種子の改良、馬種の改良などの技術を提供し、同時に発電機、メリケン粉工場、ラジオなどを

保有して、「民度低きこの地域に良く近代的知識を入れしめ」ていること、医院や施療院など衛生設備を整備していることも特徴として挙げられている。こうした教会の在り方を総括して、伊東は「蒙疆に於ける宗教中、最も強固にして勢力を有し近代的文化水準に達せんと努力」していると高い評価を与えた。

　日本は「これらカトリック教者と接近することはその対支文化工作上必要」であり、「彼等よりして外国に宣伝せしめ赤化に対する黒として階級闘争、排外、排日」を防止し、信徒にもよく日中戦争の目的を認識させることが重要であるという主張がなされている。

　19世紀以来カトリック教会が継続してきた社会的事業を通じた民衆把握工作は、日本も参考にすべきものであると伊東は考えたようである。報告書には現地において平山政十がこうした文化工作に取り組んでいるが、日本のキリスト教徒を媒介とした接近が「最も近道」であると書かれている。キリスト教勢力を通じた日本と蒙疆の提携の可能性を伊東は示したのである。

2　平山政十と蒙疆のカトリックとの関わり

　伊東の報告書の結語では、対中国文化工作のため日本のキリスト教勢力を媒介として蒙疆のカトリックに接近し、「聖戦」＝日中戦争の意義を理解させ、また社会的事業を通じて民衆把握を行うべきであるとの主張が見られる。そして、すでにこうした工作を「張家口の平山政十」が実施していると記述している。しかし、平山について報告書では名前が登場するだけであり、それ以上の情報を記していない。平山とはいかなる人物であるのか探ってみたい。

　平山政十は、1880年（明治13年）に長崎の浦上に生まれた。その家系は「先祖代々のカソリック教徒」[11]であったというから、平山家は江戸期には潜伏キリシタンであったことになる。1899年（明治32年）に長崎英仏語専門学校（海星中学の前身）を卒業し、1905年にフランス・マルセ

11　宇宙社編『宗教体験実話 第二輯』（宇宙社、1933年）102頁。

イユへ留学した。帰国後、朝鮮へ渡り、京畿道高陽郡で牧場経営と牛乳搾取業を行い城大附属医院内の売店で牛乳を専売し経済的な安定を得た[12]。

　山梨淳と徐鐘珍の研究によれば、朝鮮総督の斎藤実は宗教政策に力を入れ、平山を信頼して懇意の関係を結んだ。後に平山が宗教的な情熱に加え、世界における日本認識を高めるという愛国主義的目的から1931年（昭和6年）に映画「殉教血史日本二十六聖人」を製作した際にも援助を行ったという[13]。

　平山は、1931年に京城駐在白耳義国名誉領事に就任する[14]。これはベルギー国王アルベール1世が「京城ニ白耳義国領事ヲ置クノ必要ヲ認メ平山（政十）氏ノ忠実精励ニシテ才幹アルヲ知リ同氏ヲ簡抜」したことによる。この委任は犬養首相の決裁で裁可が仰がれ、認可されている。ベルギー政府は平山に対して、ベルギーと朝鮮の経済関係の緊密化を期待したとされるが[15]、いかなる関係で平山がアルベール1世から信頼を得て名誉領事に就任したのか、その詳細は明らかでない。

　その後、平山は前述の映画の興行・宣伝のため2年間にわたり渡欧し帰国する。日中戦争勃発に伴う関東軍の策動で蒙疆地域に三自治政府（傀儡政権）が設立されると、それまでの陸軍との緊密な関係から協力を求められたと想像されるが、張家口特務機関嘱託となり、蒙疆地域におけるカトリック工作に携わることとなった。

　平山は張家口へ移った後、現地のカトリックの状況や実態把握に努め、詳細なデータと解説、蒙疆地域で活動する宣教師などの写真も豊富に掲載した『蒙疆カトリック大観』（蒙古聯合自治政府、1939）を出版している。

　この書籍は、東亜同文書院生の伊東も蒙疆調査旅行の際または旅行の後に報告書をまとめる際に参照したと推定される。当時の蒙疆におけるカトリック事情を詳細に述べたほぼ唯一の資料である。東京大司教の土井辰雄

12　「京城駐在白耳義国名誉領事平山政十ニ御認可状御下付ノ件」（「公文雑纂」昭和六年第二十巻・外務省三〈御委任状・御認可状〉纂01938100、国立公文書館所蔵）。
13　山梨淳「映画『殉教血史日本二十六聖人』と平山政十　一九三〇年代前半期日本カトリック教会の文化事業」（『日本研究』41号、2010年）183頁、徐鐘珍「斎藤実総督の対朝鮮植民地政策　「文化政治」期の宗教政策を中心として」（『早稲田政治公法研究』64号、2000年）、215頁。
14　「京城駐在白耳義国名誉領事ニ対スル委任状訳文」（前掲「公文雑纂」）。
15　前掲「映画『殉教血史日本二十六聖人』と平山政十」203頁。

の序文では、中国のカトリック教会に対する宣撫工作によって「防共聖戦の真義を把握」させ、「防共的宣撫工作」に参加させることの意義が強調されている[16]。また、張家口の東北に位置する西湾子代牧司教 Leon De Smedts が寄せた序文では、平山が映画を製作したことを称賛すると共に、中国（蒙疆）のカトリックの現状に関する知識を広めることは「国民相互の好意を醸成して世界永遠の平和確立に貢献する」ものであると述べられている[17]。

　平山は、後段に述べるように蒙疆からのカトリック教徒訪日の際に幹旋役を務めるなど、陸軍の政策に多方面で関与していたことが窺われるが、蒙疆での活動の全体像を示す史料は管見の限り存在しない。

3　蒙疆における日本のカトリック政策
——蒙疆カトリック教徒の訪日イベントを中心に

　平山による調査報告として『蒙疆カトリック大観』が蒙古聯合自治政府から出版されたことからも分かるように、日本はまず蒙疆におけるカトリックの全体像を把握しようと努めていた。蒙疆のカトリック教会においては、同文書院の報告書でも述べられているごとく、歴史的にベルギーの宣教師が活発な活動を展開していた。かつてフランス語を学び、また朝鮮でベルギーの名誉領事を務めた平山の経験が、これらベルギー人宣教師との関係構築に有利に働いたであろうことは想像に難くない。

　平山を通じて現地での情報収集を進める一方、外務省の文化事業の一環として蒙疆のカトリック教徒の日本視察団が計画された。これは1938年6月1日〜7月9日の39日間にわたり、蒙疆のカトリック教徒の有力者たち17名を京城、大阪、京都、名古屋、横須賀、横浜、東京、別府、長崎、博多、小倉、門司、下関に案内し、日本に対する理解を深めさせることを目的としたものであった[18]。参加者は県長や教師、牧師などで構成されてい

16　前掲『蒙疆カトリック大観』2頁。
17　前掲『蒙疆カトリック大観』7–8頁。
18　「蒙疆カトリック教徒日本視察便宜供与」（H-6-1-0-4_3_010、外務省外交料史館蔵）。

た[19]。

メディアはこの訪問団を「ソ聯の支那赤化工作に対する一大トーチカといはれる蒙疆五十万のカトリック教徒代表」と評し、「今次事変の真意義を理解し皇軍の活動に非常なる感謝を寄せ憧れの日本見学に来朝」と報じた[20]。

日本では観光名所以外にも東京帝国大学や横須賀軍港、新聞社など教育や軍事、メディア関係の施設を中心に見学し、その都度、外務省文化事業部から便宜供与を求める書類が見学先に発送された。蒙疆においてカトリック教会が近代化や教育水準の引き上げを担ってきたことを日本側はよく理解しており、今後は日本がそうした分野をリードする存在であることを訪問団にアピールする狙いがあったのであろう。

形としては外務省の文化事業（東方文化事業）の一環として行われたイベントであったが、帰国後には張家口特務機関長の松井太久郎と蒙疆聯合委員会最高顧問の金井章二の連名で礼状が各施設に出されており、関東軍と外務省が協力して実施したことが明らかである。その礼状は以下の通りである。

　　先般、察南、晋北、蒙古聯盟自治政府ノ統治区域タル蒙疆在住五十万「カトリック」教徒代表日本訪問ノ節ハ御懇篤ナル御歓待ニ預リ一同深謝罷在候…彼等カ日本ニ学ヒシモノ多々有之…東洋永遠ノ平和ヲ確立セントスル全日本国民ノ崇高ナル精神ニテ蔣政権ノ放送スル如キ利欲ニ立ツ侵略的意志ノ絶無ナル点ニ御座候。
　　…一意蒙疆民衆ニ日本ノ真意ヲ伝ヘ、宗教的立場ヨリ益々民衆ヲシテ日本ノ使命ニ協力セシメ理想郷ノ完成ニ邁進スルヲ誓ヒ申シ候…日蒙ノ物心二方面ヨリノ握手協力ハ東洋平和ノ基礎ヲ固カラシメ赤魔排撃ニ与ヘテ力アルモノト奉存候…[21]

19 「蓮沼兵団　蒙疆カトリック教徒信友日本視察団見学の件」（JACAR Ref：C07090791800、防衛省防衛研究所所蔵）。
20 「蒙疆旧教代表来朝」（『東京朝日新聞』1938年6月9日　夕刊）。
21 前掲「蓮沼兵団　蒙疆カトリック教徒信友日本視察団見学の件」。

　ここでは、感謝と共に、蒙疆のカトリック教徒による日本への協力の意思や、蒋介石政権の対日宣伝がまやかしであることを訪問団がよく理解したことなどが記されている。訪問団参加者の感想文を報告する文書には、感想文をまとめて評して「口々ニ讃美シ措カヌアラユル"ニッポン"」と記載されており、主催者（外務省・関東軍）側は、この訪問事業を成功したものであると認識していたことが分かる。

　執筆者名・翻訳者名ともに不明ながら、感想文の一例を挙げておきたい。

> 蒙疆カトリック訪日団感想
> …約四十日ニ亘リ聖戦下ノ日本各地ヲ詳細ニ視察…カトリック精神テ蒙疆カトリック五十万教徒ト日本トヲシツカリ親善ノ帯テ結ンテ…日本国民位親切テ国際親善ニ徹底シタ国民ヲ未タ知ラナイ。宝塚劇場テハ美シイ少女達カ五族ノ少女ニ装ヒ支那ノ唄ヲ歌ツテ歓迎…極メテ礼儀正シイ国民…
> 工場ヲ初メ沢山ノ近代施設ヲ見タカ日本国民ノ科学的研究心ノ旺盛ナ事ハ素晴ラシイ…[22]

　ここでは日本人の親切さに対する喜びや見学地での感激が記されている。政策主体側が企画して総力を挙げて歓待したイベントである以上、悪感情を抱かせることはなく、また日本側に提出する感想文にマイナス要素を含んだ内容を書けるはずもないが、それを差引いてもこうした文化的な交流事業を通じて日本を理解させ親近感を抱かせる試みはある程度成功していたといえるだろう。

　実際、宇垣外務大臣宛に張家口の森岡総領事が送った意見書（1938年7月26日）には「過般当地特務機関嘱託平山マサジューノ率ユル蒙疆天主教訪日使節団ニ対スル本邦各方面ノ熱誠…俄然親日感情ヲ強メ予想外ノ効果ヲ納メタ」と書かれている。森岡はこの成果を踏まえて「日本側ヨリモ天主教関係及東洋文化関係ノ学者ヲ以テ当方視察団ヲ組織セシメ、蒙疆主要地域ニ派遣シテ講演等ヲ行ハシムル」ことを提案した[23]。

22　前掲「蓮沼兵団　蒙疆カトリック教徒信友日本視察団見学の件」。
23　「意見書」（前掲「蒙疆カトリック教徒日本視察便宜供与」）。

なお、この事業について平山は、日本と蒙疆側の双方が「一通りの相互認識」を得たので、宣撫工作に及ぼす好影響は非常に大きいと述べている[24]。

　記録上、ここで意見された日本からの派遣団は実際された形跡がないが、蒙疆からの訪問団の翌年、1939年に東亜同文書院の蒙疆訪問が行われ、蒙疆のカトリックが調査課題として採用されたということは、当時カトリック工作がいかに関心を集めていたのかを示しているといえよう。

おわりに

　本稿では、まず1939年の東亜同文書院の大旅行に参加した伊東美重の報告書の内容を紹介しながら当時の蒙疆におけるカトリックの状況について基礎的な事実を確認した。

　報告書における通史・基礎データなどを示す部分は、恐らくは全て伊東が一から調査をしたというよりも、平山政十『蒙疆カトリック大観』や現地で提供された資料類を参考にして執筆したものと考えられる。とはいえ、平山の著書は蒙古聯合自治政府の刊行物であり、またその他の資料を閲覧したにせよ、報告書には全編にわたり現地でしか入手できない情報が掲載されていることは間違いない。

　一方、日中戦争開始後の蒙疆におけるカトリック界の対日感情の分析や、今後日本が取るべき方針に関する伊東自身の主張は、つぶさに現地で調査を行い考え出されたものであると判断できる。現地を実見した伊東にしか記述することのできない内容となっている。

　次いで、報告書の内容を手掛かりとして当該期の蒙疆に対する日本のカトリック政策のありようを概観した。1938年には蒙疆からカトリック関係者の日本訪問が行われ、宗教関係者を日本でもてなすことにより、対日感情をよりよく変化させようとしたことを明らかにした。

　なお、蒙疆のカトリック教徒による日本訪問の後に張家口の特務機関が構想した日本人信徒による蒙疆訪問団の送出は実施されなかったが、伊東

24　前掲『蒙疆カトリック大観』11頁。

も同様に日本のキリスト教徒を通じた文化工作の展開について調査報告書の中で主張していた。情勢を踏まえた的確な主張であると評価でき、そうした点からも伊東の報告書の内容の信頼性は高く、また時局認識は正確であると判断できよう。

.

第 7 章

蒙疆地域における教育の展開と
目指された成果

——大旅行調査報告書の分析から

長谷川怜

はじめに

　1937年、蒙疆において日本は察南自治政府・晋北自治政府・蒙古聯盟自治政府という3つの政府を樹立した。その後、1939年9月に三自治政府を統合して蒙古聯合自治政府を成立させた。この一帯には蒙古民族だけでなく、漢民族、回民族が分布しそれぞれが独自の文化を有していたことから、蒙疆の各民族全体を包括した高度自治が指向された。その実現のため、教育や宗教などの文化工作と医療（衛生）工作を通じた住民からの支持獲得が重要視されたのである。

　本稿では、1939年の東亜同文書院の大旅行で行われた蒙古聯盟自治政府管内における調査と、1941年の蒙古聯合自治政府の察南政庁管区・晋北政庁管区及び巴彦塔拉盟（旧蒙古聯盟自治政府）で行われた調査の報告書を手掛かりとして当該期の蒙疆で展開されていた教育政策について分析を行う[1]。

　まず、1939年の調査における房野博の報告書「蒙古聯盟自治政府管内ノ教育状況」や『蒙疆年鑑』などの同時代資料を主に用いることで蒙古聯盟自治政府時代の教育についてまとめることとする。引き続き1941年の

1　なお、今回扱う報告書の範囲には含まれない地域については、宝鉄梅「蒙疆政権下のモンゴル人教育　錫林郭勒盟の初等教育の実施を中心に」（『環日本海研究年報』11号、2004年）があり、文史資料などを用いた検討がなされている。

尾藤昇による「蒙疆に於ける学校教育の現状に就いて」によって旧政権時代（3政権分立時代）に開始された教育政策が蒙古聯合自治政府に引き継がれて展開・発展していったことを確認する。

　その上で、教育機関と教育制度の整備が蒙疆地域における反共思想の徹底や親日化を目標とする文化工作の一環として位置付けられていたことを、興亜協進会や滅共青年隊の活動の展開とも関連させながら明らかにしたい。同文書院生の報告書をきっかけとして新たな研究を進展させる試みである。

1　蒙疆における教育政策の概要
──『蒙疆年鑑』をてがかりに

　蒙疆における教育政策については、すでに祁建民が蒙古聯合自治政府時代を中心にまとめている。大旅行の調査報告の内容の理解を深めるため、まずは同氏の研究と当時発行されていた『蒙疆年鑑』に基づいて教育政策の概要を整理したい[2]。

　『蒙疆年鑑』とは地誌や政治体制、経済・金融、貿易・産業、交通、文教などあらゆる分野の各年の状況を網羅的に紹介する書籍である。各都市の概要や旅行情報など、現地の訪問者が簡便に地域の情報を得ることができるように編集されている。出版元である蒙疆新聞社は蒙疆における報道・通信の統制機関として1938年に設立されたもので、『蒙疆新報』を発行していた。

　1930年代における蒙疆の教育は初等教育・中等教育に分類される。いずれも従来は国民党政権時代の機関を傀儡政権成立後に引き継いだものであるが、初等教育機関は日中戦争勃発後、社会の混乱の中で一時的に全て閉鎖された。徐々に復校し、1941年段階で校数は7,316校に及び生徒数は78,180名であった。中等教育機関については、1940年5月に官制が公布され師範学校、中学校、女子中学校、実業学校、実務学校の5種類が設置さ

2　祁建民「蒙疆政権の教育政策について」（王智新『日本の植民地教育・中国からの視点』社会評論社、2000年）。

れた[3]。1940年代から日系教員の増加が目指され、「防共思想の徹底」が重要視された。1941年時点での校数は12校、生徒数は1,310名とされている[4]。

　一方、高等教育機関についてはまだ整備されておらず、「将来文化の向上と人的資源の要求に応じ」て設立する計画であった[5]。ただし、結局日本の敗戦に伴う蒙疆政権の崩壊まで高等教育の整備はなされなかった。高等教育の代替を担ったのが専門技術を専修するための技能教育機関、女子教育機関また宗教団体等によって設置された教育機関であった[6]。その他、日本陸軍によって蒙古軍幼年学校が創設された[7]。

　また、これらの機関以外にも官吏や公吏の養成を行う機関として晋北学院・察南学院・蒙古学院があったが、1939年6月にこれらの学院を統合した最高学府として蒙疆学院が開設された[8]。同学院については、何広海が「蒙疆学院の研究」（『人間発達研究』33号、2019）において日本人学生の教育実態や卒業生たちの活動を概観し、植民地指導者の養成機関として機能していたことを明らかにしている。

　同学院は第一部と第二部に分かれ、第一部は日・蒙・漢・回の各民族から専門学校卒業程度の学力を有する者が選抜された。一年間の修行期間中に「興亜精神論」や日本語、蒙古語、漢語（中国語）、ロシア語、チベット語、アラビア語、トルコ語などアジアの諸語が教授されたほか、財政や政治、行政、経済、教育、地理などの諸学問を身につけるためのカリキュラムが組まれていた。第二部は同じく各民族から中等学校卒業程度の者が選抜され日・蒙・漢の諸語及び財政、経済、教育などを学んだ。ただし、1941年の段階では現職官吏と教員に対する再訓練機関としての側面が強かったようである[9]。

3　『蒙疆年鑑』（蒙疆新聞社、1941年）235頁。

4　同『蒙疆年鑑』233頁。

5　同『蒙疆年鑑』233頁。

6　前掲「蒙疆政権の教育政策について」104-105頁。高等教育機関の代替として警察学校、医学院、農事指導員養成所、鉄路学院などの他、女性のイスラーム教徒を対象とした大同清真女塾や天主教修道院などが存在した。

7　「蒙古軍幼年学校　創開計画私案」（1939年）JACAR Ref. C13021532900。

8　「蒙疆学院六月開設」（『読売新聞』1939年4月11日　朝刊）。

9　前掲『蒙疆年鑑』234頁。

さらに社会教育を実施するため蒙疆各地域の県・旗単位に「滅共青年団」[10]が組織されていたほか（後述）、現地の青年を「東亜の盟主日本に留学させ先進文明を吸収」させることを目的とした財団法人蒙古留学生後援会が1940年11月に発足している。これは日本政府と興亜院によって推し進められたもので、1年あたり100名を日本へ送り、教育学（教員養成のため）、農学、医学、経済学、林業・土木・建築学などを身に付けさせる計画であった。留学生には女子も含まれ、家政を中心として育児衛生について学ぶことになっていた。留学生たちは「帰つたら必ず奥地へ帰つて祖国復興のために働く」ことを誓約させられると共に、多数の留学生を通じた「日蒙親善」の実現が目指された[11]。

　蒙疆と比較して先進地域であった日本から多くの知識を持ち帰ることで新政権の発展に資する人材の育成が目指され、さらに帰国後に知日ないし親日派となった人材が各地へ散ることで政権内の親日化が期待されたのである。

2　大旅行による蒙疆の教育状況調査

　本節では同文書院生による現地調査の内容から当時の教育の実態に迫っていきたい。第36期学生の房野博による「蒙古聯盟自治政府管内ノ教育状況」(1939年)は約2か月間にわたる調査の報告書である。ただし調査中、現地では「二十数年振リノ豪雨」に見舞われたようで、その影響で所期の調査を十分に果たせなかったという。さらに房野は現地で激しい下痢に見舞われるなど、慣れない土地での長期の調査には大きな苦労が伴ったようである[12]。この調査は、3つの政府が聯合自治政府に統一される直前の時期にあたっており、新政府への過渡期の状況を知る上で重要である。また、第38期生の尾藤昇の調査は、政権統一後のものであるが、政府の領域内を網羅的に扱ったものではなく、対象は察南・晋北・巴彦塔拉盟に限定さ

10　滅共青年団は、後段で述べる「滅共青年隊」を指すと思われるが、ここでは『蒙疆年鑑』の表記のままとした。

11　前掲『蒙疆年鑑』236–237頁。

12　房野博「旅行日誌」(1939年) 7頁。

れている。

　しかしながら、彼らの報告書には現地で入手した教育関連のパンフレットの内容が転載されたり、現地をフィールドワークすることで得た詳細なデータが提示されたりしており、調査地域が限られていることを差し引いても 1930 年代後半～40 年代前半の該当地域の教育状況を分析するために有効な資料であると判断できる。

〔調査地の概況〕

　1939 年段階ではまだ 3 つの政権が分立しており、房野の調査は蒙古聯盟自治政府で実施された。同政府は巴彦塔拉盟、察哈爾盟、錫林果勒盟、烏蘭察布盟に分かれており、重点的な調査地となった巴彦塔拉盟について房野は「最モ民度高キ」[13]地域であると評価した。房野は政府の庁舎や蒙古青年学校、小学校などを現地で勤務する先輩の案内で訪問した[14]。

　尾藤も 1941 年の調査で巴彦塔拉盟に足を踏み入れているが、「鉄道線路の地帯を除く陰山々脈以北の地は今だに原始的遊牧生活…何等教育に就いて取り上げる程のものもなく…」と報告書で述べている[15]。そのため、尾藤は漢民族の農耕地域を中心に調査したといい、その点で報告内容はやや限定的である。

　まず、両名がともに調査した巴彦塔拉盟について簡単に確認しておきたい。巴彦塔拉盟は現在の包頭市～呼和浩特市～烏蘭察布市の南部にあたる地域で、土地は肥沃かつ物産豊富な土地であった。他地域と比較すると人口は多く 1939 年段階で 123 万 6,324 人であった[16]。ただし、巴彦塔拉盟公署がまとめた概況によると 1938 年 4 月に馬占山や溥作義らの「合流匪」約 40,000 人が巴彦塔拉盟の管内に侵入したため、約 1 か月かけて日本軍が黄河以南・包頭以西への掃蕩作戦を展開した[17]。大旅行の調査が行われたのはそれから約 1 年後であるが、前年の大規模戦闘の後も散発的に「匪賊跳

13　房野博「蒙古聯盟自治政府管内ノ教育状況」（1939 年）序。

14　前掲「旅行日誌」10–11 頁。

15　尾藤昇「蒙疆に於ける学校教育の現状に就いて」（1941 年）1 頁。

16　「巴彦塔拉盟概況　成紀七三三年十一月」（巴彦塔拉盟公署、1938 年）JACAR Ref. C13021591600。

17　同「巴彦塔拉盟概況」。

梁」があり[18]、決して地域一帯が安全であったわけではなかったことが分かる。

　報告書では文化水準が高いとされている根拠として、京綏線（現在の京包線）によって華北と直結しており、「直接ニ文化ガ入」る点を挙げている。居住する多くが漢民族であり、少数の蒙古族と回教徒が雑居していた。肥沃な土地に恵まれて農業生産が盛んで、「政治的経済的見地ヨリシテ巴盟ハ蒙古聯合自治政府ノ中心地区」と見なしているのである[19]。

　一方で錫林果勒盟については「従来ノ王公制度ヲ踏襲シ遊牧的封建社会ヲ形成シテキル」がゆえに「最モ遅レタ地域」であるという評価をしている。

〔教育行政組織の概要〕
　蒙古聯盟自治政府の教育組織は、中央政府においては民政部が最高機関であり、その下に教育処が配置されている。その下には教育科と図書科が並置する。盟公署では民政庁の下に教育科があり更に学務股・礼教股が配置されていた。県公署では行政科の下に教育股が置かれる。房野はこうした教育機関の在り方について「枢要ナル機関タルノ位地ヲ占メズ常ニ民政ノ従属的機関トシテ存在スルモノ」と厳しい評価を下している。教育を専門とする機関が独立していないことに加え、中央政府の教育処には十数名の職員しか配置されておらず、地方の県公署に至っては数名に過ぎなかった。

　当時、政府内部では教育の拡充は必要課題として認識されていたものの、「先ヅ第一ニ治安ヲ確立シ、第二ニ民ニ食ヲ与ヘ、然ル後、第三トシテ教育ノ完備ヲ期ス」というのが現状であった[20]。すでに見た「巴彦塔拉盟概況」に示されたようにこの時期は未だ治安に不安を抱えており、文教政策に割く余力がなかったことが窺われる。

18　同「巴彦塔拉盟概況」。
19　前掲「蒙古聯盟自治政府管内ノ教育状況」1頁。
20　前掲「蒙古聯盟自治政府管内ノ教育状況」4頁。

〔教育方針と実際の教育内容〕

　本来の教育方針と教育行政の実施状況には乖離があったといえるが、この地域ではいかなる教育が目指されていたのであろうか。まず最も重要な目的は「親日、滅共、民族協和ノ精神ヲ体認セシメ東亜道義ノ精華ヲ発揚シテ徳性ヲ陶冶シ実際的知識、技能ヲ授ケ、以テ堅実ナル人物ヲ養成」することであった[21]。

　実際の教育内容としては、実業と実務教育に加え、「日本文化ノ普及」と「衛生」、「体育ノ向上」が重要視された[22]。基礎的な教養を多くの国民に身につけさせた上で社会進出させようとする意図が見て取れる。

　また教育機関の拡充だけでなく、教育者の養成は緊急の課題であった[23]。教員や官吏の養成機関として蒙疆学院が設置されたことや留学生に対する教育方針についてはすでに述べたが、1939年3月には漢民族と蒙古民族の教員を対象とした訪日団が結成され、20名が約1か月にわたって日本を視察した[24]。日本への理解を深めさせることを目的としたものといってよいであろう。

　理念は明確化されたが、実際の教育実践には乗り越えるべき大きな問題があった。それは民族問題である。蒙疆学院が設置された際に「在来植ゑつけられたる民族的偏見を清算」[25]することこそ蒙疆の指導者に求められる精神であると述べられたことからも分かるように、この地域における漢民族と蒙古民族の対立は深刻だった。房野は両民族の関係を「犬猿ノ仲」と表現し、蒙古民族は漢民族を嫌悪し、漢民族は蒙古民族を侮蔑していたという。尾藤の報告書ではこの点についてやや詳しく説明しており、漢民族が清朝末期以来、内蒙古に入植を続けた結果、蒙古民族を陰山山脈以北に追いやったことで内蒙古は「完全に漢民族の植民地」になったとし、両民族は融和せず「嫌忌と積憤の情を込めて相対峙」を続けてきたという[26]。

21　前掲「蒙古聯盟自治政府管内ノ教育状況」5頁。

22　前掲「蒙古聯盟自治政府管内ノ教育状況」6–7頁。

23　同上。

24　「蒙古から先生訪日団」(『読売新聞』1939年3月31日　朝刊)。

25　前掲『蒙疆年鑑』234頁。

26　前掲「蒙疆に於ける学校教育の現状に就いて」4頁。

こうした関係性は傀儡政府の成立後も解消せず、「今尚相互ニ反撥シ合フノ状態」であった。そのため、日本の影響下において親日教育を行うと共に「民族協和」が図られたのである[27]。小学校教育では蒙・漢の両民族を一緒に教育したが、中等学校では別々に教育する方針が執られていた[28]。それでは、民族ごとに教育方針にいかなる違いがあったのかを確認していきたい。

〔蒙古聯盟自治政府期を中心とする蒙古民族に対する教育内容〕
　房野は蒙古民族について「従来未ダ未発達…智識程度も東蒙ニ比シテ甚シキ差異アリ」と述べる。内蒙古の中では地域による教育程度の差が大きく、小学校すらほとんど存在しない地域（烏蘭察布盟など）もあった[29]。聯盟自治政府が成立してから蒙古人教育の拡充が飛躍的に進んだという記述はややプロパガンダ的であるが、事実として教育機関の増加は特に初等機関に関しては顕著であった。教育機関の増設がなぜ短期間に実現できたのかといえば、学校を新たに建設したのではなく「包（バオ）」[30]を校舎や寄宿舎として活用したからであった。
　初等教育における授業は、基本的には全て漢文（中国語）でなされ、学科課程には蒙古語（字母と「聖諭広訓」[31]）の読み書きが加えられていた。修業年限は盟によって差があるが、初等教育は初級と高級に分かれており、２年から４年であった。中国で教科教育を受けた教員や公署の役人、北平の蒙蔵学院出身者などが教員に採用されて教育にあたった。
　また、各地に青年学校が開設され、様々な教育が行われた。張北と包頭の青年学校は日系教員がほとんどであったため日本語によって、修身・公民・日本語・蒙文・数学・実業・歴史・地理・理科・教練が教授された。包頭では剣道も科目として取り入れられていた。一方、錫盟や烏盟では蒙古人教員だけであった。

27　前掲「蒙疆に於ける学校教育の現状に就いて」4頁。
28　前掲「蒙古聯盟自治政府管内ノ教育状況」12頁。
29　前掲「蒙古聯盟自治政府管内ノ教育状況」13頁。
30　モンゴル地域で使用される移動式の住居。モンゴル語ではゲル。
31　雍正帝が民衆教化のために発した文書。

〔蒙古青年による教育観——「パンフレット」より〕

　房野は包頭青年学校を視察した際、パンフレット（ただし正式な書誌情報が報告書に示されておらず名称や発行者、出版年などは不明）をもらい受け、その中から専門学校や中学校を卒業した「智識階級ニ属スル蒙古青年」による教育座談会の内容を報告書に転記している。以下、その内容を紹介したい[32]。

　まず、学校教育全般については「三民主義ニ基ク漢民族中心ノ同化主義」と中国の欧化主義的教育が「蒙古ノ未発達社会」に「害悪」をもたらしたと述べられる。こうした状況は自治政府が建設された後は根本的に一掃されたという。

　当時、内蒙古には巴彦塔盟における察哈爾部などモンゴル語を解さない人々（漢民族など）の居住する地域があり、また遊牧が広く行われている地域では学校の開設が困難であることから「蒙古文字ヲ確実ニ保持」するためにモンゴル文字を用いた教科書の編纂が必要だと述べられた。なお、教科書については従来は満洲国で用いられているものを用いてきたが1939年から自治政府独自の新教科書に切り替わっていった[33]。

　また、教育拡充と修学人口拡大のため義務教育の実現を目指したいということも座談会の議論の俎上に挙がっている。教員養成についてはモンゴル語を解する者を集めて教育して小学教員とする他、日本に留学生を送り教育技術を学ばせるべきであると主張されている。

　さらに、人口密度の希薄な遊牧地方では巡回教育団を派遣することで民衆教育を実施することができる、という展望が述べられる。その方法は、映画を用いて「蒙古ノ復興並ニ政府ノ情況、日本ノ状況」を知らしめ、また蓄音機やラジオで名士の講演を聞かせるというもので、また巡回団の構成員には「官僚制態度ヲ廃スルコト」が求められた。農業を行う地域では初等教育のほか、一般民衆を対象とした図書館の建設も計画されていたことも分かる。

　その他、仏教僧（ラマ）に対する教育の必要性も唱えられていた。仏典やモンゴル文字をラマに教えると共に寺院の一部を学校に転用してラマを

32　前掲「蒙古聯盟自治政府管内ノ教育状況」17–23頁。
33　前掲「蒙古聯盟自治政府管内ノ教育状況」29頁。

教員とすることも目的であった。

　以上のように、座談会では児童・生徒や一般民衆、またラマに対する教育の充実が目指されていたことが述べられている。ただしいずれの場合にも、教育を通じて新たな政権＝傀儡政権の理念への理解や日本への親近感を持たせることが最終目的として設定されていたのである。

〔聯盟自治政府期を中心とする漢民族への教育〕
　次に、内蒙古に居住する漢民族に対する教育について見ていきたい。蒙古民族に対する教育とはいかなる相違があるのか。

　修業年限は初級4年、高級2年の計6年であり、科目は初級が漢文・算術・修身・手工・図画・唱歌・自然・日本語・体操・作文・習字で、高級が初級科目に加えて東亜史・地理・日本史・論語・考経が教授された。ただし、教科中の日本語については「実際ニハ教員ナキタメ教授セズ。中ニハ日本語ヲ解スル漢人教員ニヨリ不確実ナル日本語ヲ教授スルモノアリ」という状況であったという[34]。

　中等教育においては、新政権が成立するまで（民国時代）は多くの学校があったものの、1939年時点では2校が存在するのみであり、蒙古聯合自治政府期の1941年でも5校に過ぎなかった。報告書ではその理由が明確に述べられていないが、傀儡政権の成立に伴う混乱や人材の流出等で多くの学校が閉校となったのだと考えられる。

　蒙古民族に対する教育と比較すると、教科が充実している印象を受ける。また作文や習字などが教科に盛り込まれており、これは識字率の高さも影響していると考えられる。基本的に遊牧生活を送るため教育機会がより少なかった蒙古民族と、漢民族との文化的な差異が教育内容にもあらわれているといえよう。

34　前掲「蒙古聯盟自治政府管内ノ教育状況」25頁。

3　教科書改訂によって目指された成果
──親日化と「滅共」

　蒙疆地域における教育政策では、地域一帯への教育普及のため初等教育の拡充に力が入れられた。また、現場では識字率の向上や実業教育が重要視された。これは、新たに成立した傀儡政権を多方面で担う人材の育成を行うためである。そして、思想面では親日と反共という 2 つの要素が盛り込まれていた。

　3 つの政権が分立していた時代には、満洲国の教科書が用いられ、1939 年頃から独自の教科書編纂がなされるようになったことはすでに述べた（藤野は聯盟自治政府の事例を報告）。ただし、聯合自治政府成立後に調査を行った尾藤の報告書によれば、確かに政府が編纂・発行を行っているが内容は独自のものではなく満洲国の教科書を改訂しているに過ぎないという[35]。そのため、「抗日教材及共産教材の除去」を行うと共に、「国防主義の確立、共同防共の達成、新文化の建設」を教育できるよう1940年から 3 か年計画で初等教科書の独自発行が行われた。特に国語や修身の教科書には日本の「忠臣」や「義士」の物語が取り入れられた[36]。これらの教科書は、公立の初等教育機関だけでなく私立学校でも用いられた。

　「抗日教材」の排除は親日化の実を挙げるための措置である。教科書の改訂と並行して、日本語教育も現地の親日化と日本の影響力を強化することを目的として実施された。初等教育においては初級 1 年度から高級 2 年度に至るまで毎週 6 時間の日本語教育が行われていた。

　蒙疆における日本語教育の展開とその影響については、宝鉄梅が詳細に検討を行っている。宝は、蒙疆政権における日本語教育の展開に関して、日本の影響力を利用することで蒙疆の独立を目指した徳王の考えと、蒙疆での影響力増大により西北進出を現実化させたい日本の思惑が合致した結果、日本語教育が普及したと分析している。また、蒙疆地域における日本

35　満洲国の教科書については、竹中憲一編・解説『「満洲」植民地中国人用教科書集成』（緑蔭書房、2005 年）、竹中憲一編・解説『「満州」植民地日本語教科書集成』（緑蔭書房、2002 年）を参照。
36　前掲「蒙疆に於ける学校教育の現状に就いて」23 頁。

人人口の増大に伴い、会社や商店のほか、病院や学校などの社会インフラが日本式の制度の下に整備されていき、日本語の使用が生活のために必要になったことも指摘した[37]。

1941年段階で張家口日語教育研究会、晋北教育会日本語教育研究部があり、参考資料の収集から教材研究、研究発表、日本語講習会などが行われていた他、各管区には日本語教育を専門とする学校も開設されていた[38]。

それでは、もう一方の「共産教材」の除去を通じた反共思想の浸透についてはどのような動きがあったのであろうか。直接的に教育機関において実施された事例ではないものの、一般民衆、とりわけ若年層を「反共」化させるための取り組みが存在した。反共は新政府樹立の際に唱えられたスローガンにも明確に盛り込まれている。新政府の副主席に就任した徳王（ドムチョクドンロプ）は読売新聞のインタビューに対して、政府の目指す道について以下のように語っている（下線筆者）。

> 大日本帝国朝野の蒙古民族復興運動に寄せられた絶大なる御後援には、謝意を表すべく…<u>防共の第一線に在つて赤化勢力と闘争してこれを絶滅し</u>、もつて東亜永久の平和を図ることこそ我々に課せられたる天賦の使命…[39]

従来の研究では反共についての動きに関する検討がほとんど行われていないことから、本章ではその運動の始まりと展開、目指された成果について明らかにしたい。

これまで一般的な用語として「反共」を用いてきたが、以下に扱う蒙疆政権における運動では「滅共」という言葉が用いられている（同時代の日本でも「滅共」を冠した国民大会が開かれるなどしばしばこの言葉は用いられていた）。

---

37 宝鉄梅「蒙疆政権下の対モンゴル人日本語教育について」（『現代社会文化研究』31号、2004年）。

38 前掲「蒙疆に於ける学校教育の現状に就いて」41–48頁。

39 「最後の勝利を確信 蒙古聯盟自治政府副主席 徳王」（『読売新聞』1938年1月6日 朝刊）。

　蒙古聯合自治政府成立後の1939年秋、晋北政庁と巴彦塔拉盟で「滅共
青年隊」が結成され「滅共親日思想ヲ涵養シテ鞏固ナル思想団体ヲ結成シ、
以テ国家思想ノ中核ヲ形成セシムルト共ニ防衛ニ必要ナル資質ヲ具備セシ
ムル」[40]という方針が出された。

　青年隊には管下在住の日本人を除く諸民族のうち16歳から25歳の「優
秀ナル男子」が選抜された。創設時の方針で示された「国家思想ノ中核ヲ
形成」について、隊則では「全住民ノ中堅トナリ、災害並一朝有事ノ際、
重要軍事施設並ニ資源ノ防護及住民ノ生命、財産ノ保護ヲナス」ことと定
めている[41]。隊員には思想教育が施され、また兵器の使用法や戦闘方法の
学習を目的とした軍事訓練、地域における勤労奉仕が主要な活動として実
施されたのである。具体的な思想教育の内容については隊則等に記述がな
く不明であるが、国民党政権時代の三民主義や容共を排除し、親日化を進
めるための教育であったことが諸記述から分かる。

　青年隊の名称に冠される「滅共」は防共よりも過激な表現であるが、そ
れはコミンテルンの全面的壊滅を目標の1つに掲げた興亜協進会の下部組
織にこの青年隊が位置することによる（青年隊の総隊長は興亜協進会の本
部長が兼任）。それでは、興亜協進会とはいかなる組織であろうか。

　蒙疆では、晋北政庁と巴彦塔拉盟においてそれぞれ興亜協進会が設立さ
れていた。まず晋北の大同で設立された後、巴彦塔拉盟に位置する厚和（呼
和浩特）にも設けられたのである。満洲国成立後、大同の現地有力者が満
洲見学を行い「僅々数年の間に偉大な発達を遂げた満洲国の現状」に感銘
を受け、「日本の偉大なる建設力」を実感すると共に満洲国に組織されて
いる協和会の存在の重要性を認識したという。そして、大同で組織された
のが「感日協進会」であった。名称は日本への「感謝」の意味であり、各
民族の団結と官民一体となった新秩序建設への参加が組織の目標であっ
た。中心となった有力者たちは5万円の寄付金を集め、4万円を会の経費
とし、1万円を国防献金として日本軍に献納したという[42]。

40　「第一方針」（「晋北　巴盟　滅共青年隊ノ訓練大綱案」黒田部隊本部、1939年9月）JACAR
　　Ref. C13021518600
41　「滅共青年隊則（附趣意書並綱領）案」（1939年）JACAR Ref. C13021518800
42　巴盟興亜協進会本部一職員「興亜協進会に関する説明並び意見書」（1941年）JACAR Ref.
　　C13021514900

蒙疆では従来、協和会や新民会に類した組織は結成されていなかった。民衆独自の動きとして「感日協進会」が生まれたことを知った「黒田部隊」[43]と行政官庁は、同地域において確固たる民衆組織を結成する必要性を感じた。1939年9月に準備委員会が開かれ、12月に興亜協進会が正式発足したのである。発足宣言には「興亜聖業」に向けた一般的民衆の熱狂を呼び起こすこと、「大日本精神ヲ核心」とした各民族ノ一致団結、といった言葉が並び、蒙疆地域における民衆の思想の糾合を目指すプロパガンダ組織であったことが分かる[44]。

また、1939年4月には厚和（フフホト）で各県旗市民、各種団体による「滅共大会」が開かれ、各地の商会や農会、回教団体、日本人居留民などの代表が演説した。これも日本側の指導によるものと考えられるが、地域の住民に対する様々な宣伝が展開されていたことを示している[45]。

協進会の構成員は「全民包含主義」に基づき管内の全住民とされ、民族や性別、身分を問わず、国民全員が指導訓練を受けて会の目的を達成していくことが目指された[46]。発足後の協進会は積極的な活動を展開した。特に日用品配給の斡旋や貧民救済などの福祉・厚生工作が重要視されていた。民衆の生活と密着した活動を行うことで運動の浸透が図れるからである。

民衆へのプロパガンダ（思想工作）としては、蒙疆新聞社の協力のもとに日刊新聞『蒙古民声報』を発行し、また月刊雑誌『大亜細亜』を刊行した。さらには「理論的滅共図書」として『興亜読本』、『撲滅共党』、『蒙疆自治親仁善隣』などを出版したほか、民衆宣伝・教化用の紙芝居なども製作した。また、毎月1回の定例会を開催して地域の有力者を招いて会の活動への参加を呼び掛けた。さらに、協進会の職員は盟内の学校教員の講習会に講師を派遣することによって教育現場における思想教育の一翼を担ったのである[47]。児童向けのプロパガンダ活動としては協進少年団が結成さ

43　「黒田部隊」とは、大同の警備を目的に設置されていた第26師団（駐蒙軍隷下。師団長は黒田重徳）のことであろう。
44　前掲「興亜協進会に関する説明並び意見書」。
45　「厚和の滅共大会」（『東京朝日新聞』1939年4月27日 朝刊）。
46　「巴彦塔拉盟興亜協進会設置ニ関スル件」（前掲「興亜協進会に関する説明並び意見書」所収）。
47　前掲「興亜協進会に関する説明並び意見書」。

れていた。団員には制服が支給され、構成員に「優越感」を抱かせると共に、団員児童から家庭の父母に協進会の活動を伝えさせることで賛同者を増やすという方法が模索されていた。

　ただし、上述の通り地方行政機関と駐蒙軍（黒田部隊）の肝入りで設立されたものであり、自治政府は同会の運営には直接関与しない方針を取った。そのため、運営経費の捻出が問題となり、同会では猪毛の専売輸送権を得ることで収入源とした。一方で、滅共青年隊の訓練などは政府側が行うものとされ、第一線の活動を担う若手の活動は協進会本体からは切り離されることとなった。協進会は確かに政府の目指す理念を実現するための協力団体であったが、政府からの財政援助はなく、外郭団体としての位置づけは与えられていなかったようである。

　同会本部に勤務する匿名の一職員（日本人）によって執筆された「興亜協進会に関する説明並び意見書」には、組織の今後についての提言と共に政府への要望なども示されている。この意見書には現政権の運営に対する批判的な言説も含まれており、蒙疆政権の「軍官は八路軍より非道い」という巷間の風評を紹介し、「滅共第一段階は官吏の自粛自戒」であると警鐘を鳴らしている。思想運動を展開するためには民心を掴む必要があるが、官の側が強制力によってのみ工作を進めようとする現況を憂える内容であり、協進会の活動が充分に実を結んでいないと主張する。政府は協進会に思想工作全般を委任しているため、工作を担う職員の育成にも政府の主導が必要であると述べられている。組織と政府とのやや微妙な関係性をうかがうことができよう。蒙疆政府内における同会の役割などに関する分析は今後の課題としたい。

おわりに

　本章では、東亜同文書院生による 2 本の報告書を基礎として、蒙疆地域における教育制度の概要をまとめると共に、教育内容の特徴や目指された成果を明らかにしてきた。蒙疆では、3 つの政権が分立していた時代から日本の影響力の下に教育機関の急速な整備が行われていた。初等教育の拡充は民衆の基礎教養を高め、地域の運営を担う人材を育成することが目的

であった。分立時代の教育政策は、蒙古聯合自治政府に引き継がれて発展した。従来は満洲国の教科書を用いていたが、新政権下では改訂が計画され独自教育の実施が模索された。そして、それと軌を一にして日本語教育を通じた地域の親日化、そして反共主義の徹底が目指された。前者については、先行研究が指摘するように生活の利便性のために必要とされたという事情もあり、また政権管内に居住する各民族の共通語として日本語を位置づけて民族協和を実現するという目的もあったといえるだろう。

後者については、もちろん教育現場でも反共主義に関する思想教育が展開されたと考えられるが、興亜協進会とその下部組織である滅共青年隊の活動がこの地域における反共思想の浸透に果たしたこと、一方で協進会と政府の間には方向性や活動展開のための民心掌握の方法において意見の対立が胚胎していたことを指摘した。

蒙疆地域では1930年代以降、教育を通じて傀儡政権の理念に対する好意的な世論を形成すること、また地域一帯の親日化実現が模索されていた。教育政策は文化工作の一環であり、地域住民に対するプロパガンダとして重要視されていたことが分かるだろう。

書院生の報告書を手掛かりにしつつ、上記の諸点に関して検討を行ったが、教科書や副読本など当時の教材の内容を対象とした教育実態の分析や、各地域（政権内の各盟）における教育状況の差異、教育政策の展開などには分析が及んでいない。書院生の報告書には今回取り上げたもの以外にも教育に関する調査も存在するため、より広範に報告書や旅行記録の再読を行い、蒙疆における教育政策研究の発展につなげていきたい。

東亜同文書院生が見た山西省新民会

——大旅行調査の教育的意義

広中一成

はじめに

日中戦争で、日本軍は中国大陸で手に入れた広大な占領地を支配するため、日本と親しい中国人政治家や軍人、地元有力者を懐柔して現地に政権を作らせた。この政権は日本の戦争に協力したことから対日協力政権、あるいは日本側の意のままに操られたという意味で、傀儡政権と称される[1]。

これら政権は、日本軍の中国侵略の過程でできあがったのであり、統治組織としての正当性はなかった。よって、彼らは政権を翼賛する政治団体を結成して、政権を支持するよう現地住民に働きかけ、その存在を形の上で正当化させようとした。例えば、五族協和と王道楽土という満洲国の建国精神を根づかせるために発足した満洲国協和会、協和会の流れを汲み、中華民国臨時政府（1940年3月、華北政務委員会に改組）と表裏一体の国民組織を標榜した中華民国新民会、戦時下の上海で親日民衆団体を集めて成立した中華民国維新政府の翼賛団体、大民会などがそれにあたる。このうち、本稿は新民会に着目する。

新民会[2]は、北支那方面軍特務部の成田貢少佐が、元協和会幹部の小澤開作や元満洲国外交部大臣の張燕卿らの協力を得て、中華民国臨時政府成立から10日後の1937年12月24日に北京で結成した。発足と同時に発表さ

---

1 満洲事変以降に日本軍が中国大陸に建てた傀儡政権の概要については、広中一成『20世紀中国政権総覧 Vol.1　ニセチャイナ——満洲・蒙疆・冀東・臨時・維新・南京』、社会評論社、2013年を参照。

2 以下、新民会の概要については、同書271〜278頁を参照。

れた「新民会綱領」によると、新民会は、新政権の護持と民意の暢達、産業の開発と民生の安定、東方文化と道徳の発揚、反共路線の参加、日本との提携実現と人類平和の貢献を基本方針とした。

新民会は北京に組織を統括する中央指導部、地方の省から県までの各行政区分に指導部が置かれ、中央指導部の指示のもと、各指導部が管轄する地域の民衆工作にあたった。

新民会の名にある新民とは、同会設立者のひとりである繆斌が、朱子学を独自に解釈して編み出した思想で、中国古来の王道主義による統治の実現を目標とした。

新民会は発足当初、会の理想を前面に出して、組織の確立と会員の獲得を図った。その結果、組織は急拡大し、会の職員数が発足直後の数人から1939年度末までに2338人へと増え、地方の分会の会員数も1939年末に67万4000人に達した。

1940年3月、新民会は北支那方面軍によって軍宣撫班と統合され、小澤開作など新民会で中心的役割を果たした幹部が去ると、以後は軍主導で運営された。

新民会は、日本軍や傀儡政権が占領地の民衆をどのように掌握しようとしたのか明らかにするうえで検討に値する一例であり、これまでいくつかの研究成果がみられた。例えば、堀井弘一郎は、新民会の成立から敗戦により消滅するまでの経緯をたどりながら、同会の組織構成や、宣撫班との合併により組織の性格がどのように変容したのか明らかにした。菊地俊介は、新民会にあった各種青年組織に着目し、彼らがどのように動員され、占領統治に寄与したか、逆に彼らは生き残るためどのように日本側に協力したかなど、日本軍占領下の民衆の複雑な実情について論じた。

中国では、二〇〇〇年代より郭貴儒、劉敬忠、張同楽らが、華北傀儡政権に関する体系的な研究のなかで、新民会について論じている。特に郭貴儒は、河北省の新民会に焦点を当て、各行政組織にどれくらい新民会が介在し、親日教育や反共宣伝、経済統制を行ったのか分析している。

このように、近年の新民会研究は、組織の全体像の把握から、各種運動、行政組織との関わりなど、より個別具体的なものになってきた。今後、より新民会の実像を明らかにするためにも、新たな角度からの分析が必要と

なろう。

　以上のような問題意識から、本稿ではアジア太平洋戦争期、東亜同文書院生が大旅行と称する現地調査に着目する。

　東亜同文書院は、1901年、日中両国に有用な人材を育てることを目的に上海に設立された日本の専門学校である[3]。同校を設立した東亜同文会は、支那保全論に基づくアジア主義的思想を持った団体であった[4]。

　大旅行とは、最終学年の書院生数人で班を組んで、設定したテーマに基づいて、2、3ヶ月かけて中国各地を調査に回る恒例行事である。これら調査の結果は卒業論文の代わりとなり、後に単行本として刊行された[5]。今日彼らの遺した記録は、戦前中国の事情を知る貴重な手がかりとなっている。

　この大旅行では、いくつか新民会に焦点を当てた調査報告がある。そのうち、本稿では、第39期生の大旅行第七班（福田經・徳永速美・立見章三・田沼菊彌・齊藤〔齋藤〕忠夫・松城弘）による「昭和十七年度　大旅行調査報告書　華北に於ける政治建設状況―新民会工作を中心として―」[6]を取り上げる。その理由は、ひとつに、本報告書が新民会を調査したほかのそれよりも、比較的内容がまとまっていること。もうひとつは、山西省の新民会という、地方のより前線に近い地域の場合を例にしていることで、これまで充分に検討されていない、新民会の末端部分の実像がかいまみえることによる。

　彼らは調査の過程で、日々の行動やそれに対する感想や意見をひとりひとりが日誌にまとめている[7]。本稿はこれら資料を駆使し、まず彼らが報告

3　藤田佳久『日中に懸ける　東亜同文書院の群像』、中日新聞社、2012年、97-98頁。

4　同上、48頁。

5　同上、130-131頁。

6　第七班福田經・徳永速美・立見章三・田沼菊彌・齊藤忠夫・松城弘「昭和十七年度　大旅行調査報告書　華北に於ける政治建設状況―新民会工作を中心として―」、国家図書館編『東亜同文書院中国調査手稿叢刊』第188冊、国家図書館出版社、2016年、407-469頁。

7　第七班員の日誌は、国家図書館編『東亜同文書院中国調査手稿叢刊』第69冊、2016年、129-349頁に収められている。これらを本稿で用いる場合、タイトルに班員の名字を示して誰が書いたものかわかるように表記する。すなわち、松城弘は「松城日誌」（同書、129-139頁）、田沼菊彌は「田沼日誌」（同書、143-174頁）、立見章三は「立見日誌」（同書、175-222頁）、徳永速美は「徳永日誌」（同書、223-242頁）、齋藤忠夫は「齋藤日誌」（同書、243-289頁）、福田經は「福田日誌」（同書、291-349頁）である。

書作成までにどこに行き、誰と会い、どのような調査をしたのかたどる。そのうえで、彼らがどのような報告書を作成したか見ていく。これら検討をとおして、彼らが山西省の新民会をどのように分析したのか探るとともに、調査を通じた大旅行の教育上の意義についても迫りたい。

1 調査報告書執筆のための調査

1-1 清水董三からのアドバイス

「華北に於ける政治建設状況—新民会工作を中心として—」は、いかなる調査に基づいて作成されたのか。第七班の6人がそれぞれ旅行中に書き記した「日誌」をもとにたどっていく。

1942年6月6日午前7時頃、彼らはほかの班とともに、東亜同文書院大学の教職員と在校生の盛大な見送りを受けて大旅行に出発した。午前8時半、6人は上海駅で華中鉄道の特別急行列車「天馬」号に乗車し、最初の目的地である南京に向かった。

午後2時過ぎ、彼らは南京に到着すると、大学の紹介状を持参して、市内にある支那派遣軍総司令部と南京防衛司令部を訪問した。戦時下での彼らの旅行は、現地日本軍の理解と協力なしには実現できなかったためである。しかし、このときどちらの司令部にも誰ひとりおらず、軍幹部にあいさつができないまま終わった[8]。

7日午前10時頃、彼らはほかの班とともに南京日本大使館を訪れ、書記官で東亜同文書院の大先輩である清水董三が催した歓迎会に参加した。第12期生の清水は、書院卒業後、兵役をへて、同校で中国語教師として教壇に立った。その後、堪能な中国語が認められ、1929年、外務省翻訳官に転進した。さらに、1934年からは外交官として中国主要都市の日本大使館に勤務し、中国側との重要な交渉や、戦時下の日中和平工作にも携わった[9]。

清水は、このとき彼らに何を語ったのか。齋藤によると、清水は彼らを

8　前掲「田沼日誌」、『東亜同文書院中国調査手稿叢刊』第69冊、145頁。
9　大学史編纂委員会編『東亜同文書院大学史—創立八十周年記念誌』、滬友会、1982年、382–383頁。

前に大旅行の注意として、「支那事情を本質的に把握する事」、「現在の支那の情勢は過渡的として変則的一時的なるが故に、之を以て直に支那の本質と見誤らざる事」、「現在発行されてゐる凡ての論文、文章、記事、ニュース等は真実を蔽ってゐる。故に我々は之等にまどはされる事なく事実を視察し、真実を掴む事」[10]の３点を伝えた。清水は長年の中国での経験から、彼らに目の前で変化する事象や、真実を隠したことばに惑わされることなく、中国の本質を捉えるようアドバイスをしたのである。

　さらに、清水は中国政治の現状について、「蔣（蔣介石―引用者注）は国民のロボット化しつつあり、一方において支那国民全体の民族意識（主としてインテリ層を中心としてゐる）が支那の抗戦力の本質をなしつつある」[11]と述べ、日中戦争が長期化した背景に、中国国民の民族意識の高まりがあることを話した。これから中国の現地に入って調査に臨む彼らにとって、清水の話はとても参考になったであろう。立見は清水の話を聞き、「熱あり、意気あり、本当に後輩思いの先輩である。書院にせめてあれだけ学生思いの先輩が居ればと思ふ」[12]と、感激した思いを日誌に綴った。

　その後、彼らは南京の満鉄調査課や南京特務機関にもあいさつに回り、９日、南京を離れ、津浦線に乗り北京へと向かった[13]。

　その途上、福田は列車内に貼ってあった日本軍の伝単に目を遣った[14]。そこには「節省物資消費努力生産増加収回廃品開発資源完成自給自足以完成華北兵站基地的使命（河南省公署）」（物資の消費を抑え、増産に努める。廃品を回収して資源開発をし、自給自足を成すことで華北の兵站基地としての使命を達成する―引用者訳）と記されていた。これを見た福田は、「思はずハットした。河南省公署には目の開いた人間がゐないと見える。勿論華北には伝単に説かれてゐる通り兵站基地としての使命はあらうが、夫丈ではあるまい。もっと何とか書き様がありさうなものである」と、批判した。早くも福田は、事実を覆い隠す文章にまどわされず、真実を捉えなけ

10　前掲「齋藤日誌」、『東亜同文書院中国調査手稿叢刊』第69冊、246–247頁。

11　同上、248頁。

12　前掲「立見日誌」、『東亜同文書院中国調査手稿叢刊』第69冊、179頁。

13　津浦線は、南京から長江を渡って対岸にあった浦口から天津までを結ぶ鉄道路線である。天津から北京に向かうには京奉線（北京―奉天〔現瀋陽〕）に乗り換える必要があった。

14　前掲「福田日誌」、『東亜同文書院中国調査手稿叢刊』第69冊、300頁。

ればならないという清水のアドバイスを実践に移していた。

1-2　中国共産党に関心を向ける

　12日[15]、彼らは北京に到着すると、新民会中央総会（1940年3月、中央指導部から改称）を訪問し、同会に勤務していた同文書院出身[16]の大石義夫[17]・味沢公勝・今村鎮雄の計らいで、新民会の道場に寝泊まりすることを許された[18]。さらに、彼らは翌日から新民会調査室で報告書作成に必要な資料の書き写しも認められた。

　このほか、彼らは北京在住の日本人識者を訪ね歩き、中国社会の現状について質問に回った。このとき、彼らに特に強い印象を与えたのが、新民学院の平等文成であった。平等は東京帝大卒業後、社会運動に身を投じたが、日中戦争勃発後、興亜院華北連絡部をへて、新民学院や北京大学で教鞭をとった。新民学院とは、新民主義に基づいた官吏を養成する教育機関

15　徳永と立見は、北京に向かう途中で立ち寄った山東省済南で、同地の新民会省総会に赴き、彼らの活動の様子を聞き取っている（前掲「立見日誌」、『東亜同文書院中国調査手稿叢刊』第69冊、182頁）。

16　新民会に所属していた同文書院出身者は次のとおり。河野繁（第19期）、波多江種一（第20期）、大石義夫（第25期）、中下魁平・長友利雄・土田増夫（第26期）、左近充武夫（第27期）、田中辰一・大橋貞夫・宇野正四・土谷庄八郎（ともに第28期）、井ノ口易男・熊野茂次・角田正夫・高石茂利（ともに第30期）、篠倉良雄・鹿谷儀惣人（ともに第31期）、下雅夫（第32期）、山内実・植松義一（ともに第33期）、武富二郎・道下福四郎・味沢公勝・伊藤義三・今村鎮雄（ともに第34期）、横尾隆幸・小野荘太郎・妻木辰男・増崎依正・本土敏夫・古屋鉄衛・近光毅（ともに第35期）、松木鷲・鴨沢二郎（ともに第36期）、柏村久雄・百瀬竹男（ともに第37期）、阿部弘（第38期）など（前掲『東亜同文書院大学史』、352～353頁）。

17　大石は、1938年春に新民会職員となり、冀東道指導部の開設に携わる。その後、中央総会組織科副科長、中央総会幹事、冀東道首席参事、河北省総会参事、河北省合作社顧問などを歴任した。戦後は故郷の佐賀県三養基郡上峰村（現上峰町）で公選村長を一期務め、村長退任後は、三養基高校教諭に転じた（岡田春生編『新民会外史　黄土に挺身した人達の歴史　前編』、五稜出版社、1986年、102頁）。なお、大石は新民会に務める前、河北省通州（通県）に成立した傀儡政権、冀東防共自治政府の宝坻県政府顧問に任じられていたが、同政府に勤務した同文書院出身者には、このほかに三島恒彦（冀東銀行顧問、第18期）、斎藤正身（北戴河検査所顧問、第20期）、村主正一（遵化県政府顧問、第23期）、上西園操夫（保安第三総隊顧問、第25期）、長友利雄（通県政府顧問）、上田駿（楽亭県政府顧問、第26期）、中下魁平（薊県政府顧問）、田中辰一（遷安県政府顧問）、米倉俊太郎（順義県政府顧問、第29期）、奥田重信（冀東政府顧問、第31期）などがいる（前掲『東亜同文書院大学史』、352頁）。

18　齋藤によると、道場では連日連夜の猛暑と南京虫に襲われたため、同文書院の別の先輩を頼って、16日から市内の古川公司の宿舎に宿泊した（前掲「齋藤日誌」、『東亜同文書院中国調査手稿叢刊』第69冊、254頁）。

である。

　平等は、まもなく現地調査に入る彼らに対し、中国共産党の八路軍がい
かに優秀か示したうえで、「我々は共産軍と四年間、政治闘争をしたが、
結局大した成功を収め得なかった。如何なる点に欠点があるのか、よく調
べてくれ」[19]と、語った。平等ら新民会はどのような政治闘争をしていた
のか。

　前述のとおり、新民会は綱領に反共戦線への参加を方針のひとつに掲げ
ており、新民主義の普及を進めると同時に、共産主義を排除するための各
種活動を展開した。例えば、北京では、1938年6月に13日から一週間に
わたり、剿共滅党運動[20]が実施され、教育者や地方人士が市内の学校や団
体先を回って、防共に関する講演を行った。そして、「新民歌」や「新民
体操」を考案して、共産主義に取って代わる新民主義の普及に努めた。

　さらに、1940年3月8日から北京特別市滅共運動[21]が開始され、新民会
会員と中国人学生で組織された共産党撃滅隊が、5日間に亘って市内中心
部を回り、共産党に関する書籍を没収したり、共産主義を批判するビラの
配布や映画の上映などを行ったりした。これには、日本陸軍北京特務機関
や日本軍憲兵隊など、日本軍の協力を受けていた。

　しかし、これらを実施しても、共産思想を排除するまでには至らなかっ
た。新民会の対八路軍政策は、いったいどこに問題があるのか。平等はそ
の解決のヒントを同文書院生に求めたのである。

　このように問いかける平等を、彼らはどのように見たのか。福田は言う。
「共産党研究者と云ふのも世の中には多いが、殊に中共に対して多くの研
究者は、総て文献主義的共産党研究者であり、或は是を誇大視し、或は是
を侮り真の中共の実態を把握してゐる人は少い。実際の調査と云ふものは
直接敵地に入らねば決して出来るものではない。平等先生こそ実際の実学
者であると思ふ」[22]。

　中国の実態に真摯に向き合う平等の姿勢に、これから現地調査に赴く福

19　前掲「田沼日誌」、『東亜同文書院中国調査手稿叢刊』第69冊、152頁。
20　「市公署奉発中指部"剿共滅党実施大綱"及会旗説明」（1938年6月11日）、北京市檔案館編
　　『日偽北京新民会』、光明日報出版社、189–191頁。
21　「北京特別市滅共運動実施要領」（1940年3月）、同上、206–207頁。
22　前掲「福田日誌」、『東亜同文書院中国調査手稿叢刊』第69冊、306頁。

田は、大いに感銘を受けたのであった。

1-3 初めての現地調査

　6月21日、彼らは平等ら新民学院側の招きで、引率教員と同学院生11人とともに、北京近郊の河北省昌平県（現北京市昌平区）での農村生活実態調査に参加した。中国農村の現地調査は、彼らにとって初めての体験だった。

　田沼によると、調査は農村の生活のあらゆる面について記した調査表があり、これを持って農民に聞き取りをするという方法がとられた。しかし、実際に調査を始めてみると、「言葉がよくわからないので、新民学院の研究生に通訳してもらふ」と、中国語の問題で、作業が難航した。同文書院は中国語の授業が全学年毎週11時間あるという、徹底した中国語教育を施すことで知られていた[23]が、それだけ学んでも、彼らが不自由なく現地調査を行えるだけの語学能力を身につけることは難しかった。

　しかし、齋藤は、「本調査は政治的なものの調査ではなく、純粋に農民の生活状態の調査なのであり、我々のテーマー（ママ）とは一応関係がないが、然し農民の生活状態の知識は我々のテーマー（ママ）調査の基礎となるものであるから、こうした調査に参加するのも別に無意味な事ではないのである」[24]と、現地調査を経験したことに意義を見出した。また、福田は、「昨日雨が降ったので老百姓は忙しい。彼等の生活は苦しい。働けど働けど窮乏に陥って行く彼等の姿。その原因は奈辺にあるか？」[25]と、調査によって、農民の置かれている現状を目の当たりにし、その原因に思いを巡らすきっかけを得たのであった。

　彼らにとって、昌平県での体験は、このあと現地調査に入るうえで、非常に有意義なものとなった。

　6月25日、彼らは昌平県から北京に戻ったが、松城が調査中に病を患い、これ以上大旅行が続けられなくなったため、ひとり上海に帰った[26]。そし

23　前掲『日中に懸ける　東亜同文書院の群像』、100頁。
24　前掲「齋藤日誌」、『東亜同文書院中国調査手稿叢刊』第69冊、258–259頁。
25　前掲「福田日誌」、『東亜同文書院中国調査手稿叢刊』第69冊、312–313頁。
26　前掲「松城日誌」、『東亜同文書院中国調査手稿叢刊』第69冊、138–139頁。

て、田沼、立見、齋藤は、引き続き北京で調査を続けることになった。よって、山西省へは徳永と福田のふたりだけで向かうことになった。

1-4　山西省での現地調査

　ここからは、徳永と福田の動向に着目し、山西省での彼らの調査の様子についてたどる。7月1日（または2日）[27]、ふたりは鉄道に乗って、山西省東部の陽泉に到着した。そして、早速翌日から、北支那開発株式会社傘下の華北石炭販売股份有限公司[28]の計らいで、炭坑の現地調査に入った。

　石炭の採掘現場を見学した福田は、次のように述べて、非効率な採掘方法を批判した。「石炭の質は頗る優秀である。併し如何にせん夫の採掘法にせよ、運搬法にせよ、非常に原始的であって、茲に内地と同様の機械的設備を施したならば、現在の二倍も三倍も効果をあげうると思はれる」[29]。

　福田は、昌平県の調査のときでもそうであったように、直接見た中国社会の現状について、冷静で客観的な視点を崩さなかったところが評価できよう。

　炭坑の調査を終えたふたりは、次に臨汾に移動し、現地の新民会の協力のもと、合作社について調べ始めた。合作社とは、商品の生産から輸送、販売などを部門別に分けられた小規模な組織をいう。

　中国では1920年代より合作社運動が国民政府の国策のひとつとして推進された。合作社は、満洲事変以後、日本の中国侵略によって打撃を受ける。しかし、日中戦争勃発後、国民政府が日本の経済封鎖に対抗するため、

27　陽泉到着の日にちについて、「徳永日誌」（『東亜同文書院中国調査手稿叢刊』第69冊、230頁）、は7月1日、前掲「福田日誌」（同、317頁）は2日と、1日のずれがある。これについては、特に本章を検討するうえで重要ではなく、また日にちを確定できる術がないので、差し当たり、徳永の記述に従う。

28　北支那開発株式会社は、1938年11月、華北日本軍占領地の経済開発を目的に設立された（槐樹会刊行会編『北支那開発株式会社之回顧』、槐樹会刊行会、1981年、3頁）。資本金は3億5000万円で、その半額を民間が出資する半官半民の企業であった（同、9頁）。関連会社は五十数社に及んだ（同、2頁）が、そのうち、華北石炭販売股份有限公司は、1940年10月30日に資本金2000万円で設立された。同公司は、北支那開発株式会社成立以前に華北開発を行っていた興中公司の石炭販売事業を継承し、山東炭鉱と蒙疆鉱産取扱炭を除く、華北産炭の買い取り販売と輸移出などを行っていた（同、53頁）。福田は、北京滞在時に華北石炭本社に挨拶に訪れていた（「福田日誌」、『東亜同文書院中国調査手稿叢刊』第69冊、317頁）。

29　同上、319頁。

戦火を逃れてきた農民や都市労働者を合作社に入れ組織化した[30]。

　山西省の合作社は、日中戦争で日本軍が山西省に進攻すると、都市の商人が被害を受けるなど、いちじ活動の停滞を余儀なくされた。しかし、1941年春、山西省新民会が公益市場を改めて山西省合作社聯合会を組織し、合作社の立て直しを図った。同会は山西省の楡次、陽泉、崞県、汾陽、臨汾、運城、長治の7ヶ所に分所を置き、購買、販売、食料管理、金融、農業生産指導、検査、技術訓練の各分野に分かれて、住民の生活を支えるための業務を行っていた。

　合作社聯合会の初代理事長は山西省長の蘇体仁が就いたが、実権を握っていたのは、幹部を務めていた日本軍嘱託の身分を持つ新民会職員だった。また、同会が資金不足に陥ったときは、日系銀行から借款しており、財政面からも組織は実質的に操られていた[31]。

　福田は、合作社を調査の結果、現地の治安が悪いにも拘らず、彼らが相当な成績を収めていることを確認した[32]。しかし、合作社が日本の傀儡組織であるという実態までは、彼の目に届かなかったのである。

　福田は、山西省での調査はもとより、大旅行を始めてから見聞したことについて、毎日およそ原稿用紙1枚以上にまとめている。そこには、日々の行動の記録だけでなく、彼がその体験から分析した意見や批判などが細かく認められている。

　一方、福田と行動をともにしている徳永は、日々のできごとを毎日ほぼ2、3行端的に書くのみで、その日の感想や意見については、ほとんど記されていない。

　しかし、7月23日の沁県での徳永の日誌は、これまでの2倍余りの長さで記されていた。徳永は何に関心を持ったのか。その記述は次のとおりである。なお、福田も同じ先鋒隊に同行している。

　「七、二三。先鋒隊を連れて討伐に出発。出発頃から雨が降り出す。吾々は馬に乗り約三百名の堂々の陣をはって行く。（引用者略）午後二時頃やっ

30　吉沢南「総論」、野沢豊・田中正俊編『講座中国近現代史　第6巻』、東京大学出版会、1978年、6-8頁。

31　侯亮亭「偽山西省合作社聯合会前後」、山西省政協文史資料研究委員会編『山西文史資料　第12輯』、山西人民出版社、1982年、137-143頁。

32　前掲「福田日誌」、『東亜同文書院中国調査手稿叢刊』第69冊、326頁。

と最前線のトーチカにたどりつく。高粱ガラの上にアンペラを敷いて寝る。その夜は寒くがたがた震へ乍られる」[33]。

　先鋒隊（新民先鋒隊）[34]とは、新民会県総会次長の統率のもと、同会で選抜された優秀な中国人職員を隊長にして、特に治安の悪い地区に派遣された。そして、そこで治安の回復や新民主義の普及にあたった。山西省太原で先鋒隊の任務に携わった郡山襲夫によると、新民主義を広めるため、先鋒隊の機関紙として、中国語のタブロイド版一枚の週刊紙『先鋒』と、日本語の月刊冊子『新民戦士』を発行したという。

　先鋒隊は、新民工作先鋒隊と新民武装先鋒隊に分かれていたが、徳永らが同行したのは、その任務の内容から、おそらく後者であったと思われる。

　徳永らは、7月30日と31日と2日間にわたり、ふたたび先鋒隊と行動をともにし、彼らの動向について調査をしている。徳永は、「彼等の生活は規律正しく、工作には熱心である」、「実に彼らの工作には感心する」と、先鋒隊に好意的な評価をした[35]。

　これに対し、福田は、「先鋒隊宣撫の目的は、支那全体の新民色塗替へ、同時に先鋒隊員をして県警たらし去るにある。現在新民会は雑用多く、本来の工作をやる時間は少い。新民会は決して軍の○○機関ではない」[36]と、先鋒隊が事実上、県警備隊[37]の代わりとなっていることを批判した。

　8月7日、ふたりは山西省大同から列車に乗り、北京を経由し、11日上海に戻った。そして、2ヶ月近くの大旅行の成果を調査報告書にまとめた。そこには何が書かれていたのか。

33　前掲「徳永日誌」、『東亜同文書院中国調査手稿叢刊』第69冊、234-235頁。
34　郡山襲夫「山西省新民先鋒隊」、岡田春生編『新民会外史　黄土に挺身した人達の歴史　後編』、五稜出版社、1987年、174-176頁。
35　前掲「徳永日誌」、『東亜同文書院中国調査手稿叢刊』第69冊、237頁。
36　前掲「福田日誌」、『東亜同文書院中国調査手稿叢刊』第69冊、342頁。
37　この県警備隊は、日中戦争勃発後、日本軍占領下の山西省で組織された。1943年、同隊は改編され、5個中隊以下を警備大隊、2個中隊を警備団とした。さらにその後、警備大隊が保安大隊、警備団が保安聯隊に再改編された（達磨純「1945年的日偽保安聯防区」、山西省政協文史資料研究委員会編『山西文史資料　第56輯』、山西人民出版社、1988年、176頁）。

2 彼らは新民会をどう見たか

2-1 中国占領支配と新民会

　彼らは新民会の何に着目したのか。報告書冒頭の「序」[38](以下、括弧省略)
を要約しながら分析したい。

　序によると、日中戦争が長期持久戦に入るなか、日本軍が中国占領地域
を支配するには、治安の確保と「民生の配慮」という政治工作と、戦火で
破壊された生産機構と生産設備の復旧、および資源開発という経済工作が
必要である。

　このふたつのうち、日中戦争初期において重要視されたのが経済工作で
あった。しかし、政治的安定を抜きにして経済工作は成功しないうえ、政
治工作も戦争が長引くことで次の段階へと進んでいった。

　次の段階とは何か。それは、日本軍の山西省進攻で生まれた政治空白に
入り込んだ中国共産党との新たな対決であった。序ではこのように述べて
いる。

　「一方、陝西地区に蟠踞してゐた中国共産党は事変による北支よりの国
民党勢力の敗退と共に積極的に山西、河北、山東方面に向って進出を開始
した。そして、それは独自の工作により生産手段から投げ出された貧農、
農村プロレタリアを糾合して、尨大な農民軍を組織し、その勢力は雪だる
ま的に増大して行った。(中略) こゝに従来観念的なものに過ぎなかった
防共といふことは、現実的な問題にまで引下げられ、北支に於て新しき態
勢の確立と強力なる政治力の結集が緊急問題となった」。

　防共を実行するには、日本が山西省占領地の政治、経済、思想の各問題
に取り組み、都市から農村へと支配を強化しなければならない。しかし、
これにはある問題があった。すなわち、「而して先に中華民国臨時政府が
樹立されたが、それは単なる旧勢力の寄せ集めに過ぎず、その内容、顔ぶ
れから見ても、かゝる革新的任務を果すには余りに旧時代的なものであっ
た」。

38　前掲「昭和十七年度　大旅行調査報告書　華北に於ける政治建設状況―新民会工作を中心と
　　して―」、国家図書館編『東亜同文書院中国調査手稿叢刊』第188冊、国家図書館出版社、
　　2016年、411–419頁。

　日本軍が中華民国臨時政府を設立する際に挙げた政権参加者は、そのほとんどが国民政府に敗れた旧軍閥領袖やその関係者で、日本軍内からも、彼らの実力を疑問視する声があがった。しかし、日本軍が持つ人脈では、国民政府から実力のある要人を味方に引き入れることができなかった[39]。旧態依然の顔ぶれが並ぶ組織では、防共という新たな事態に対応できないおそれがあった。

　その状況にあって期待されたのが新民会であった。「勿論、新民会もその成立当初にあっては、かゝる明確な意識を欠ぎ、単なる宣撫班的性格、或は支那浪人的無政策なものを多分に持ってゐたとは云へ、それらのものは工作の進展と諸状勢の逼迫とにつれて次第に淘汰され行き、その性格も華北の客観的状勢の変化につれて明確化され方向づけられて来たのである」。

　以上を簡単にまとめると、報告書の主眼は、山西省における日本軍占領地の政治工作で、新しい問題として中国共産党の進出に対する防共を挙げている。これは、彼らが北京で平等のアドバイスをきっかけに中国共産党に関心を持ったことが反映されていたといえよう。また、臨時政府が旧態依然の態勢であったと見抜いた点も、現状分析として正しい。

　しかし、新民会については、同会が宣撫班と合併したことで、より日本軍主導となり、「宣撫班的性格」はかえって強化された。この新民会の実態にまで迫れなかったことに、この大旅行調査と彼らの分析の限界点があった。

2-2 体験を生かした先鋒隊工作の分析

　次に、新民会の具体的政策の分析を見ていく。報告書で「当面に於ける新民会工作任務」として挙げたのは次の3点である[40]。「一、治安確保の為の自衛団の組織、訓練」、「二、民衆の政治力結集の為の分会の組織と指導」、「三、農村経済確立の為の合作の組織と指導」。ここでは、ひとつ目の問題

39　前掲『ニセチャイナ』、263–266頁。
40　前掲「昭和十七年度　大旅行調査報告書　華北に於ける政治建設状況—新民会工作を中心として—」、国家図書館編『東亜同文書院中国調査手稿叢刊』第188冊、国家図書館出版社、2016年、420頁。

に着目したい。先鋒隊について次の問題点を指摘している。

「先鋒隊の任務は、郷村に於ける新民運動の展開と、一方、県内武装団体（県警察隊）の政治化とである。即ち従来の県警察隊は質的に甚だ劣悪で、何ら政治的、思想的な訓練を受けて居ず、彼等が郷村に出掛けるや所謂旧支那軍隊と同じく、諸々の悪事を行ひ百姓達は、蛇蝎の如く彼等を嫌ってゐた。之が弊を除き、彼等に政治性を附与する為に、先鋒隊員を之が幹部に送り込み、一方、県警の幹部を先鋒隊中に於て訓練するのである」[41]。

彼らがこのような指摘ができたのも、福田と徳永が山西省まで行って先鋒隊に同行したからである。座学や資料収集だけではわからない、現地調査の重要性がここに現れていよう。

福田と徳永にとって、山西省の先鋒隊調査がよほど印象に残ったのか、報告書では、その体験をもとに、先鋒隊に次のような期待を込めた一文を綴っている。

「彼らは、概ね中農層の子弟であり、一方に於て自己の郷土を愛すると共に、従来の封建社会に対する純粋なる反感と改革の熱意と若さとを持つ。彼らは知識と文化とを求めてゐる。彼等に対して具体的方策と力を与へさへすれば、新中国の建設も難事ではないであらう」[42]。

しかし、このような過度の期待は、大旅行中に清水がアドバイスした、中国事情を本質的に把握すること、事実を観察して真実を捉えることを難しくさせる。新民会や先鋒隊の活動も、あくまで日本軍占領下という特殊な状況下でのことであり、その点を考慮した分析でなければならない。また、彼らの述べる「新中国」と、新民会や先鋒隊に所属する現地の中国人や、または中国民衆の思い描くそれと同じであるとは限らない。これもまた、この報告書の分析の限界点であろう。

2-3 合作社の問題点の分析

福田と徳永は、山西省で合作社の調査をしたが、その成果が報告書に反映されている。ここでは、「合作社を中心としての華北経済政策上の諸問題」

---

41 同上、421-422頁。
42 同上、447頁。

として、次の2点を挙げている。1点目は「合作社の転換」[43]である。

ここでは次のように論じている。合作社はもともと資本主義と対立する共同組合的なものであった。しかし、戦時下となり統制経済が行われたことで、組織の性格を共同組合から「全体主義的共同生活実践組織体」にまで高めて転換しなければならない。それは、華北の現実的要求であり、これにより華北の経済機構が大東亜共栄圏の一角として役割を果たすことになろう。

しかし、問題は合作社職員の多くが、合作社を単なる購入や販売を行う商業機構と考えていることである。現在、良い指導者を得た合作社が成功を収めており、優秀な指導者の育成が今後の課題である、と。

2点目は、「収買、配給機構の二元性」[44]である。ここでは次のように述べている。合作社は、県以下では、直接農民からの収買や配給に相当の成果を上げている。しかし、県以上の運輸、保管、製造、加工、販売の分野は、合作社の資金不足から、商社組合の協力を得なければならない。これにより、合作社は資金面で商社に隷属し、価格操作をされても防ぐことができない。これら状況から、「商社組合の資産と合作社機構の結び付け、利潤制限に基く公定価格の適正化、収荷、配給機構の一元化」が華北の経済政策に残された課題であろう、と。

以上の分析を見ると、「全体主義的共同生活実践組織体」とは、具体的に何なのかという用語の問題や、各論点のもととなる統計や証拠が充分に示されていないなどの問題点がある。

しかし、彼らがここまでの論証ができたのも、2ヶ月に及ぶ大旅行の現地調査があってのことであり、その点から、同文書院における教育の集大成として、大旅行の価値をここから見出すことができよう。

おわりに

本稿は、東亜同文書院第39期生第7班の大旅行の調査記録をとおして、山西省新民会の様相に迫った。彼らの調査報告書によると、山西省では先

43　同上、457–458頁。
44　同上、458–459頁。

鋒隊が住民から忌避された県警備隊の任務を事実上代行している実情が明らかとなった。また、合作社については、華北経済機構が大東亜共栄圏の一角をなすため、優秀な指導者の育成が課題となっていること、商社組合との隷属関係を是正するため、公定価格の適正化と収買、配給機構の一元化が必要であると論じた。

　彼らのこの詳細な分析は、2ヶ月に及ぶ大旅行での調査を根拠としたが、そのなかには、関連資料の収集だけでなく、現場の見学や現地での関係者への聞き取り、さらには、行く先々で彼らを迎え入れた書院 OB や日本人識者の協力やアドバイスがあった。特に彼らに影響を与えたのが、清水董三と平等文成のことばであった。清水は彼らに中国の本質を捉えるよう助言し、平等は彼らの関心を中国共産党へと向けさせた。彼らが大旅行の末に作成した報告書は、ふたりのアドバイスが反映されていた。

　彼らの調査では、山西省新民会のほんの一部を探ったのみで、決して満足のいく分析ではなかった。しかし、調査の過程での様々な体験は、彼らを人間的に成長させたといえる。ここに、大旅行調査の教育上の意義を見出すことができよう。

日本軍占領下山西省における
大旅行調査

──東亜同文書院第36期生の旅行日誌を手がかりに

広中一成

1　第5師団の山西進攻

　第8章では、1942年に東亜同文書院第39期生6人が山西省で行った調査旅行をとおして、彼らが調査報告書を作成する過程をたどり、そこから大旅行の教育的意義を検討した。

　その山西省は、日中戦争勃発後、同省に進攻してきた日本軍と、それに対抗する閻錫山率いる国民革命軍第二戦区、さらには両勢力の間に抗日根拠地を築いた中国共産党の八路軍による三つ巴の戦いが繰り返されていた。

　第39期生の6人をはじめ、同文書院生は、そのような危険にさらされた地にもほぼ毎年足を運び、調査を続けたのである。彼らは戦火のなか、命がけで何を調査し、何を見て、それをどう思ったのか。これら検討も日中戦争期の大旅行の歴史的意義を探る手がかりとなろう。

　本稿は、太平洋戦争前の山西省の戦況を簡単に振り返ったうえで、日中両軍の激しい戦いのさなかにあった1939年の山西省での大旅行に着目し、調査にあたった同文書院生の旅行日誌から、彼らの動向を分析していく。

　1937年7月7日、北平郊外盧溝橋で、支那駐屯軍と国民革命軍第29軍が軍事衝突した。これを受けて、日本政府は11日、「盧溝橋事件処理に関する閣議決定」を行い、「今次事件ハ全ク支那側ノ計画的武力抗日ナルコ

ト最早疑ノ余地ナシ」[1]と断じた。そして、すでに関東軍と朝鮮軍が準備した部隊を支那駐屯軍に増派し、日本内地からも派遣する用意があると発表したのである。

支那駐屯軍は、この事態に応じるため、どのような作戦を立てたか。15日に策定された作戦計画によると、同軍は、まず第1期として、北平の日本居留民を保護しながら、第29軍を盧溝橋のある永定河以西に掃討する。続く第2期は、軍の現有兵力を使って河北省保定から任邱までの線、増派兵力で同省石家荘から徳県までの線に進出して、中国軍との決戦に備えると定めたのであった[2]。

しかし、この計画には山西省をどのように扱うかということについては何も述べられていない。日本軍はいつどのようにして山西省攻略を決定したのか。

当時、大尉として参謀本部作戦課に勤務していた井本熊男[3]によると、このとき、参謀本部、ならびに支那駐屯軍に代わって華北方面の作戦地域を統括する北支那方面軍司令部は、いずれも山西省の攻略について一致した意見がなかった。なぜなら、参謀本部は、8月13日から始まった第二次上海事変の戦況を懸念し、できる限り華北戦線を拡大したくなく、方面軍司令部も山西よりも山東方面に関心を向けていたからだ。

このなかにあって、方面軍隷下の広島第5師団の板垣征四郎師団長は、参謀本部と方面軍司令部に向けて熱心に山西攻略の意見を具申した。参謀本部第一部長を務めていた石原莞爾少将は、山西省がゲリラ戦に適している地形であるため山西攻略には反対だったが、「所が板垣閣下は詳細な手紙を私に寄せて一ヶ師団あれば山西は片附け得るとの事でした。あの手紙を書かない人が斯うして特に書かれたのですから、山西に板垣閣下をやれば良いではないかと思ふようになって」[4]いった。

1 「蘆溝橋事件処理に関する閣議決定」、1937年7月11日、外務省編『日本外交年表並主要文書 下』、原書房、1966年、365頁。
2 「支那駐屯軍ノ作戦計画策定」、1937年7月15日、臼井勝美・稲葉正夫編『現代史資料9 日中戦争2』、みすず書房、1964年、15頁。
3 井本熊男『作戦日誌で綴る支那事変』、芙蓉書房、1978年、117-118頁。
4 参謀本部「石原莞爾中将回想応答録」、臼井勝美・稲葉正夫編『現代史資料9 日中戦争2』、みすず書房、1964年、314頁。

　結局、参謀本部は10月初め、方面軍司令部に対し、一部部隊でもって
山西省都の太原を攻略するよう指示、司令部は第5師団にそれを命じたの
であった[5]。

　一方、蔣介石を委員長とする国民政府軍事委員会は8月22日、抗日民
族統一戦線の一環として、中国共産党（以下、中共）の中国工農紅軍を国
民革命軍第八路軍（以下、八路軍）に改編した。9月、八路軍は陝西省か
ら黄河を渡って山西省に入った。そして、23日、第18集団軍となって、
第二戦区の閻錫山司令官のもと、協力して抗戦にあたることとなった[6]。

　第5師団は、8月下旬、河北省から長城線の八達嶺を抜けてチャハル省
（現内蒙古自治区中部）に入った。その後、同省の蔚県を占領して南下し、
9月下旬、山西省に進攻して太原方面へ進んだ[7]。

　八路軍は、第5師団の動きを察知すると、同月25日、師団の進路途上
にあった長城戦の平型関で待ち伏せし、師団後方の補給部隊を襲撃した。
師団はすぐさま反撃し、その後も南下して、11月9日、太原を攻略する。
だが、中共はこの戦いを日本軍に対する初めての勝利だとして大きく宣伝
し、中国民衆の抗日意識を煽ったのであった[8]。

2　第二次国共合作の破綻と百団大戦

　太原が第5師団に占領されると、地元の有力者は日本軍の指示に従い、
12月10日、山西省臨時政府籌備委員会を発足させた。同委員会は、戦争
で被災した太原民衆に食料や衣服を供給し、日中親善と難民救済の実施を
アピールした。その約半年後の1938年6月20日、籌備委員会は解散し、
それに代わって北京の傀儡政権である中華民国臨時政府に属する山西省公
署が成立した。省長には閻錫山の元側近で日本留学経験のある蘇体仁が就
任した[9]。

5　防衛庁防衛研修所戦史室『戦史叢書18　北支の治安戦〈1〉』、朝雲新聞社、1968年、28頁。

6　同上、33-34頁。

7　同上、27頁。

8　同上、37-38頁。

9　広中一成『20世紀中国政権総覧 Vol. 1　ニセチャイナ——満洲・蒙疆・冀東・臨時・維新・
　　南京』、社会評論社、2013年、256頁。

これに対し、八路軍は日本軍の進攻が及んでいない山西省境に晋察冀（1937年11月7日成立）、晋西北（1938年春成立）、晋冀豫（1938年春成立）、晋西南（1938年春成立）の各抗日根拠地を成立させた。また閻錫山側も第二戦区各部隊をはじめ、1936年9月に結成された抗日団体の山西犠牲救国同盟会や、日中戦争勃発後まもなくの8月1日に成立した山西青年抗敵決死隊、さらにそれを発展解消して組織された山西新軍などを動員して、日本軍に抵抗した[10]。

　1938年10月、日本軍が武漢作戦を終えて長期持久戦態勢に入ると、陸軍中央（陸軍省と参謀本部を合わせた呼び名）は、12月6日「昭和十三年秋季以降対支処理方策」[11]を決定し、今後の中国戦線での対応をまとめた。これによると、方針として、武力行使を一段落させ、自主的に新中国の建設を指導するが、そのための基礎作業として占領地域の治安維持を第一義とすると定めた。特に残存する抗日勢力の壊滅は続行させるとした。具体的には、「治安地域ハ概ネ包頭ヨリ下流黄河、新黄河、盧州、蕪湖、杭州ヲ連ヌル線以東ニシテ漸ヲ追フテ全地域ノ安定ヲ期スヘク」とし、山西省では「正太線以北ノ山西省殊ニ太原平地」の治安を回復すると決めた。大本営（陸海軍を統合した最高統帥機関として、1937年11月20日に設置）は、この方策をもとに「対支作戦指導要綱」を決定し、12月2日、各軍に命じた[12]。

　これに対し、八路軍は1937年10月、山西省と河北省を隔てる太行山脈の南部に晋冀豫抗日根拠地を建設し、遊撃戦（ゲリラ戦）の拠点とした。その後も、晋察冀抗日根拠地（1938年1月）、晋綏抗日根拠地（1940年春）などを置き、勢力を広げた[13]。

　また、閻錫山側も、隷下の第二戦区各部隊のほか、1936年9月に結成された抗日民間団体の山西犠牲救国同盟会（以下、犠盟会）や、日中戦争勃発後まもなくの8月1日に成立した山西抗敵決死隊、さらにはそれら団

10　中国人民解放軍歴史資料叢書編審委員会編『中国人民解放軍歴史資料叢書　八路軍　総述　大事記』、解放軍出版社、1994年、28頁。
11　陸軍省部決定「昭和十三年秋季以降対支処理方策」、前掲『北支の治安戦〈1〉』、101頁。
12　同上、110頁。
13　中国人民解放軍歴史資料叢書編審委員会編『中国人民解放軍歴史資料叢書　八路軍　総述　大事記』、解放軍出版社、1994年、22–26頁。

体をまとめて組織された山西新軍を動員して、日本軍の進攻に抵抗した[14]。

　なお、第二戦区の閻錫山軍は、日本軍との戦闘で損害を被ったため、山西省の実質の防衛は八路軍と山西新軍が担った。同軍には中共党員も幹部に選ばれており、事実上、閻ではなく八路軍の指揮下に入っていた。これを懸念した閻は、1938年12月、山西新軍への攻撃を開始した（新軍事件）[15]。これにより、山西省での国共合作は破綻した。そして、閻は、日本軍の攻撃を抑えるため、日本側の提携を模索するのであった（対伯工作）。

　日本軍は、占領地の治安維持のため、1939年から八路軍に対する掃討戦を開始した。中国側によると、1940年までの2年間に山西省を含む華北戦線で起きた両軍の戦いは、百団大戦を除き109回を数えた。百団大戦とは、1940年8月から12月にかけて、八路軍115個団（団は連隊に相当）、兵力40万人余りを動員して行われた大規模な反攻である。この作戦で、戦闘は大小合わせて1824回に及び、八路軍の攻撃で、華北の日本軍の拠点約3000ヶ所が撃破され、日本軍が抑えていた鉄道路線約500キロメートル、自動車路約1000キロメートル、橋約150ヶ所が破壊された[16]。

　事態を重く見た北支那方面軍司令部は、1941年7月、「粛正建設三ヵ年計画」を立案し、担当地域を治安状況に応じて、治安が確立した治安地区、治安が安定しているが、日本軍の常駐がなければ八路軍のゲリラ戦を受けてしまう准治安地区、八路軍の根拠地となっている未治安地区の三つに分け、三ヵ年かけて准治安地区と未治安地区を減らして治安地区を拡大させることを決定した[17]。

　これ以後、北支那方面軍は山西省など華北で、中国側から「三光作戦」と称される徹底的な掃討戦を実施したのである。

　このような戦いまっただ中の山西省に、同文書院生は大旅行調査に出か

14　児野道子「日本陸軍の対閻錫山工作」、衛藤瀋吉先生古稀記念論文集編集委員会編『衛藤瀋吉先生古稀記念論文集　20世紀アジアの国際関係Ⅱ　アジアに対する日本』、原書房、1995年、115–116頁。

15　内田知行「新軍事件―山西省における抗日闘争の転換点―」、『一橋論叢』第75巻第5号、日本評論社、1976年5月、556–558頁。

16　大久保泰『中国共産党史（上巻）』、原書房、1971年、576–577頁。

17　藤原彰『天皇の軍隊と日中戦争』、大月書店、2006年、103–104頁。

けたのである。彼らはその過程で何を見て、日中戦争についてどう思ったのか。

3　1939年の大旅行調査

　1939年、大旅行調査で山西省に向かったのは、山西班の第36期生、湯下良・津波古充誠・岡島永藏・中澤多賀夫・石川久・若月英敏・水野義徳・安田秀三の8人であった。ここでは、岡島と石川の旅行日誌[18]を手がかりに彼らの調査の様子をみていく。なお、8人はばらばらになって調査をしていたが、このふたりは出発からずっと行動をともにしていた。岡島は「山西ニ於ケル対日感情報告」、石川は「山西省の教育現況」を調査のテーマとした。

　6月1日、ふたりは上海を列車で出発し、その日のうちに南京に到着した。そこで彼らは、早速待ち受けていた同文書院を卒業した先輩らの歓待を受けた。岡島によると、新聞記者をしていた先輩は「盛に南京捕虜収容所のことを語る一種の宣伝的存在として、彼等は全く幸福な生活にあり」[19]と、その充実ぶりを語ったという。

　翌2日、ふたりは長江を挟んだ南京対岸の浦口から津浦線（天津―浦口）に乗車し、山東省済南をへて、4日、天津に到着した。石川によると、天津駅到着後、「仏租界ニ暫ク宿ヲ探ス。何レモ満員。日本人華街天津飯店ニ旅装ヲホドイタノハ十二時頃」[20]と、租界の活況ぶりを目の当たりにした。

　ちなみに、この約2ヶ月前の4月9日、傀儡政権側の中国聯合準備銀行（聯銀）天津支行経理の程錫庚が暗殺され、犯人が天津イギリス租界に逃げ込んだとして、日本側が犯人の引き渡しを求めていた。しかし、イギリス側がそれに応じなかったため、6月13日、北支那方面軍司令部は、英仏租界を封鎖した。この措置の背景には、テロの解決だけでなく、聯銀券

18　岡島永藏「旅行日誌」、国家図書館編『東亜同文書院中国調査手稿叢刊』第55冊、国家図書館出版社、2016年、177–222頁（以下、「岡島日誌」）、石川久「旅行日誌」、同書、269–316頁（以下、「石川日誌」）。
19　前掲「岡島日誌」、同上、179頁。
20　前掲「石川日誌」、同上、275頁。

の普及を妨げている中国側貨幣の法幣が天津租界で流通している状況を抑えるためでもあった[21]。岡島と石川は、この天津租界をめぐるきわめて緊張した事態のなか、そこを訪れていたのである。

　5日、ふたりは天津日本領事館に勤務する先輩の植田賢次郎に面会した。岡島によると、植田は、「氏一流の支那観を発表する。氏は日本人の出たらめな進出に大に異論を持ってゐる。一攫千金組の非国策的な態度を指摘し、更に日支合辦事業に於ける日本側の火事泥的なことを非難した」[22]。

　6日、北京に移動した彼らは、北京日本大使館を訪問し、林出賢次郎一等通訳官と会見した。林出は同文書院第2期生で、卒業直後の1905年、同文書院初代院長の根津一の依頼で、仲間4人とともにロシア勢力の浸透状況を探るための西域調査を実施した[23]。これがきっかけとなり、大旅行が恒例行事となったのである。

　岡島によると、林出は「盛に日本人が支那人を蔑視する弊を非難」[24]したという。大先輩の林出のことばは、彼らにとってきわめて重みをもって伝わったであろう。

　日本側の支配下にある北京を散策した岡島は、「北京の印象はまうどうでもいゝやうな気持ちになる。旅に出て一週間を出でずして、北支都市の植民地的性格に中毒されて仕舞ふ」[25]と、日誌に認めた。このように思ったのも、彼がこれまでに立ち寄った各都市の印象ばかりでなく、そこで会った先輩から聞いた日本人の中国に対する植民地主義的態度に辟易してしまったためではないか。

　8日、ふたりは列車で北京を発って石家荘へ行き、さらに、10日、同地から鉄道で太原へと向かった。その車上で、石川は「山師カ三百代言ノ様ナ面構ヲシタ日本人」[26]に話しかけられた。彼は石川に、「統制経済ノタメ、商売ガシニクイト言フ。ケレドモット極言スレバ、支那人カラ搾取ガ

21　前掲『ニセチャイナ』、291–292頁。
22　前掲「岡島日誌」、『東亜同文書院中国調査手稿叢刊』第55冊、181–182頁。
23　藤田佳久『日中に懸ける　東亜同文書院の群像』、中日新聞社、2012年『東亜同文書院の群像』、125–129頁。
24　前掲「岡島日誌」、『東亜同文書院中国調査手稿叢刊』第55冊、182頁。
25　同上。
26　前掲「石川日誌」、同上、278頁。

困難ダト云フノダ。ソレデ、此ノ男ハ山西省運城ニ兵士相手ノ射的屋ヲ開クノダト云フ」[27]のであった。このことに、石川は「結局供喰ヒノ徒ダ」[28]と評した。石川も岡島と同じく、中国人を下に見る日本人の植民地主義的態度を快く思わなかったのだ。

ふたりは、太原で日本領事館と特務機関へ挨拶に回り、12日、同省南部の運城へ向けて鉄道に乗車した。

4　新民会の青年訓練を批判

13日朝、彼らは途中下車した臨汾を発った。この時間に出発したのは、「鉄道沿線ヲ僅カニ出ルト、敵匪地区デ夜ハ危険ダサウダ」[29]と知ったからであった。彼らは太原までの日本軍の治安地区からゲリラの現れる危険な戦地へと進んでいったのである。

同日夕方、彼らは運城に到着した。石川によると、そこに日本人はほとんどおらず、「荒レ果テ、居ル僅カニ焼餅ヲ売ル年寄リト子供ガ城内デ目ニ付ク程デ、若イ男女等ハ殆ド帰来シテキナイラシイ」[30]様子であった。その後、彼らは陸軍の計らいにより、軍用車で中国軍と対峙する最前線の情況を視察した。

21日、石川とともに臨汾に戻った岡島は、同地の青年訓練所を訪問した。青年訓練所とは、新民会が将来の活動を担う若い人材を育成するために設立した指導機関である。そこでは、新民会の理念や、農村を発展させるための知識、および技能が教え込まれた。さらに、ゲリラから農村を自衛するための軍事訓練も行われた[31]。

見学を終えた岡島は、青年訓練所について、「新民会の方では相当力瘤を入れてゐるのであるがその成果に関しては明に失敗だと云はねばならない」と、批判した。それはなぜか。岡島は続ける。「第一に集った青年の

27　同上、278–279頁。
28　同上、279頁。
29　同上、282頁。
30　同上。
31　菊地俊介『日本占領地区に生きた中国青年たち　日中戦争期華北「新民会」の青年動員』、えにし書房、2020年、52–53頁。

質が悪い。彼等は貧弱な頭脳で日本語を学び東亜問題を教へられる。本当の支那はこんな青年達で築れようとは思はれない」[32] と、訓練を受けている中国人青年の能力に問題があると指摘したのである。

なぜ、新民会の中国人青年は能力に問題があったのか。日本人職員として新民会に勤務した岡田春生によると、青年訓練所に入る青年の基準は何かという問いに、「いや、誰でもよかったのです。純粋な青年がほとんどでしたが、なかには、日本に取り入って出世しようと思っている者もいました。しかし、結局はうまくいきませんでした」[33] と語った。

なぜ、青年は誰でもよかったのか。菊地俊介によると、青年訓練所の軍事訓練が、中国人青年らに、直接戦闘員として戦場に動員される懸念を抱かせたという。さらに、青年訓練所に関わることで、中国共産党から対日協力者である「漢奸」と見なされ、自身や家族に被害が及ぶ恐れを警戒した。これら原因により、新民会は青年訓練所に青年を集めることが難しくなった[34]。「いや、誰でものかったのです」という岡田の発言は、その実態を裏付けるものであったと言ってもよいだろう。

また、岡田は青年訓練について、「結局はうまくいきませんでした」と述べたが、それもなぜだったのか。岡田は宣撫班との合併後のこととして、次のように語った。

「日本軍がいたからです。私たちはあくまで民衆が第一で、軍と意見対立するときもあれば、協力するときもありました。新民会は民衆と軍との間に立って、非常に苦しみました。しかし、軍はあくまで私たちを宣撫班のように手足の如く使いたかったようです」[35]。

しかし、岡田は1941年に発表した記事に「青年訓練処の処長は不要な人を祭り上げるポストであり、訓練処の職員は言わばはきだめである。かかることを思えば天を仰いで歎息せざるを得ない」[36] と、青年訓練所の職員の意識と能力の低さを批判している。

32　前掲「岡島日誌」、『東亜同文書院中国調査手稿叢刊』第55冊、194頁
33　広中一成・菊地俊介「新民会とは何だったのか——元中華民国新民会職員・岡田春生インタビュー」、前掲『ニセチャイナ』、321頁。
34　前掲『日本占領地区に生きた中国青年たち』、117–119頁。
35　前掲「新民会とは何だったのか」、『ニセチャイナ』、321頁。
36　前掲『日本占領地区に生きた中国青年たち』、114頁。

岡島は、新民会が育てる中国人青年の質の低さは見抜けたが、職員の質までは目が行き届かなかったのである。前述の1942年の調査でも、新民会の実態について、さらに一歩深くまで分析できずに終わったが、この岡島の場合も、それと同じであったと言えよう。

おわりに

　1939年の第36期生山西班による調査旅行は、日本軍が八路軍の掃討戦を始めたそのさなかに行われた。調査を成功させるためには、外務省はもちろんのこと、現地の日本軍部隊や特務機関の協力なしにはできなかった。

　山西省へ向かう途上、岡島と石川は、ほかの例に漏れず、書院 OB のもとを訪ね歩いた。そして、彼らから大陸進出した日本人の対中観や、中国人を差別する態度への批判を聞いた。そのことばを裏付けるように、ふたりが行程上で出会う日本人が植民地的態度をとっている場面を目にするのであった。

　山西省に入ると、石川は鉄道で前線へと近づいた。そこにはほとんど人のいない荒廃した町の姿があった。このときも、日本軍の協力なしには前に進むことができなかった。この点からも、大旅行における日本軍の役割は大きかったといえよう。

　一方、岡島は現地新民会の青年訓練所を視察し、訓練を受けている中国人青年の能力に問題があることを指摘した。実際に青年らは訓練所に軍事訓練があることで、直接戦闘員となって戦場に送られることを心配したり、日本側に協力することで漢奸とされて自身や身内に被害が及ぶのを恐れたりして、訓練所に入ることをためらっていた。そのため、能力のある青年が集まらなかった。岡島の分析は正しかったのである。1942年の大旅行調査で、規律のとれた新民武装先鋒隊が治安回復に当たっていたが、これは1939年に中国人青年らが心配していたことが事実となったことを証明していた。

　本章で取り上げたふたつの年の調査では、いずれも新民会の真に迫る部分の分析はできずに終わった。この点が大旅行調査の限界点であった。彼らの調査がなぜそこまで及ばなかったのか。調査方法になにか問題があっ

たのか。これらは大旅行調査の本質を探る疑問であるが、その検討は稿を
改めたい。

第9章

崑山

——1941年夏　清郷工作開始前後

三好　章

はじめに

　本章は、1941年夏の「大旅行」をとりあげる。この時期、日中戦争は全面化してすでに4年、日本軍の行動とともに各地に成立していた対日協力政権が統合され、汪兆銘による南京「還都」が実現し、統治地区の確保、治安維持が日程に上っていた。また、日米間の矛盾も次第に解消不可能点に迫りつつあり、「日米交渉」が暗礁に乗り上げていることは誰が見ても明らかであった。こうした中、日本国内では次第に対英米戦をあおりたてるような言説がかまびすしくなって来ていた。一方、南京「還都」後の汪兆銘政権は自らの党を「純正国民党」とし、青天白日満地紅旗に「和平反共建国」の6文字を記した三角の布をつけ、重慶政権との区別を明示せよとの、日本側の要求を受け入れていた。しかしながら、日本軍の軍事力を背景にしているとはいえ、自らの政権としての安定性と安全を確保したい汪政権にとって、連合国との戦争など沙汰の限りでしかなかった。事実、連合国への汪政権の宣戦布告は、日本の対英米戦の開始に遅れ、1943年1月のこととなる[1]。

　こうした時代環境において、遠方への「卒業大旅行」が不可能となっていた東亜同文書院生は、いうまでもなく日本軍あるいは対日協力政権統治下の中国において「大旅行」を行い、その調査報告を提出するしかなかった。しかし、これまで書院史研究の上で比較的等閑視されていたこの時期

1　汪政権の第二次世界大戦への参戦問題に関しては、本章の検討の範囲を越える。別稿を用意したい。

の書院生による調査報告は、熟度を求めるには酷な学生という水準でありながらも、職業研究者、調査マンとは違った視点を呈示してもいるがゆえに、また彼らが中国現地で日中戦争を肌で感じた点を持つがゆえに、有意義な情報をもたらしてくれる。

　ここで取り扱う1941年第9班久保田太郎報告「江蘇省崑山の県政に就いて」[2]は汪兆銘政権下の崑山県の県政に関するものである。調査が1941年6月から7月、汪政権による治安維持活動である清郷工作の第1期開始時期に行われた[3]ところに、書院生が歴史的事件の目撃者となった意味がある。1941年夏は、上述した様に汪兆銘政権南京政府が、独自の政権としての正統性を確保しようとしていた時期であり、日本軍にとってもその地域の治安確保は不可欠であった。崑山という、大都市上海に隣接する地域へ久保田らが「調査」に訪れた時、米国の宣教師も医療を手立てに伝道活動しており、同様に医療伝道を行う日本のキリスト教会関係者もいた。そして、その存在はいずれも決して小さなものではなかったのである。言いかえれば、「宣撫工作」[4]によって中国民衆の人心掌握を進めようとしていた日本軍関係者にとって「目障り」な人々が確実に存在していたというこ

2　久保田太郎「江蘇省崑山県の県政について」(国家図書館編『東亜同文書院中国調査手稿叢刊』2016年8月、第181冊)。以下、引用に際して『報告書』と略記する。

3　本書「第10章　蘇州・常熟の清郷」でも言及しているが、1942年、1943年の卒業旅行報告集には、清郷工作に言及しているものが10本以上あった。日中戦争が全面化する中、書院生の卒業旅行の行く先が日本軍による治安の維持が可能であった地域に限られたのは当然である。これは、中華民国北京政府と日本国政府との間にそれなりの了解があった時期であっても、書院生の「卒業大旅行」は現地政府あるいは治安維持力の庇護下でなければ行われ得なかったのであり、日中戦争全面化以後は、彼らの庇護者としては実質的に日本軍しかなかったのであるから。しかし、それ以前の書院生の関心としてできるだけ遠方に、と云う若者特有の意識があったことは確実であり、この点は先学藤田佳久らによって十分に評価されてきた。1938年以降は書院の目と鼻の先である上海―南京間の農村社会や、同様に対日協力政権が成立していた「蒙彊政権」統治下などに目を向けたのである。それは書院生にとっては大きな方向転換であったことに変わりはないが、自らが生活する上海とその周辺に目を向け、じっくりと考察するきっかけともなったのではないだろうか。

4　なお、宣撫工作における重要な人心掌握の手段として、地域住民への医療があった(広中一成『華中特務工作　秘蔵写真帖　陸軍曹長　梶野渡の日中戦争』彩流社、2011年11月)。筆者も、梶野氏のヒアリングに同席し、貴重な話を伺った。その中に、安徽省滁縣での梶野の体験談として、新四軍根拠地住民までが日本軍の治療を受けに来訪したこと、特に皮膚病・眼病が多かったことなどがあった。罹患する病気の種類などからは、19世紀末に中国に渡った荒尾精が「目薬」販売を梃子にしたことを彷彿とさせる。衛生状態などからは、荒尾の半世紀後の上海近郊であっても、大同小異であったことが容易に想像される。

とになる。

　ところで、日本本土の雑誌や新聞が自由に手に入り、書院生が出入りできた上海租界では、国際的な対立を深めつつもそれなりの交渉や情報の入手が各国間で行われており、従って英米人の動きも目にすることができた[5]。こうしたことは、学内における一定の言論の自由を謳歌していた書院生にとって、日本軍の行動や対日協力政権の実態などを批判的に観察できる可能性が許容されていたといえよう。本章でも、20代前半の未熟ではあるものの、久保田なりに足を地に着けた考察を試みる姿を示すことが出来た。

　本章執筆に当たり、崑山とその周辺地域に関しては史料状況が比較的良好であることも指摘しておかねばならないだろう。まず、崑山そのものについては、維新政府期の1938年に刊行が開始された地方紙『新崑山日報』があり[6]、また清郷工作については蘇州で刊行された『清郷日報』が参照できる。さらに、近隣地域である無錫では『新錫日報』、汪政権江蘇省政府所在地蘇州では『蘇州新報』が発行されており、かなり完全な形で閲覧することが可能である。特に『新崑山日報』に関しては、観察者久保田も報告書中で言及しており、久保田自身の情報源であったことも確認できる。

1　「清郷」工作とは

　筆者は先年『『清郷日報』記事目録』を出版した際[7]、以下のように清郷工作について整理した。

　　1940年3月に、日本の支援によって南京に「還都」した汪兆銘国

5　20世紀メディア研究所編『Intelligence「東アジアのメディアとプロパガンダ」』第4号、2004年など。いわゆる諜報活動を除いても、外字紙のほか、華字紙、邦字紙が各種発行され、さらに国外からの新聞雑誌などの流入もあり、情報は入り乱れていたといってよい。

6　中華全国図書館文献縮微中心『新崑山日報』、北京図書館、マイクロフィルム収録は1939年2月10日〜1941年9月28日。若干の欠号はあるものの、この間の記事に関しては本文中に一部引用し、またその部分を示したように、判読はかなり可能である。

7　拙編著『『清郷日報』記事目録』2005年3月、中国書店刊。

民政府[8]は、その当初から統治地域の確実な掌握が問題となっていた。なぜなら、汪政権は日本軍の進攻によって確保した上海から南京にかけての中国の最も豊かな地域に地盤をおいていたとはいえ、そこは共産党軍である新四軍、国民党系の忠義救国軍、さらにさまざまな地方武装が豊かな農村地帯を自らの地盤として確保をねらい、活動を展開していたからである。汪政権が日本軍とともに清郷工作を実施しなければならなかった理由もそこにある。汪政権自身、1941年5月、「政府ノ威令、南京城ヲ出ツル能ハスト謂フモ過言ニ非ス」[9]と、日本政府に対し状況の悪さを訴えていた。これは、当時の日本関係者も同様の見方をしており、「南京陷落以來四年目にして國民政府の建設強化、中支建設が初めてほんとの軌道に乗つたのである。この四年間はそれへの準備期間といふべく、この間におけるたびたびの政治的變化と不完全なる新政權の政治力のために、國民政府の威令は主要なる鐵道沿線、主要なる都市におよぶにすぎず、いはゆる點と線とを保持するにすぎなかつた。『縣政不出城門』といふ句のしめす通り、新政府の政治力は城門を出でて新政府のもつて立つべき地盤たる郷鎮を把握して面的に支配するだけの實力を有しなかつた」[10]と見られていたのであ

---

8 汪政権に関する研究は近年対日協力政権としての位置付けが強まっており、単なる「傀儡政権」論にとどまるものがいまだあるものの、それは表面的な理解でしかない。すなわち、武漢作戦以降の日本軍の攻勢、ヨーロッパ戦線における枢軸国の優勢など、大戦終結の形勢から数年前を振り返るような視角では本質を見誤る危険がある。汪兆銘工作に当たった影佐禎昭や今井貞夫らは、日本軍当局の姿勢として「二年以内の完全撤兵」を条件として交渉を行っていたのであり、これが近衛声明や、近衛の内閣投げだしを経て反故にされるなど、交渉当事者たちには想定されていなかったし、重慶脱出後にそれを知った汪兆銘らにとって、それは青天の霹靂どころか、論外としか言いようのないものであった（『今井回顧録』など）。

9 『国民政府ノ日本政府ニ対スル要望書』昭和十六年五月（防衛庁戦史室『戦史叢書　支那事変陸軍作戦〈3〉　昭和十六年十二月まで』朝雲新聞社　昭和50年11月）414頁。

10 石浜知行『清郷地区』中央公論社　昭和19年1月　17頁。また、清郷工作に深く関わることになる当時汪政権軍事顧問部顧問の任に就いていた日本支那派遣軍所属陸軍中佐春氣慶胤は「還都の祝典が済んだ当時、汪兆銘政府が支配する土地は、日本軍の直接の援護による上海、南京など数個の重要都市にすぎなかった。そのほかはすべて、敵の手に委ね、首都南京の城門外にまで敵が出没した。たとえば、句容や丹陽など、南京のすぐ近くに共産軍が侵入し、その東の太湖の西方地区には重慶の抗日救国軍が堅固な地盤をつくって、日本軍を尻目に共産軍と相争っていた。……蘇州に近い常熟では、それぞれ三千以上の兵力をもつ重慶軍遊撃隊と共産軍が日夜戦闘し、このため、すぐその傍を走る汪兆銘政府の生命線たる南京—上海間の鉄道は連日爆破され、半身不随となっていた。」（晴氣慶胤『上海テロ工作76号』毎日新聞社　昭和55年4月　188-189頁）と回想する。

る。さらに政権維持のためには確実な税収が必要であり、そのために
は治安維持が不可欠であったからである。また、汪政権が強化され統
治地域を完全に掌握できるようになることは、汪兆銘引き出し工作で
活動した影佐禎昭らにとってみれば、その時の汪との約束であった二
年以内の日本軍撤兵を実現するためにも、不可欠な条件であった[11]。

　清郷工作の開始にあたって、その軍事行動の中核を担った日本軍中支派
遣軍第十三軍司令官澤田茂中将は、日本側の指導理念について、次のよう
に語っている[12]。多少長くなるが、清郷工作実施側の意図を確認する上で
重要であるので、引用しておく。

　　（長江下流域）三角地域の治安粛正は当軍の最も必要なる仕事なる
　も、従来の如き「一時的討伐」を以てしては地下深く潜入しつつある
　敵の組織を破壊する能はざるは明らかなり。……（汪政権）軍事顧問
　部春氣中佐主任となり研究の結果、嘗て蔣介石が江西省の赤化地域に
　対し行ひたる方法、即ち「軍事三分、政治七分」の方法により「清郷
　工作」を行ふを可とするの結論に到達せしを以て、……速かに清郷工
　作を実施するに決し、（1941年）七月一日より開始することとせり。
　　抑々本（清郷）工作……は軍事は日本軍統一担任、政治は国民政府
　担任と云ふ事に決定せり。蓋し本工作の主目的は、国民政府政治力の
　滲透にあり、此の工作を一手段として国民政府の力強き政治力を現出
　せしむるを要す。本工作の最大要点は、敵匪の掃除に非ずして其の後
　に於ける国民政府政治力の滲透なり、発展なり。この政治の滲透不可
　能ならば、国民政府を支持しての和平出現は不可能なり。……本工作

11　このことに関し、影佐禎昭は「清郷工作の眼目は該地域民衆の安居楽業を期し該地域の政治、
　経済、軍事等凡てを支那側に委譲して該地域より日本の軍隊其の他の機関を撤去し以てこの
　地域に対する支那の政治的独立を期するを目的とする」（「曾走路我記」臼井勝美編『現代史
　資料第13巻　日中戦争　5』みすず書房　1966年7月　388頁）と述べている。なお、「曾
　走路我記」の日付は昭和18年12月、「ニウブリテン島ラバウル」にてとあり、影佐が中国か
　らラバウルに異動した後、「仍て唯脳裏に浮かべる儘を系統もなく秩序もなく口述し副官大
　庭春雄中尉に其筆記を依頼した」とある（同書349頁）。
12　前掲『支那事変陸軍作戦〈3〉』415頁。同書では、これを澤田中将陣中日記より引用としてい
　る。なお、引用文は表現、仮名遣い、漢字などすべて同書のまま。

に対する日本軍への要望は、極めて簡単なり。「軍紀の厳正」之なり。従来往々にしてありし支那人軽侮を改め、之を友人として取り扱ひ、真に日支提携、新秩序の建設の第一歩を実現するに在り。之がためには、日本が率先して聖戦を現実に行動に現はさざるべからず。軍紀の厳正、之なり。

　このような目的と「精神」で始まった清郷工作は、少くとも1941（昭和16）年7月からの第1期、同年9月からの第2期、翌1942年2月からの第3期と言うように、地域と時期を区切りつつ、1945年の日本敗戦まで継続された。

　1943年9月、清郷委員会主任李士群が暗殺されると[13]、清郷工作自体が次第に活動を緩め、惰性の中で繰り返されるようになるものの、1945年8月まで杭州〜上海〜南京間の治安が大きく損なわれることはなかった。それは、戦後中国に残留していた日本人居留民を始め、中国に派遣されていた日本軍将兵、総計200万人が大きな混乱もなく、帰国できたことからも、実証されるのではないだろうか[14]。1943年夏には、蘇州百貨公司、すなわち蘇州大丸では「清郷3週年記念大廉売」と銘打ったバーゲンセールを行っている。状況証拠ではあるが、治安がそれなりに確保されていた証左であろう。

　1941年7月に実施された第1期清郷はかなりの成果を上げ、共産党系の新四軍およびその別働隊である江南抗日義勇軍も、さらに国民党戴笠系

13　前掲晴氣慶胤『上海テロ工作76号』188–222頁。ここでは「特務の末路」の章に「李士群毒殺される」が収められ、李士群の暗殺によって清郷工作も頓挫していく様子が描かれている。清郷工作自体も、戦後の回憶であるので留保を付けた解釈が必要とはなるが「竹矢来の中の楽土」と皮肉な書きようで記されている。なお、李士群は1941年5月に清郷委員会秘書長兼駐蘇弁事処主任となって清郷工作では中国側の中心となり、翌42年には江蘇省主席となった（王恵農「李士群与 “76号”」全国政協文史資料委員会編『中華文史資料文庫』第16巻、中国文史出版社、116–123頁、Web版）。王恵農は無錫で商業に従事していたが日本による占領後、上海で李士群の知遇を得て特工総部警衛総隊副官主任となった（同前）。なお、『中華文史資料文庫』については、http://www.szhgh.com/Article/wsds/read/201412/70555.html 参照。

14　拙稿「南京1945年8〜9月：支那派遣軍から総連絡班へ」（『愛知大学国際問題研究所紀要』No.143、2014年3月、pp. 55–76）参照。そこでは、支那派遣軍と重慶政権軍との戦後の「ノーサイド」状態について論じた。「満洲国」が解体され、ソ連による破壊略奪行為があった「東北」との大きな違いである。

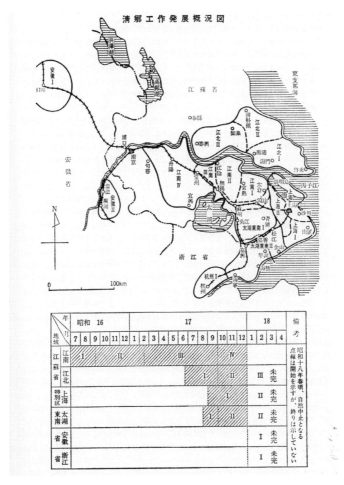

地図：清郷工作実施地域および進行表

出所：『支那事変陸軍作戦〈3〉』420頁

のゲリラ組織忠義救国軍も、少くとも日本軍・汪政権軍の圧力を受けて活動不能に陥ったのである[15]。

15　清郷委工作全般および1941年7月の第一期清郷工作に関しては、前掲拙著『『清郷日報』記事目録』参照。そこでは、崑山を含む第1清郷区域の治安回復状況にも言及し、活動不能に陥った新四軍が「民衆にかくまわれる」という江南抗日義勇軍にまつわる「沙家浜」の故

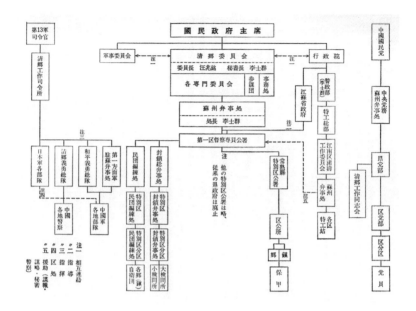

図：清郷工作組織図

出所：『支那事変陸軍作戦〈3〉』417頁

2 崑山県

2-1 久保田の旅程

　久保田の旅行日記から、その旅程をたどってみよう。崑山地域に関しては「旅程」と言うほどの距離ではない。全体に必要事項だけを事務的かつメモ的に記してゆく久保田であっても、それなりの感慨を持って『日誌』を書き始めている。

　　「午前7時、諸先生始め在学生一同の歓送裡に校門を出発せり。林出学生監米倉学生主事の両先生の御見送を受け、午前10時上海北站を出発、愈大旅行の途に就けり」[16]

事の背景が理解される。

16 『昭和16年度大旅行日誌　第9班　久保田太郎日誌』（前掲『東亜同文書院中国調査手稿叢刊』第64冊）1頁。以下、引用に際して『日誌』と略記。ページ数は、久保田の『日誌』に付

　6月6日金曜日、午前7時に当時徐家匯海格路にあった東亜同文書院大学[17]の校門を出た久保田等は、午前10時20分発、華中鉄道海南線無錫行きの普通列車に乗車した[18]。

　当時、華中鉄道海南線、すなわち上海―南京間の最重要幹線は、一日12往復[19]。後掲の第1表に示したように、当時の新聞各紙には時刻表が掲載されていた。すなわち、華中鉄道ではオンタイムでの列車運行を公言していたわけであり、この地の治安が、少くとも鉄道沿線地域においては、後述する「鉄道愛護村」活動など、地域住民を巻き込んだ形となって、かなりの程度確保されていたことを示している。

　11時38分、崑山に到着した久保田等は駅長高垣氏の歓迎を受け、駅舎内で話し合いをし、その後、日本軍支那派遣軍第13軍崑山駐屯部隊連絡官事務所へ赴いた。この後も、各所に置かれた軍特務機関部隊[20]を訪問し、

された数字。

17　いうまでもなく、疎開後の「交通大学」校舎を「借用」している。隣接する徐家匯虹橋路校舎が戦火で焼失した後、対日協力政権である「維新政府」から、形式的には合法的に借り受けたことになる。

18　久保田に限らず、当時の書院生の報告日誌には、列車などの時刻は大まかにしか記されていない。日誌での報告では、そこまで厳密に要求されなかったと考えられる。日誌は、あくまでも、書院生による「卒業大旅行」が実際に行われたことを示すためのものであり、厳密な行程表は不要であったのであろう。なお、本文中に示した「火車時間表」には「日本時間」と記されている。その理由に関しては、現在の所詳らかにしないが、当時の省線鉄道関係者が華中鉄道に多く関与していたこと、つまり、日本による実質的な直接管理が行われていた可能性があり、その場合、日本本土との整合性がとられていた可能性も否定できない。この問題は、別途考察する必要がある。久保田らが乗車した列車の時刻に関しては、上記の理由から10時20分無錫行き普通列車と判断した。学生による廉価な旅行である事を考えれば、優等列車を利用することは考えにくいからでもある。

　　なお、上掲の『新錫日報』民国30年5月11日第1面には無錫電報局・電話局の「通告」として、5月11日より華中電気通信股份有限公司では、日本時間を使用するとあり、リアルタイムで日本と交渉する電信電話が、日本内地から管理されている実態が見える。

19　現在では北京―上海を結び京滬線の一部に当たる滬寧線では、複々線化された中国版新幹線である「高鉄」がピーク時には一日90往復以上という。それとは比較にならないものの、当時としてはかなり安定した運行状況であったといえよう。

20　「特務機関」はシベリア出兵時に始まり、「統帥範囲外の軍事外交と情報収集」が任務とされた（秦郁彦編『日本陸海軍総合事典』東京大学出版会、1991年10月、374頁）。本章に関連する華中地域は「中支特務機関」と呼ばれ、「国民政府の南京遷都時から、南京に駐在武官を置き、……支那事変後、占領地区の拡大とともに、各地に特務機関が設置された。昭和14年支那派遣軍編成当時には、南京、安慶、上海、蘇州、杭州、漢口等に置かれていた。……昭和18年北支と同じように特務機関は連絡部と改称された」（同前書、376頁）。ただし、「陸軍平時編制では、官衙・学校・軍隊以外の陸軍の機関を特務機関と称し、元帥府・軍事

概略の情報を得ることから、「卒業大旅行」は本格的に始まった。崑山では同文書院 OB の三上修吾が連絡官として赴任しており、まずは同所に「厄介になること」になった。先輩から、いろいろと情報を得、調査方法、範囲などのアドバイスを受けたのである。

第1表：華中鉄道海南線時刻表

（三十年五月一日改訂）火車時間表（日本時間）

上行 海南線

種別	南京	鎮江	丹陽	常州	無錫	蘇州	崑山	上海
（普客）3等							6.50	7.38 8.58
（混）3.4等				6.35	7.53	9.30	11.06	13.10
（普客）2.3等	7.45	9.26	10.44	12.40	13.38	14.38	15.28	17.05
（普客）123等	8.30	9.42	10.13	11.01	11.42	12.28	13.04	13.55
（天馬）123等	10.00	11.10		12.25	13.04	13.49		15.10
（普客）3等						14.40	15.40	18.08
（普客）3等							16.48	17.56 19.25
（急客）2.3等	11.45	13.40	14.25	15.39	16.40	18.05	18.55	20.20
（混）3.4等	15.20	16.33	17.03	17.51	18.47	19.33	20.09	21.00
（混）3.4等	16.00	19.12	20.40	22.00				
（飛燕）123等	17.00	18.10		19.26	20.04	20.49		22.10
（混）3.4等	17.20	20.29						

下行 海南線

別種	上海	崑山	蘇州	無錫	常州	丹陽	鎮江	南京
（混）3.4等							6.30	9.26
（混）3.4等					7.10	8.43	10.24	13.17
（急客）123等	8.00	8.53	9.34	10.16	11.00	12.00	12.35	13.40
（普客）2.3等	8.35	10.30	11.26	12.33	13.45	14.57	15.55	17.42
（天馬）123等	9.30		10.57	11.40	12.23		13.37	14.40
（普客）3等	10.20	11.38	12.30	13.30				
（普客）3等	11.00	12.31	13.39					
（普客）2.3等	11.55	13.37	14.39	15.37	16.38	17.49	18.53	20.27
（混）3.4等	13.40	16.40	18.21	20.08	21.22			
（急客）123等	15.20	16.12	16.54	17.36	18.23	19.20	19.55	21.00
（飛燕）123等	16.40	18.07		18.48	19.31		20.45	21.50
（普客）3等	19.30	20.54	21.45					

（出所）『新昆山日報』民国30年5月15日第2面。

同日午後、崑山での調査の計画を立てた。この時、「基督教青年会崑山分会」の主持桝井久馬[21]氏を訪ね、意見を聴いている。桝井は、後述するが、崑山において医療伝道を行っていた人物であり、日本軍の宣撫工作とも一定の関与がうかがわれる。また、同様の医療を手立てとした伝道事業をバプテスト派のアメリカ人宣教師も行っており、崑山ではかなり興味深い状況が展開していたと言える。

参議院・侍従武官府・東宮武官・皇族王公族付武官・外国駐在員・留学生などを指す」（同前書723頁）とある。要するに、軍務以外の業務が特務であり、諜報専門の機関ではない。

21 桝井久馬について、詳細は不明である。会衆派基督教会の人物であることが久保田の県政報告の中で言及されている。なお、同姓同名の人物は、戦後には日本基督教協議会視聴覚事業部演劇委員会編『キリスト教劇集』日本基督教協議会分所事業部、1955年（国会図書館蔵）などに見受けられる。なおその他、戦後のカストリ雑誌にも桝井の名が散見されるが、同一人かどうか確認は取れていない。

　翌7日土曜日、調査を開始した久保田は、午前中に軍連絡官事務所に赴き、おそらくは書院先輩三上の手配の下、県政一般に関する資料を踏査し、午後、「崑山日語学校」を訪問、校長冨田氏に会い、その後授業参観および高級班学生との座談会を行っている。連絡官事務所が土曜午前中の業務であり、日本語学校であれば、学生にとって絶好の実習の場となるため、久保田等を歓迎したのであろう。もちろん、実習の場とするためには意思疎通が必要であるから、一定以上の日本語能力のある高級班が選抜されたとするのが妥当である。

　8日は日曜日であったが、久保田等は蘇州に置かれた支那派遣軍特務機関へ出向いた。書院 OB の佐藤連絡官が同道し、蘇州とその近辺の一般情勢を「拝聴」した後、午後は蘇州観光、夜に崑山に戻るとある。上掲の列車時刻表を見ても当時の普通列車で1時間弱、急行ならば40分ほどというごく近隣にある両地は、簡単に往復できる場所にあり、人と物とが活発に行き来していたのである。

　9日からの1週間が、崑山での実際の調査期間であった[22]。以下、久保田が訪れ、調査した地点、出会った人物などを列挙する。まず9日午前には崑山県政府を訪問し、県長厳東園に面会した。厳東園は、維新政府成立期から崑山県長に就任しており[23]、久保田が目にしたであろう『崑山日報』の題字を揮毫している（右図参照：『民国日報』

22　久保田の場合、崑山での「調査」が一週間、旅行全体でも1か月程度であるから、初期、中期の書院生に比べれば「大旅行」とは言いがたいかもしれない。それでも、先に示した様な「感慨」は先輩たちへの憧憬とともにあったであろうことは、注記しておきたい。

23　維新政府教育部顧問室『維新教育概要』昭和15年3月、48-49頁。民衆教育館は日中戦争前より存在し、その設置目的は「成人ニシテ失学スルモノ、タメ」とされ、維新政府成立後には「教育部ニ於テハ特ニ戦後社会教育実施弁法ヲ定メ、中日親善、和平実現ノ民衆啓蒙運動ヲ実施シ、更ニ民衆教育館暫行規定以下ノ諸法規ヲ定ム」とある。そして、「将来各省市県小学校ヲ利用シ、文盲撲滅ノタメニ民衆学校ヲ増設スル予定ナリ」と、その将来を語っている。実現の有無はともかく、識字と宣撫、宣伝工作、さらに軍事活動が呼応しなければ後述する清郷工作は表面的な成果さえ収め得ないのである。なお『維新教育概要』凡例ページに同書刊行の目的として「昭和13年3月28日維新政府教育部成立以来、昭和15年3月中央政府成立直前ニ至ル教育部ノ業務経過並ニ教育部顧問室ノ工作大要ヲ略述」したものとある。顧問室主席顧問には漢口同文書院で活動し、東亜同文会とも関わりの深い斉藤重保が就いている（同書73-74頁）。筆者は愛知大学霞山文庫蔵の同書を閲覧した。霞山文庫の同書は、

1941年6月1日題字）。午後は、週末同様、書院先輩の三上から崑山の状況について話を聴いた。

10日、午前中は具体的な予定がなかったのか市内の市場を見学したりして時間を使い、午後には模範小学校と省立農学校を見学した。教育に関連する事項は久保田の報告の中でも重点が置かれており、データも収集している。

11日、県政府に赴いて県政全般の資料を踏査し、午後は日本軍崑山警備隊で通訳業務を行った。書院生は漢語に堪能なことから従軍通訳に動員されており、まだ現役の学生であった久保田も、実習を兼ねた業務であったと推察される。そして、「序でに隊長の意見を聴けり」とあり、清郷工作を前にした崑山の状況を聴取したのであろう。

12日、午前は「引き続いて調査をな」したが、場所は不明。午後、教育局および「党立民衆学校」を訪問し、教育事情を調査したとある。なお、「党立民衆学校」の詳細は不明である。

13日、午前中に崑山合作社を訪問し、主任乾氏に会い、午後は民衆教育館を見学している。『新崑山日報』には「県立民衆教育館」の記事があり[24]、社会教育機関として設置されていたこと、崑山住民への宣伝活動の拠点の一つであったことが理解される。なお、『維新教育概要』には、1938年から「民衆教育館ヲ中心機関トシテ諸般ノ民衆教育ヲ行フコト、ナシ、毎県少クトモ民衆教育館一ケ所ヲ設置スベキ事ヲ督促」していたとある[25]。その後、地方法院、看守所すなわち拘置所を見学している。

14日、午前は「引き続き調査」。午後に県立中学校の授業を参観した。土曜午後であり、特別時間割であったのかも知れない。

斉藤自身が「東亜同文会図書室恵存」として寄贈したものである（同書、表紙見返し）。

24 「崑山県立民衆教育館啓事」『新崑山日報』民国30年6月1日第一面広告。ここでは、6月に2回目の「嬰孩健康比賽」つまり「赤ちゃんコンクール」を開催するとある。健康優良児を表彰する行事は、戦後日本でも昭和30年代前半までしばしば開催された。どれ程の親子が参加したのか不明であるが、母子衛生への関心を公言できることは、政権の安定性が一定程度以上確保されていることの裏返しであったとも言えよう。

25 前掲『維新教育概要』48頁。同所では、続けて民衆教育館の設置状況に関しては「地方ニ於テ現ニ開設シアルモノ江蘇省立一、全省内県立一、浙江省立一、南京市立一、上海史及安徽省ハ現ニ籌備中」であったと記す。実態としては、施設だけでなく、運営もまだ緒についたばかりであったとみて差し支えあるまい。

　15日は休養日であったのか、馬鞍山とも呼ばれ、崑山の地名の由来と
もなった山に登り「風景良しに絶佳」と感嘆、午後に「調査完了」とある。
これは収集した資料の整理に当たったものと考えられる。

　翌16日、午前 8 時30分、先輩三上の見送りを受けて崑山を発ち、10時
30分頃無錫着[26]。車にて蘇州特務機関無錫支部へ出向き、支部長上田春榮
の意見を拝聴し、午後は華中蚕糸鼎昌工場を見学、支店長高槻が同道して
工場内外を写真に収め、さらに蚕の取引状況、工場の経営状態などを「調
査」した。

　17日、無錫の施政、産業について概括的な調査を行い、翌18日には午
前 8 時[27]、無錫から南京に向かい、鶏鳴寺にあった中支建設資料整備事務
所に、やはり書院先輩藤谷釈男[28]を訪れた。戦時の中、書院生の活動場所
も次第にきな臭くなっていく様子がわかる。その後、南京から長江を船で
蕪湖、安慶、九江、漢口と移動し、 6 月23日、漢口で独ソ開戦の報に接
した。

　　「 6 月23日　晴　独蘇開戦の報を聞き、感慨無量なり。漢口市内を見
　　学す。(漢口神社に参拝、中山公園見物)」[29]

　日中戦争全面化でも国際都市としての性格を失わなかった上海に学んだ
書院生の多くが、久保田の様に国際関係の展開に対して思うところがあっ
たものとしても、不思議ではない。九江でも移動の際は軍のトラックに便
乗したり、九江の特務機関を訪問するなど、軍の配慮の中で動いていた。
そして、かけ足ではあるがこの地域の主だった産業拠点を廻っている。そ
して、 7 月10日、南京から列車で上海に戻った[30]。

26　これも、前掲の様にその時刻発着の列車はない。本文中に掲げた華中鉄道海南線時刻表から
　　判断すると、 8 時58分崑山発、10時16分無錫着の急行列車であろう。
27　ここでも、時刻はおおよそであろう。時刻表には午前 8 時台の列車はない。
28　入学・卒業期数など不明。なお、読み方は「ときお」であろうか。
29　『日誌』 7 頁。
30　最終日の日誌は「午前10時20分南京出発　午後 3 時半上海帰着」とだけある。大部の『報
　　告書』執筆のため、『日誌』は書き出しに比べて最終部分には感想を記す余裕がなくなった
　　のか、簡潔になったのかも知れない。

2-2 久保田報告書……「江蘇省崑山の県政に就いて」

　久保田太郎の卒業大旅行報告は崑山の県政全般に関するものであり、先にも述べた様に、清郷工作直前のこの地域の状況を、かなり詳しく知ることが出来る。なお、『報告書』の全般的内容を理解するため、目次を以下に示す[31]。崑山県政の概要である。

　　第1章　崑山縣の区域と文化程度
　　第2章　県政府諸機関構成者及著名県政治家の特性と党部との関係
　　第3章　日本現地機関と県政府との関係
　　第4章　崑山県政指導機関の活動状況
　　第5章　崑山県政府の施政
　　　　　　　　第1節　総説、第2節　地政、第3節　保衛、
　　　　　　　　第4節　財政、第5節　教育、第6節　経済建設、
　　　　　　　　第7節　衛生、第8節　社会事業
　　第6章　県司法の活動状況
　　第7章　結論

2-3 崑山県の概況と久保田の関心

　久保田が『報告書』に示す第2表：総人口・戸数によれば、全人口24万3000余、日中戦争全面化以前が27万人弱というから[32]、一時的減少を経て治安が回復しつつあるなか、上海などからの流入も考えられるが、もとの住民も戻りつつある段階であったと考えられる。

第2表：総人口・戸数

国籍別	戸数	男	女	人口総数
中国人	56,231	123,538	119,532	243,070
日本人	29	65	30	95
米国人	1	1		1
合計	56,261	123,604	119,562	243,166

31　『報告書』2–3頁。
32　『報告書』3頁。

　全人口の中で日本人は29戸、男65人女30人の合計95人。中国人が絶対多数をしめていることは当然であるが、ここには当然軍関係の数字は示されていない。なお、第2表中の「米国人」は後述する医療伝道のためのバプテスト派教会関係者である。日米交渉が継続している国際関係の反映とも言えよう。

　当時の華中は、中国の他の地域同様、上海など一部大都市の中心部を少しでも離れれば、たとえ近郊であってもそこは農村地帯であった。ましてや、上海・蘇州という大都市に挟まれた崑山では、『報告書』においては、治安強化のための「物資搬出入取締強化」が行われ、それゆえ、商工業は著しく不振であったと述べる。工業も、煉瓦・製油、石灰程度であり、それに従事する人々も、全体から見れば少数である[33]。

第3表：職業別構成表

職業		戸数	男子数	女子数	人口総数
農業		45,538	91,276	45,562	138,838
水産業		1,500	2,453	1,213	3,666
商業		2,580	4,128		4,128
工業	（木匠）	557	835		835
	（水匠）	445	668		668
	（小工）	835	1,002		1,002
	（石灰）	12	122		122
	（煉瓦）	4	80		80
交通運輸業		233	695		695
公務		668	801		801
自由業		322	288	134	532
其他		2,979	3,295		3,295
合計		55,672	105,770		152,679

　第3表「職業別構成表」からは、かなり異様な状況が示される。農業・水産業部門では女子は男子の半数ほどの人口であるのに対し、それ以外はほぼ全てが男子人口なのである。就業者として考えればそれなりに合点が行くものではあるが、圧倒的に男子が数字としてとらえられている。

　崑山地域の当時の農業事情について、主要作物は米、小麦、菜種であり、平均年産額として米130万石、小麦35万石、菜種4万石、と久保田は指摘

33　『新崑山日報』民30年4月29日1面に「崑山磚瓦石灰業現款交易啓事」の広告がある。同様の広告は毎日の様に出ているが、煉瓦・石灰業以外の「産業組合」はほとんど見当たらない。

する[34]。しかし、「石」に何等の注記もなく、日本の尺貫法における「石（こ
く）≒60kg」なのか、中国の旧制である容積単位なのか、判然としない。

　天野元之助は『中国農業の地域的展開』のなかで、この地域については
「一年二毛作が保証される」[35]と述べる。清末民国初期の農業経済に関して
は膨大な研究もあり、一所の土地の耕作権が土地所有権と切りはなされて
売買あるいは賃貸されるという「一田両主」の存在も、1970年代の研究[36]
ではすでによく知られている。

　天野の同書における中心的記述は、「1936年9月から42年4月までの約
7カ年間、満鉄上海事務所にあって、戦火の熄むや治安維持会をたずねま
わり、平静化するや……農村・工場・商業・民船等の調査をやった」[37]こ
とによる。地域は、「江南デルタ地帯」であった。これは、久保田ら書院
生の「卒業大旅行」での崑山行きと時期的には重なる。もちろん、片やプ
ロの調査マン、片や学生という経験と力量に於いては比較すべくもないが、
最初にも言及した様に、彼らの新鮮なまなざしに映った上海近郊農村の姿
を検討することも、それなりに価値のあることではないだろうか。

　久保田の見た崑山地区の農業は、基本産業であると言いつつ、『報告書』
中にさほどの叙述量を占めているわけではない。それでも、「事変」以後、
すなわち1937年8月以降の日本軍通過によって生じた事態の深刻さは把
握しており、民国政府が運営していた「農事試験所」が破壊されたこと、
それが1939年5月、維新政府治下の「県籌措経費」によって復活したこ

---

34 『報告書』5頁。
35 天野元之助『中国農業の地域的展開』龍渓書舎、1979年8月、290頁。天野の『中国農業の
　地域的展開』は、自身の戦前期中国における調査と分析、多くの中国および欧米研究者との
　交流の中で生まれた書物であり、中国農業史および中国農業研究のエッセンスと言ってよい。
　天野がこの地域を訪れたのは1929年10月の上海を起点とした武漢三鎮、長沙行きを嚆矢と
　して、1937年5月に列車による上海・北京・漢口・長沙・九江・南昌・杭州行き、そして
　文革直前の1966年暮の三回である。なお、天野はここで、上海近郊農村の輪作形態に関し
　て天野著『中国農業史研究』（御茶の水書房、1962年、413頁）および Buck, J. L., Land
　Utilization in China, Shanghai, Commercial Press, 1937, "Statistics", p. 253 から、関連する事項を
　あげている。具体的には「表作は水稲連作、ときには棉花をはさむが、裏作は小麦を2〜3
　年つくると、蚕豆に代えて地力の回復をはかる」とする（同前書、290–291頁）。
36 貝塚茂樹他編『アジア歴史事典』平凡社、1959年など。『アジア歴史事典』では、大項目と
　して叙述されている。
37 同前書、289頁。

とが指摘される[38]。その農事試験所が農民に作付けを指導するのは米、小麦に加えて、大都市近郊の特性を生かした野菜、各種花卉類である。しかし、「荒地空閑地利用」については1913年に清丈局が置かれ、開墾が奨励されたもののそれにとどまり、「事変」後の1941年4月に汪政権江蘇省令によって墾殖委員会が置かれて開墾が奨励されても、「目下、調整立案中」であり、「元來荒地面積は大なるにも拘らず、その十分の六は窪地堤防湿地墓地等で墾殖に不適当」なること、桑田や養蚕も奨励されながら、「現在まで復興に至らず」と観察の結果を述べるしかなかった。清郷工作開始直前という久保田の調査が行われた時期の問題と、久保田自身の関心もあり、本来基幹産業として最も重要であり、治安維持のためにも最重要な農業よりも、教育と治安に興味が向いていたのである。ちなみに、農業を含む経済全般に関して、久保田の寄せている興味は薄く、全体で400字詰め原稿用紙50枚ほどの『報告書』中、「第6節　経済建設」には3枚半が充てられているに過ぎない。

2-4　清郷工作への関心

　久保田等が崑山に調査に向かう1941年6月初旬、南京では第1回全国宣伝会議が開かれていた[39]。当然、上海の邦字紙『大陸新報』を始め、調

38　『報告書』70–71頁。「籌措経費」の詳細は不明。「調達経費」くらいの意味か。

39　『新崑山日報』民国30年6月2日第1面「第1屆全国宣伝会議　大会於今日掲幕　集全国宣伝幹部於一堂　提案共達236件」とある。

　　『蘇州新報』民国30年6月1日、第1面には、「中央社南京31日電」として「首屆全国宣伝会議　今晨在京掲幕　各地出席者145人　収到提案236件」とある。『新錫日報』民国30年6月1日、第1面では「首屆全国宣伝会議　今日挙行掲幕典禮　各地宣伝幹部人員紛紛赴京参加　上午恭謁国父陵墓正式虚構開幕」。『蘇州日報』は「中央社5月31日電」、『新錫日報』は同じく「中央社6月1日電」を記事発信元としている。それぞれの新聞の詳細に関してはまだ未詳の部分が多いが、いずれも日刊紙であるものの、汪政権治下の中央紙と地方紙とでは発行時刻が異なっていることをうかがわせる。近現代史では、かなり重要なポイントとなる。なお、当時の上海における邦字紙『大陸新報』では、宣伝会議最終日の昭和16年6月4日第1面に「和平実現へ邁進！　国府宣伝会議　汪主席の訓示」と題する記事が、翌5日第1面には「敵宣伝の誤謬衝く　国府宣伝会議　岩崎報道部長講演」と題する支那派遣軍宣伝部長岩崎中佐に関する記事が写真付きで掲載されている。また、この記事には日本の駐中国特命全権公使日高信六郎も列席して「日華親善と宣伝の重要性」を訴えている。さらに、同紙6月1日第2面には「宣伝会議を録音　中華映画技師ら南京へ」とのべた記事がある。日本にとっても重要な意味を持ち、従って多方面からの支援協力が大々的に行われていたことを示している。

査対象地での発行である『蘇州新報』『新錫日報』、さらに近隣の『新錫日報』なども目にしているはずである。この宣伝会議の目的は、「剿除共産思想」「中日和平万歳」「汪主席万歳」「中華民国万歳」など掲げられたスローガンからもあきらかなように、出来上がったばかりの汪政権を如何に盛り立てるかにあり、そのための政治宣伝を汪政権統治地区で全面的に展開することの政治宣言でもあった。宣伝関係幹部が集合した範囲としての「全国」も、実質的には江蘇・浙江など汪政権が日本軍の軍事力によって維持している範囲に限定される。これはとりもなおさず、久保田らが「調査」し得る「大旅行」の圏内とも一致する。

　ここでは、久保田の見た崑山県について、清郷工作に関わる部分を取り上げて検討してみたい。『報告書』には「第3章　日本現地機関と県政府との関係」との章立てがある[40]。実質400字程度の分量ではあるが、そこに日本軍崑山部隊連絡官が駐在し、占領後には宣撫班が組織されたが、1941年夏現在は上海特務機関の傘下にあるとの記述がある。周知の様に、日本軍の機構のうち「特務機関」は非軍事部門の活動全般を担当する部局であり、1937年南京陥落、汪政権「還都」を経て、そうした系統に入ったものである。汪政権成立後は「内政干渉を回避」するために「法制上」これを切り離し、「部隊連絡官」と改称した、とある。そして、「県政府の施政については部隊連絡官が、指導監督に当たってゐる」訳であるから、占領地区統治を特務機関が担っていたことを示している。事実、『新崑山日報』は「軍特務部崑山班発行許可」の文字をその題字に掲載している。

　さて、日本軍が崑山を占領したのは1937年11月12日[41]、直ちに宣撫班が活動を開始したものの、そのころは「主要郷鎮にて相当激戦」が展開された。治安が回復したのは翌年7月以降で、王佑之を県知事に知事公署が設置された後となる[42]。これは、「皇軍の徹底的討伐粛正並各機関の宣伝宣撫

<hr />

40　『報告書』13–15頁。

41　『報告書』第5章　崑山県政府の施政　17頁。以下、崑山県の統治状況に関しては、『報告書』17–20頁。

42　王佑之は維新政府成立後、民国27年5月26日に県長の委任を受け、7月5日に就任している。この間1か月以上の時間が空いており、江蘇省内他県県長の場合よりも長い（行政院宣伝局編発行『維新政府之現況　成立一周年記念』民国28年8月、152頁。なお、本書は上海木村印刷所印刷となっており、本文は日本文、一部漢語。上梓は民国28年3月28日と奥付にあり、発行まで5か月もかかるとは、一般的には理解しにくい）。

等各種工作と相俟ち、県政の運用亦宜しきを得たる結果」であったという。ちょうど、梁鴻志を首班とする中華民国維新政府が成立していた頃であるが、その威令は南京の一部にしか及ばなかったと評される程度に過ぎなかった。従って、日本軍の軍事力抜きに、崑山県知事が業務を行うことはまず不可能であったといえる。その後、1940年9月、県知事公署は県政府と改称され、県知事に代わる県長に厳東園が就任するに至った[43]。ここ崑山は汪政権の首都南京に比較的近いために政府の威令が「行はわれ易」く、農業県であって「事情」が複雑でないために「思想的背景も少ない」が、県境地区では「敗残兵、敵匪出没」状況があるために清郷工作が開始される、と説明される。そして、清郷工作には「警備隊・武装警察[44]主力」が集中して当たるため、新政府の活動を支援するには討伐に加えて「民衆の組織化」「自衛団結成」「宣伝宣撫工作」の展開が必要となる、というのである。

　それらの宣伝活動について、久保田はその組織概略を示している[45]。それによれば、基本的に県政府の業務として宣伝活動を行い、崑山に「第五地区宣伝委員会」を置く。県長が委員長を兼任し、汪政権軍第五地区警備隊長及び日本軍部隊連絡官

43　『新崑山日報』民国29年9月3日第2面、「県府大礼堂中　新県長厳東園氏　前日挙行就職典礼　当日接印視事出示佈告　各機関来賓観礼者甚衆」。同記事に依れば、新県長厳東園は上海出身46歳、上海民立中学卒業、辛亥革命後中華民国学生軍に参加、さらに陸軍入隊、保定軍官学校第2期歩兵科卒。雲南などで軍務につき、民国11年退役、その後、法律業務に関与、弁護士開業、上海事変後「上海北市人民維持会」を組織、新中国政治経済研究会に参加している。現地の混乱の中で、それを安定化させようとするために、日本軍との協力の道を選択した者のひとりと言えよう。

44　武装警察隊は警察署と独立した組織として1939年2月に成立し、崑山武装警察大隊のもとに2個中隊、236名が置かれている。中隊は各3個小隊が所属する。大隊長は県長が兼任し、治安維持、田賦徴集援助が主たる任務となるが、「皇軍の作戦にも協力し、至大なる効果」をあげた、とする。そのうち、第1中隊は以前の自衛団を改組したものであり、第2中隊は帰順匪を改編したもので、いずれも日本軍の部隊連絡官及び警備隊が訓練を担当する（『報告書』35頁）。

45　『報告書』25-28頁。「第5章　第2節　地政　4．宣伝機関及びその活動状況」。

が指導に当たる。実際の活動は宣伝班を各郷区公所などに置くとある[46]。興味深いこととして、官制民衆組織として「反共憂国同盟会」なるものが組織されている。『新崑山日報』民国30年6月6日号第1面下部に広告が掲載されており、同会が「和平反共建国文化を宣揚」することを目的としていることが記されている。そのために、賞金付きの論文・文芸文などを募集するというのである。久保田の報告によれば、同会は「対敵宣伝」に重点を置き、毎月「伝単」2万枚を撒布し、情報収集・「不逞分子」逮捕を行っていた。合法的な逮捕権を持つかどうかは不明であり、実際の人員や治安維持活動での実態はともかく、その一翼を担うことになっていたことは疑いない。その他、「流動劇団」すなわち巡回劇団が「反共和平活動」を強調し、「中日親善」と「鉄路愛護宣伝」[47]を行っていたが、第1次清郷が開始された1941年7月に解消された[48]。そして、第一期清郷工作が開始されると汪政権を支える「純正」国民党崑山県支部が行政と一心同体で宣伝活動に当たったという。

　そうした治安確保のための清郷工作では、当然ながらそこに住む人々を如何に掌握するか、が重要な課題となって現れる。久保田もこの点は理解している。しかしながら、中国社会の基本知識としての「保甲」について、「必ずしも支那特有のものでない」、日本の「五人組」に類似した組織、という程度の認識[49]にとどまっている。もちろん、書院の教育に於いては根岸佶以来の中国社会論があったのであるが、個別の学生に関しては各人の理解に待つしかない。とはいえ、「法規的にもより良く整備し、その実際上許容されてゐる活動範囲が広範且強大であり、……半官権的である……社会上のみならず文化上に於ても重要な制度……。自治の運用……軍警察の補助機関」であると「保甲制度」について叙述しており、文献的考察が不足してはいるものの、一応の理解はできている。それとは別に、久保田

46　なお、『報告書』25–28頁によれば、「県政府宣伝委員会」を「宣伝股」に改組し、主席委員以下委員8名で構成され、各種「伝単」を作成配布、宣伝大会の開催に当たったとあるが、詳細不明。

47　崑山県の鉄路愛護村は23か村2481人、自動車道路保持を任務とする公路愛護村は16か村501人であった（『報告書』33頁）。

48　「流動劇団」に関しては、下に挙げた様に『新崑山日報』民国30年5月24日第2面に以下に示す記事がある。清郷工作開始に伴って「流動劇団」が解散された理由は、定かではない。

49　『報告書』28–29頁。

が記録した嵐山県の保甲統計
に関しては、第 4 表を掲げる。

　第 4 表を見ると、先に上げ
た「第 2 表：総人口・戸数」
とは若干異なる数字が入って
いるが、理由は定かではない。
また、各項目を合算しても人
口総数に合わない。速断は出
来ないが、久保田が元にした
資料の出所、調査時期自体に
相違があるか、当初の資料そ
のものに問題があるのかも知

第 4 表　嵐山県城郷保甲戸口統計一覧表

区別	保数	甲数	戸数	人口総数
第 1 区	66	695	7,536	32,678
第 2 区	51	550	5,921	26,807
第 3 区	59	622	6,636	31,575
第 4 区	47	520	5,539	26,710
第 5 区	38	400	4,369	17,697
第 6 区	90	971	10,424	45,876
第 7 区	46	478	5,184	22,079
第 8 区	93	1,004	10,087	39,224
計	430	5,240	55,672	242,655
事変前	514	5,561	58,846	269,390

れない。もっとも、ある傾向を示すデータとしてみれば、「事変」前の数
字に戻りつつある、としたい意図はくみ取れよう。一般的な保甲制度の場
合、おおよそ10戸で 1 甲、10甲で 1 保となるのであるから、統計の数字
の上からはまずまずの状況ということが出来る。そして、この「保甲」に
基づき、清郷工作開始後は村民を動員し、各郷に自衛団を設置し、「一致
団結、愛郷心による模範村建設」をめざし、そうした努力がなされない場
合は然らざるものであり「非協力団として保甲連座によって処罰」[50]する
ことになっている。

2-5　教育への関心

　久保田は、『報告書』第 5 章第 5 節に「教育」をとりあげている。維新
政府の段階でも、人心掌握と治安回復のためには教育活動の安定的再開が
先決であるとして、当初から取り組んでいた課題である。筆者もこの問題
に関して、中国人教員の日本見学旅行について取り上げたことがあっ
た[51]。そこでも、対日協力の問題とは別に、現場教員の教育への熱意など

50　『報告書』41頁。
51　拙稿「維新政府の対日交流──中小学教員訪日視察団の見たもの」（拙編『対日協力政権と
　　その周辺──自主・協力・抵抗』愛知大学国研叢書第 4 期第 1 冊、あるむ、2017年 3 月、
　　pp. 209–238）。

が明白に見て取れた。久保田が見たのはすでに汪政権になった後であり、筆者が検討した時期を疾うに過ぎている。しかし、嵐山においては「復旧は甚だ遅々たるもの」[52]であり、初等教育に限ってみても、「事変」前の学校数で3分の1、児童数で2分の1程度に過ぎなかった[53]。

　問題は、教育に携わる教員問題である。久保田は「教職員の思想状況行動状況」の項目の中で、教員の大部分が事変前に抗日教育を受けて成長し、教壇で抗日教育に従事していた者が、「事変によって急転回」して「表面は忠実に其の職を守りつつあるが、其の思想と行動とは必ずしも一致してゐるとは考へられず」とせずにはいられない。従って、「環境の如何に依っては旧思想を謳歌するに至るとはいかなくても、日本を誤った角度から見る場合が起こらないとは限らない」と危惧の念を表明する[54]。この問題の根柢には「俸給問題」と物価高があり、急速な解決が必要であるものの、現状ではストライキまでは起きていない。それは「日本に対して危険思想を懐くものと見做されることを恐れるが為のみ」[55]であるとする。もちろ

52　『報告書』61–63頁の久保田の調査による。引用の文言自体は63頁。

53　初等教育の復旧状況は、小学校各種合計42校、129学級、7060人、教員167人であった。事変前は学校数145、児童数14899人であり、中等教育は1940年に県立中学が開設され、生徒数59、教職員11人であるものの、師範学校は復旧せず、省立農学校は未整備という状態であった（『報告書』62–63頁）。以下に、久保田が転記した就学児童統計表（『報告書』63–64頁）を附す。

嵐山県就学児童統計表（1945）

区別	人口総数	学齢児童総数	就学児童数
1	32,654	10,516	2,562
2	26,400	7,338	459
3	30,237	8,906	791
4	26,166	7,536	736
5	17,693	5,446	320
6	45,623	12,439	1,343
7	21,963	6,105	482
8	42,063	12,859	367
計	243,799	71,145	7,060

上記以外に私塾8か所、児童数161人が記録されている。久保田は、県政府の漢語資料を其の儘転記したと考えられ、小学生を「学生」としているが、私塾に関しては「児童」とするなど、記述に一貫性はない。本章では、現行の日本の教育制度に基づいて表記した。

54　『報告書』64–65頁。

55　同前。

ん、教員ストなどが起これば大事件であろうが、対日協力政権の背後にある日本帝国主義、という図式が見えてくる。かなり遠回しな表現ではあるが、『報告書』が東京に送られること、また書院内部の教員がすべてリベラルというわけでもないであろうことなどは、容易に想像がつく。よって、教員の在職訓練ないしは再教育、根本的には新規教員の養成採用が求められるわけである。しかし、事変前にあった師範学校は「未恢復」であり、現職教員の再教育訓練の機関も機会もないという[56]。しかしながら、すでに維新政府時期の1939年1月に教員養成機関の嚆矢として南京に教育部直轄臨時教員養成所が設置され、開所式が挙行されているのである[57]。この間の経過は現在の所未詳であるが、順調に進まなかったことだけは確かである。

　また、教材に関しては新政権、即ち汪政権教育部編纂の新国定教科書であっても「解釈如何によつては抗日教育に使用し得る」と久保田は指摘し[58]、維新政府以来3年にわたって続けられてきた「親日教科書」編纂が、体裁は整ったとしてもその中味となると問題をはらんでいたことを示している。もっとも、教室において教員が児童生徒に対する時、教科書「を」教えることが教育という営為であるとの理解があるが、実際にはその時その時、相手によって教員は相手に対するのであり、教科書の文面が執筆者や編纂者の意図に従って受け手に届くと考える方が、現実離れしている。

56　『報告書』67頁。

57　前掲『維新政府之現況』351–352頁。学生定員総数240人、今後も増員予定、1939年1月段階での学生数は学習期間6か月の本科は男子60人、女子43人、同3か月の特科男子115人、女子16人であった。

58　『報告書』66頁。なお、前掲『維新教育概要』13–18頁には「新教科書ノ編纂」の項目があり、軍特務部教科書審査者名表に主任将校工兵中佐菅野謙吾の名に続き、上掲の同文書院関係者である斉藤重保、同文書院教授福田勝藏、同文書院卒で上海自然科学研究所主事上野太忠、さらに大東文化学院卒で当時軍特務部総務課員の菊沖徳平、さらに東京音楽学校卒、弘前の藤小学校などで教鞭を執り、当時上海日本女学校講師であった成田蔵巳らがいた。菅野に関しては「満洲国軍事顧問並軍事教官一覧表外の件」（防衛省防衛研究所蔵『陸軍省-陸満密大日記-S9-10-39』JACAR（アジア歴史資料センター）Ref. C01003015400)、成田に関しては安田寛・北原かな子「明治四十年前後津軽地方における洋楽受容に関する考察」（『弘前大学教育学部紀要』第85号、2001年3月、91–98頁）参照。なお、成田は東京音楽学校卒業の教員であったこともあり、当時の中国人女性歌手姚莉が歌う「宣撫工作」を目的とした歌曲を作詞作曲し、日本ビクターが現地法人の「勝利唱片」から出している。筆者が本章執筆中、偶然にオークションサイト https://aucfree.com/items/256713113 でそのレコードの写真を見付けた（最終アクセス2022年2月23日）。

その意味から考えると、久保田の指摘は、教材と教育という視点に一般化できる方向性を持つと同時に、特殊な1941年夏という時期に限ってみれば、清郷工作が一定程度順調に進むにせよ、長期的展望を持つには現地中国民衆との間に信頼関係を構築するという、さらなる努力が求められることを意味している。

2-6 衛生状況への関心

　日本人の近代中国観を示す言葉として、草森紳一の著書『文字の大陸 汚穢の都』[59] の名を挙げることが出来る。久保田も「衛生思想は未だ普及の域に達してゐない」、主要郷鎮には漢方医が多数開業してはいるものの、利用するのは「主に中流以上の家庭」であることを指摘する[60]。すでに触れたように、日本軍の「宣撫工作」のうち効果を上げたものとして医療活動があるが、これについても皮膚病・眼病・マラリヤなどの主要疾病について、「巡回施療の際、相当の患者が見受けられる」[61] とする。『新崑山日報』にも、「軍特務部崑山班毎日送診給薬通告」という広告記事が掲載されており[62]、そこには日本人医師が4人、各科診療、急患随時とある。軍特務部の積極的な姿勢が窺われる。

　崑山地区の衛生施設としては県立病院と個人経営の病院が1か所ずつあるものの、診療費がかかるため一般住民は

本班爲民衆健康起見延請日本名醫師福田先生等四位來崑治外各科病症每日上午九時起至十二時下午二時起至四時止

來崑診治務希各界注意並請廣爲宣傳爲幸

軍特務部崑山班毎日送診給藥通告

凡遇家前急患隨時可以送

59　草森紳一『文字の大陸 汚穢の都――明治人清国見聞録』大修館書店、2010年4月。尾崎行雄・原敬・岡千仞・榎本武揚・伊藤博文の5人の日本人がほぼ初めての中国体験を通して、理念化され美化された伝統中国と、現実社会とのギャップを描いている。日清戦争を最初の海外体験とした圧倒的多数の日本人も、同様の認識を持つに至ったと容易に考えられる。こうした理念と現実との乖離をどのように統一的に理解し、整理するかが書院生に突きつけられた課題であったはずである。

60　『報告書』78頁。

61　同前。

62　本文中に示したのは『新崑山日報』民国28年2月10日、2～3面にまたがる「ノド」の部分の広告。掲載されていたのは、この日だけではない。紙面を開くと一番目に付くところとなる。前掲広中一成『華中特務工作』について述べた様に（本章注4）、衛生・医療活動は効果的な宣撫工作の手段であり、宣伝紙でもあった対日協力政権治下の親日的華字紙には、当然積極的にこれに関する記事・広告を掲載していった。

これにかかることなど出来ず、久保田の分類に依れば「施療院」が多くを
担っている[63]。具体的には、日本人基督教会崑山分館主持桝井久馬が「看
護婦 1 名を伴ひ、自ら施療に従事、時々各地を循環施療」していること、
また華中鉄道巡回施療班が随時派遣されており、さらにアメリカ人宣教師
ジョンソンが経営する浸礼会派診療所がアメリカの赤十字社より経費、薬
品を支給され、職員 6 名の体制で一日あたり 3、40名の患者の診療に当
たっていた。ジョンソンの診療所は事変後に開所されたもので、当初は無
料で施療にあたっていたが最近実費を徴収する様になったという。有償化
された理由には言及されていないが、日米関係の悪化の影響も充分に想定
できる。なお、キリスト教関係者の社会事業として、中日孤児院があげら
れている[64]。これは会衆派教会である中日組合教会の附属事業であり、
1940年 2 月に在米日本人の経済的援助によって事業を開始し、職員 8 名
が月あたり経費約500元で運営し、生後 8 か月～16歳まで17人の孤児の世
話をしていた[65]。上海は帝国主義諸国による租界が設定された地域である
ため、当然ながらキリスト教伝道が活発に行われており、書院生も徐家匯
のカトリック教会を目にしながら学窓での生活を送っていたのであり、教
員の中にも坂本義孝などのように YMCA に出入りするものもあった[66]。久
保田自身がそうした環境とどういう関係を取り結んでいたのか定かではな
いが、多少なりとも知識と影響を受けていたことは確実であろう。

2-7　久保田の「結論」

　久保田は、崑山県調査を経て「具体的な改善意見」として以下の 6 点を
あげている[67]。対日協力政権が如何に安定的に存続するか、が目的である。
それによれば、第 1 に「自治保衛の実を挙げ、以て敵陣営の活動を完封」
するための自衛組織の強化、第 2 に「時代に逆行するが如き課税は極力之

63　『報告書』78-80頁。
64　『報告書』82頁。
65　対日協力政権下でのキリスト者の活動については、松谷曄介『日本の中国占領統治と宗教政策——日中キリスト者の協力と抵抗』明石書店、2020年 1 月参照。
66　石田卓生「東亜同文書院とキリスト教——キリスト教信者坂本義孝の書院精神」（愛知大学現代中国学会編『中国21』Vol. 28、2007年12月、pp. 193-213）。
67　『報告書』93-100頁。

を避けなければ、却つて民心の離反に至る理の当然」であるから田賦の引上げは「今後」のこととし、公安費警務費は「寧ろ国家に負担せしめ」るべきこと、第3に従来の「支那独自の自由観念と徹底せる金銭観念」は目前の利害に眩惑されることに結果しており、「衣食足りての教育、金儲に資する為の教育」という教育観によって、子弟の教育自体が「動ともすれば等閑に附せられ」てきたことが根本的な問題であること、当面の課題としての教員問題も「殊に事変前の抗日教育をなした当事者によつて教育の局に当たらせ」ることに原因がある以上、「早急に再教育機関を設置することを要する」とする。そして第4には農業面での技術と多角経営など経営の改善、「陽城湖[68]や各河川」にて魚類蟹類を養殖するなどを指摘する。第5に交通運輸通信の公企業化は不可能であるが、農機具の導入や農民への財政支援は可能とする。日本の様な公営交通、国営鉄道との比較が念頭にあるのかも知れないが、具体策を提示しているとは言えない。そして第6として、物資統制の問題をあげる。物資統制の円滑が「民心把握工作上非情に重大」な意味を持つからであり、それがうまくいかない場合には「無知な民衆をして敵側に走らせしめる恐れ」があるからである。

　　「数千年来自由経済思想に耽溺し来たつた支那民衆は、経済の統制に関する認識なく、徒らに束縛されるが如き観念を懐く者少からず、従て作戦資源以外の日用必需品は、統制の精神に鑑み、巧みに敵地への流入を抑制しつゝ、占領地区内に欠乏せざるやうに考究すべきである。可能ならば一定物資に限り敵地への流入を許し、その対償として有利な作戦物資を吸収するが如き積極的な方策がとられるべきであると思ふ。」

　現在から見ると、中国と中国社会、そして中国民衆に対する見方としてはかなり問題を含んでいることは事実である。しかし、現在それを追及はすまい。これは、当時の書院における中国社会にかんする研究教育が学生に如何に表現されるかの一つの見本ではある。上にも述べたが、「文字の

68　「陽城湖」は「陽澄湖」の誤記か。陽澄湖のワタリガニは昔から秋の味覚として有名であり、近隣の技術の導入、ということであろうか。

大陸」として畏敬の念を以て対して来た中国の、実社会、日常生活の一面
は「汚穢の都」であったのである。そこに住む人々も、当時の日本の農民
とさほど違いはなかったはずである。

おわりに

　久保田は、嵐山での1週間の調査と蘇州・南京での見聞を経て、九江や
武漢など長江流域を旅行し、上海に戻った。夏期休暇に入っている時期で
はあるが、このあと日本に戻ったのかどうかはわからない。幾度か触れた
が、もっと遠方に旅立ちたかったのかも知れないが、次第に日米戦争が叫
ばれつつあったこの時期、独ソ戦開始に感慨を持ったにしても、その内心
は知る由もない。

　書院の一般学生の一例として久保田の報告を扱ってみた。結論などはや
はり平板であろう。それでも、ひとりで『日誌』と『報告書』を執筆し、
提出したことは、自身にとって学窓を巣立つ前のイニシエーションとして、
生涯の拠り所としての意味を持ったのではないだろうか。久保田が卒業し
た頃、中国大陸においてはまだ戦況も悪化したようには感じられず、出征
したところで死に直面するという緊張感は薄かったかも知れない。これは、
この後の書院生との大きな違いであろう。

第10章

蘇州・常熟の清郷（1943）

——亀井壯介報告から

三好 章

はじめに

　本章では、第40期学部生亀井壯介の報告をとりあげ、汪兆銘による対日協力政権が統治していた華中農村の、特に地方政権の状況について検討してみたい。そこから、王朝権力以来の「お上」と「民」の関係を、日中戦争全面化後の時期においても垣間見る事になろう。そしてそれは、伝統中国の農村に根ざし、やがて毛沢東によって清算されたとされる、中国基層社会のあり方でもあった。

1　書院生の蘇州行き

　昭和18年6月1日、東亜同文書院40期生の学部2年亀井壯介は、上海を離れ、蘇州に向けて列車で出発した[1]。常熟班として亀井とともに常熟を訪れたものは有野芳郎・西内寛隆・金海政秀・川崎宏太郎・木下勉であり[2]、そのうち有野・金海・川崎に関しては調査報告が残されている[3]。旅程の詳細は本章末に資料としてあげた亀井自身が残した「日誌」[4]（本章後掲

1　以下、亀井壯介の旅程とそこでの出来事に関しては国家図書館編『東亜同文書院中国調査手稿叢刊』2016年8月、第75冊、pp. 179–190による。他の同級生の日誌と応援に来た書院の教員や列車の時刻など、多少の出入りはあるがほぼ同内容であり、初期の作業として清郷をテーマに報告書を提出した亀井の日誌に依拠した。

2　亀井と同じ第75冊に日誌が収録されている。

3　有野芳郎「支那家族制度」、金海政秀「常熟県集荷配給機構について」、川崎宏太郎「常熟県金融機関調査報告」であり、いずれも第197冊に収録されている。

4　前掲『手稿叢刊』第75冊。

資料１）に譲るが、ここでその概略を見ておきたい。昭和18年、すなわ
ち1943年は時期的にアッツ島の玉砕、山本五十六の国葬というように、
開戦初期の優勢が次第に転換しているのではないか、と危惧する人々が銃
後の日本内地でも、また外地上海でも少しずつ、そして確実に増え始めて
いた時期であった。

　６月１日(火)午前７時20分、雨天の中、徐家匯の書院を出発し、午前
10時25分発の列車に乗車、午後１時10分、ダイヤ通りに蘇州に到着し
た[5]。途中、崑山を過ぎると田植に勤しむ農村が見えた。また、出発に際し
て、書院の小竹文夫教授から汪政権軍兵士である「和平軍」兵士が満鉄関
係者に暴行を加えた廉で銃殺されたとの話を聞いた。蘇州までは約70km、
２時間半の列車の旅であった。到着後、直ちに蘇中駐屯部隊特務機関へ向
かい、蘇州の実情に関して安藤大佐から３時間に亘って講義を受けた。ほ
とんどは清郷工作に関するものであった。その後、彼ら一行は下士官室に
向かい、そこで宿泊することとなった。書院生の卒業旅行に関しては、こ
の時期日本軍の保護が与えられていたが、その待遇は下士官相当であった。
宿舎を確保した後、蘇州城外南にあった「大丸」蘇州店[6]にいた同文書院
大学飛石初次[7]助教授を訪ねた。

　翌２日(水)、軍用トラックに１時間ほど乗車して常熟へ向かい、到着後
憲兵隊、県政府に挨拶、その後夜９時まで調査に関する打合せを行った。
宿泊は常熟部隊内、「涼しくて良い」とある。下士官待遇であるから、兵

5　日中戦争のほぼ全ての期間を通して、華中鉄道は特急天馬号をはじめ、普通列車に到るまで
　　ほぼダイヤ通りの運行を続けていた。これは、清郷工作のそれなりの成功を意味している。
6　現地では「蘇州百貨公司」と称していたが、新聞広告などには「大丸」のロゴマークが使わ
　　れ、従って日本人居留民は「大丸」と呼んでいた。当然書院生もそう呼び記録していたと考
　　えられる。
7　飛石初次（1914〜？）、1939年同文書院講師。ドイツ語、刑法担当。1941年の「職員業務分
　　担区分」（『東亜同文書院大学一覧』（東亜同文書院大学）では教授とある（加島「東亜同文
　　書院大学教員と愛知大学教員の人事的側面における接合性─両者の学部開設時と開学時にお
　　ける教員層の検討を通して─」『同文書院記念報』VOL. 24、2016年３月、58頁）。なお、大
　　島隆雄『アジア・太平洋戦争下における東亜同文書院の変容─いわゆる「評価問題」と「止
　　揚の諸契機に着目して─」『愛知大学史研究』第２号、2008年、14頁）が援用した昭和18
　　年５月現在の「東亜同文書院大学教員業務分担表」によれば職位は助教授、担当科目は刑法
　　および行政法、である。また、著書として『浙江司法状況視察報告　司法行政を中心として』
　　が東亜同文書院大学東亜研究部より1943年に刊行されている。亀井らを迎えた際の蘇州滞
　　在は、この研究と関わりがある可能性がある。

よりは設備の整った宿舎で、長江に近いことから川風なども吹いていたのであろう。さらに3日午前は興亜院華中連絡部元連絡官森下氏から常熟全般の説明を聞き、「造詣の深きお話」で「得る所大」であった。その日の午後には常熟県政府に県長王崑山、同秘書王新五を訪問、調査の挨拶をしている。

　調査は4日（金）午後から本格的に始まった。亀井は興亜院華中連絡部蘇州事務所および常熟県政府において、行政関係の資料閲覧、書き写しに専念した。当時の資料が多くの場合散逸していることから考えると、後述するように亀井が筆写した資料（本章後掲）の意味は大きい。調査は6日（日）の休日を挟んで9日（火）午前中まで、連絡官室と県政府で行われた。午後、日本軍部隊に同行して[8]徒歩で滸浦口へ向かい、長江を直に見た。汪政権軍を訓練していた日本軍部隊長が歓迎してくれた。翌10日（水）、初めての「戎克」[9]に乗って清郷工作の実態を見学、「沿岸には竹矢来がづらづらっと続いてゐる」風景を見、長江に面した北新闕でクリークから上がり、近くの汪政権軍所在の王巷へ徒歩で向かった。王巷では日本軍部隊長の訓話を中国語[10]に通訳し、翌11日（木）滸浦より船でクリークを常熟に向かい、12日（金）区公所、鎮公所で資料閲覧、筆写を行った。13日（土）には上海に戻った。その後、16日（火）に青島へ船で向かい、その後列車で済南―北京―奉天と巡回したが、こちらは調査と言うより、華北・満洲周遊に近かった。

　延べ13日間、2週間足らずの常熟調査であった。ほんの数年前の先輩たちと比べても短期間であり、「大旅行」とは言い難い規模であろう。しかしながら、次第に戦局が悪化するのを感じながらの「調査」旅行であり、最終期の書院生にとって、その規模とは関係なく、「卒業大旅行」ではあったにちがいない。

8　本人の日誌には「軍とともに」とある。本人は同道してのつもりかもしれないが、実態としては学生の護衛に日本軍が付いていた、と見るべきであろう。

9　「戎克」は海上輸送を中心に用いる船なので、勘違いしている可能性がある。

10　亀井が用いた漢語は書院で学んだ「北京官話」であり、長江下流域、ましてや常熟の地域言語ではない。後掲の資料第3表からもわかるように、郷長、鎮長クラスは全て常熟出身であり、中国の中でも教育がかなり普及していた農村地域の常熟ではあっても、通訳した亀井の中国語を兵士が理解し得たとは考えにくい。

2 亀井報告について

　亀井壮介は、上述のように蘇州北方にある常熟県に赴き、その県政を中心に資料を閲覧し、調査報告をまとめている。報告書は「常熟県県政調査」と題され、200字詰め原稿用紙、すなわち「ペラ」と呼ばれた原稿用紙に手書き77枚である[11]。学部の卒業論文としては物足りないようにも見え、「駄文」と本人も述べるが[12]、「学徒出陣」を控え、学窓に別れを告げる覚悟で記したものであるだけに思いが残ることが感じられる。

　さて、亀井による報告は汪兆銘政権が相対的にはまだ安定していた1943年[13]、その地方政権の実態を知る上で貴重な情報を残している。亀井の常熟県調査項目の詳細については本章末にあげた資料2を参照されたい。報告では、常熟の人口など基本データを示した後、地政学的位置関係から「経済的に外国品が上海を介して入ってゐる。それは化粧品等にも見られる。……30年も此処に住んでゐた外人もあり、スミット氏は無錫に学校、教会を有してゐたと言はれてゐる。……県城内を見れば、赤

11　前掲中国国家図書館復刻版、第197冊。
12　亀井は、報告書の末尾に「於昭和十八年十月二十二日　端倪す可からざる状勢の下、臨時徴兵検査を前に脱稿す　この駄文を以て学生生活より離せんことを痛み　且つ翻然蹶起すあり。」と記している。本文中にも記したが、常熟調査を行っているときは、まだ「学徒出陣」は行われておらず、時局が急を告げる中、学生としての本分に努めようとしていた姿がある。ところが、いざ執筆となるときに繰り上げ卒業となったわけで、無念さがうかがわれる。右に、その部分（亀井報告書末尾）を掲げる。
13　このころは、華北では前年からの飢饉で日本軍が中国住民に軍糧を供出したこともあり（劉震雲著劉燕子訳『温故一九四二　人間の条件1942　一誰が中国の飢餓難民を救ったか一』集広社、2016年1月。なお、中国版原著は1993年に出版され、2012年に張国立主演で映画『一九四二』として中国で公開された。）、住民に食料を支給できなかったように国民党も疲弊していた。また、延安では「大生産運動」を展開し、「自力更生」が叫ばれたが、その模範とされた八路軍の南泥湾開墾も含め、困窮からの脱出を探ったからに外ならない。そうした困難を打開しようと、延安の毛沢東から、旧知の周仏海を通じて汪政権とのコンタクトを探る動きがあった（蔡徳金編『周仏海日記（下）』1943年3月7日、3月8日、8月13日の項目。中国社会科学出版社、1986年7月）。

屋根の外国風の建築が多数存在してゐる事を知り得る」[14]と、自らの見聞をまじえて記しているが、皮相さは免れていない。踏査時間の短さの故であろうか。続いて、清郷工作については新四軍が地下工作を継続しているらしいこと、初期新四軍の活動であった江南抗日義勇軍の任天石[15]の来歴に触れるなど、必要なことは押さえている[16]。その上で常熟県の行政区域と行政組織、県政府の組織機構などについて記している。注目すべきは、地方行政が円滑に進まない地方が多い中で、常熟に関しては「地方経費の不足に依る人材の吸収難と言った事は常熟県には存してゐない。……新政治理念は相当徹底して居り、親日的雰囲気が良く……人材の素質は事変前のそれより低位ではあるが……大体三流所」と評価する[17]。亀井の評価の妥当性も含め、検討に値する内容ではある。ここでは、戦中期の書院生による「大旅行」報告書のなかにうかがえるものを確認することが目的であるので、その具体的検討の手始めとして、亀井報告のなかから常熟県政府の構成員表を取り上げてみたい。

　まず、県政府幹部クラス（第1表）である。

　幹部クラス10人に特徴的なことは、東呉大学、復旦大学卒業者を含むその学歴の高さ、行政関連職の経験者ばかりであることであろう。年齢的には30代が5人、40代が2人、50代が3人と、かなり若手を中心とした構成となっている。在来の県政府の構成員については不詳であるが、日本による占領下、はじめから完全に行政組織を解体した後で再構築することは考えにくい。しかし、亀井が調査したのは1943年であり、汪政権そのものも成立してまる4年が経過している。対日協力政権統治地区での業務経験者を行政と治安のトップに据え、政治運動としての東亜連盟運動にかかわるような教育、また清郷工作の実務関係、財務関係に30代の高学歴者を配している。ただ、教育局長程現溱と、清郷区執行委員会主任委員張鈺が、いずれも袁殊の手配で県政府に配されている点である。周知のように袁殊は汪政権では教育文化部門のトップに就くが、共産党の地下党員で

14　亀井報告3～4頁。

15　拙著『摩擦と合作　新四軍1937～1941』愛知大学国際問題研究所叢書、創土社、2003年2月。

16　亀井報告5～6頁。

17　亀井報告13～16頁。

第1表：県政府幹部一覧表

1．常熟県幹部一覧表

	役職	氏名	本籍	年齢 (歳)	所属政党	学歴	経歴
1	県長	王崑山	河北呉橋	57	中国国民党	江蘇省警察伝習所卒業	南京省会警察庁科長 鎮江警察隊隊長 常熟県公安局長 常熟県警察所長 常熟特別区公署長
2	県警察局長	韓国珍	奉天瀋陽	47	無	保定軍官学校卒業 奉天警官学校卒業	安徽憲兵司令部副官長 黒竜江軍務処第二科科長 東省特別区海拉爾満洲軍一面坡等処警察署長 延寿県警察局長 江蘇省会警察局総務科科長
3	県教育局長	程現漆	江蘇常熟	33	中国国民党	東呉大学卒業	上海中学教員 正風中学教員 常熟私立民徳中学教導主任並校董 常熟教建協会副理事長 常熟日報撰述主任
4	中国国民党清郷区常熟執行委員会主任委員	張鈺	江蘇常熟	33		復旦大学卒業	復旦大学助教授 民徳中学教導主任 清郷区東亜聯盟指導委員会委員
5	常熟県封鎖管理所副所長	金新	江西豊城	37	中国国民党	江蘇省幹部訓練班卒業 中央軍校第九分校特別班卒業	江蘇省保安第一団上尉副官連長営付 陸軍八十九軍少校団付営長 中央軍校軍官隊少校隊長 警政部特種警察教練所中隊長 鎮江鉄路警察段荐任団長 蘇州段段長 民政庁自衛団中校督練員
6	常熟県賦税管理所主任	唐仁	南京	30		中央大学卒業	特工総部警衛隊軍事教官兼行動隊政治教官 警察部特種教練所訓育主任 清郷委員会上校専員兼軍事訓練所軍官隊政治教官 江蘇省財政庁薦任専員 大東南地区清郷督察専員公署第二科長
7	秘書	王新五	北京	54		江蘇法政学校卒業	河北全省煙酒事務総局科長 財政部塩務署主事 大同県総務科科長 常熟特別区公署秘書
8	第一科長	楊紹遇	常熟	47		江蘇公立南菁学校卒業	常熟県公署民生科長 常熟特別区公署第一科長
9	第二科長	銭伯綱	常熟	54		常熟法政講習所卒業	常熟県財政局課員 高郵県嘉定県財政局課員 常熟県政府第二科長 常熟特別区公署第二科長
10	宣伝科長	張季如	江蘇	34			宣伝部科員 東亜連盟南京中国総会幹事

214

就職経緯	支那事変・大東亜戦争への認識程度	職務忠実度	対日態度感情など	人格	徳望	政治的手腕
民国31年3月2日1日常熟特別区公所改組に伴い、県長就任	高し	陣頭指揮、執務熱心	好感を有す	温厚円満なり	民心帰一し徳望高し	大胆にして又綿密周到なる著意あり、現職に置くを可とす
省警察局警察大隊長より昇格	普通	熱意深し	普通	物に動じざる堂々たる所あり	陣頭に立ち率先躬行徳望あり	現職に置くを可とす
民国31年1月16日袁教育庁長の命に依り就任	普通	良し	普通	没我教育のために働き高潔なる人格あり徳望あり、現職に置くを可とす		
清郷後党務擴充の際、党務弁事処袁主任より2月16日付の命令により任命	高し	面的業務への熟度大なるも全部への積極性に乏しい	好感を持つ	普通なり更迭の機会あれば更迭を要する		
民国31年6月前任朱所長病気により辞職のため省封鎖管理所長の命により就任	普通なり	態度十分とは言はれ難し	普通なり	外交的なるも軽きところあり	普通なり更迭の際あれば更迭の要あり	
	普通なり	熱意あり	普通なり		徳望あり現職に置くを可とする	

（8　第一科長　楊紹遇、9　第二科長　銭伯綱、10　宣伝科長　張季如の3名分、記載なし）

あった[18]。さらに詳細な検討が必要となるが、教育局長が職務熱心であればあるほど、戦後から考えるとその行動が疑われる。なお、幹部クラスには人物評価の欄があり、亀井が筆写した情報は言わば部外秘に属するもの、本人の目に触れてはならない考科表に類する物であったと考えられる。亀井が実地に農村を見たのはほんの2、3日にすぎず、ほとんど県政府などで資料閲覧に費やしたのであるが、その成果は後世に報いられているといって良いのではないだろうか。なお、県長王崑山の名は、後述の『江蘇日報』民国32年5月27日第3面の「常熟県長王崑山與沙田業主互控」など、しばしば地方紙に登場する。汪政権下の地方紙の性格ともども、興味深い。

次に県政府の職員（第2表）である。

第2表：県政府職員表

2．科員等

科員					
	氏名	年齢	出身地	学歴	経歴
1	周起之	51	常熟	上海神州大学法学部卒業	常熟蘇州上海河南教育行政司法職務 前常熟自治会会計科長 常熟県公署第二科科員
2	趙会誕	47	常熟	浙江省立法政専門学校法律本科卒業	前常熟県政府第三科科員
3	孫靖夷	49	常熟	常熟郷村師範卒業	前常熟自治会課員 常熟県公署公署県政府科員

保甲副主任					
1	孫建業	30	儀徴	南京文化学院卒業	儀徴県第四区区長

事務員					
1	陳韻和	44	常熟	初級中学卒業	前県政府書記及特別区公署事務員
2	呉鴻魁	48	常熟	江蘇輿地測量隊卒業	崇明県測量員 常熟県公署 県政府助理工程員
3	劉国彦	27	河北東光	高等学校卒業	書記 科員

18　岩井英一『回想の上海』（昭和58年8月、私家版）など。

書記					
1	奚善安	53	常熟	常熟法政講習所卒業	常熟地方法院検察庁書記員兼理司法 常熟県公署書記員 常熟県公署県政府特別区公署書記
2	蔣元培	32	常熟	常熟民徳中学高中部卒業	常熟特別区公署書記
3	金印六	30	常熟	文化学院卒業	前常熟禁煙局科員

農業指導員					
1	銭棣孫	40	常熟	中法大学卒業	常熟県立農場助理員

　これだけでは総計11人の小さな所帯である。そのほとんどが常熟出身者で占められ、地元学校卒業者と近隣の大都市である南京、上海の学校卒業者がピックアップされた感が強い。職歴も地元行政実務者がほとんどである。その中に書記金印六が「前常熟禁煙局科員」と記されているのは目に付いた。禁煙局とはアヘンの取締部局であり、裏を返すとアヘン取引と関わり合いがあったとも考えられるからである。

　亀井は、調査した常熟県第二区郷鎮長の一覧も載せている（第3表）。

　経歴の説明文は、亀井報告のままである。都合33人、その多くが初級中学以上であり、教育水準が元々高かった常熟[19]ならではの郷村リーダーといえる。しかも彼らは「地方公益をなす」「保長をなす」など地方有力者として「胥吏」と言いうる階層を形成していることが見て取れる。

　その他、亀井が筆写した情報は、上にも述べたが恐らくは県政府などの行政檔案であり、人事考課表であった。彼が、常熟での部隊長の通訳等をしているところからは口語の中国語を一方的に話すことは可能であったものの、現地語の聞き取りは不得手であったと判断せざるを得まい。しかし、書院生の一定の特権的立場が同じ日本人あるいは日本軍との親密な関係を持つものとして、当時の一般中国人の目に触れることのない文献を閲覧することが出来たのではないだろうか。

19　蛇足ながら、常熟は科挙史上多くの合格者を輩出しており、1905年に廃止されるまでに、2000人以上の進士がいる（「常熟歴代進士名録」、江蘇省常熟市地方志編纂委員会弁公室編『常熟市志（修訂本）』662〜668頁、上海辞書出版社、2006年7月）。

第3表：常熟県第2区郷鎮長一覧

3．郷鎮長一覧：常熟県第二区郷鎮長姓名表（三十三年二月作成に依る）

	郷鎮別	郷鎮長姓名別	性別	年齢	本籍	学歴	経歴
1	梅北鎮	張洪興	男	45	常熟	高小卒業	地方公益をなす
2	聚沙郷	唐耀祖	〃	41	〃	〃	保長郷長代理をなす
3	赤烏郷	黄応南	〃	39	〃	初中卒業	地方公益をしてすこぶる成績あり
4	師徳郷	喬暢懐	〃	38	〃	高小卒業	現在商会理事長
5	竹絲郷	金杏生	〃	36	〃	初中中途退学	保長をなす
6	留下郷	曹信孚	〃	41	〃	初中卒業	〃
7	師橋郷	徐祖蔭	〃	38	〃	高小卒業	地方公益をなす
8	大圩橋	呉復初	〃	39	〃	高中卒業	郷長をやる
9	湧金郷	蕭佩玉	〃	42	〃	初中卒業	地方公益をやる
10	趙市郷	任慶成	〃	37	〃	〃	地方公益をやる
11	洞堰郷	趙啓元	〃	30	〃	〃	
12	圩港郷	陸永夫	〃	37	〃	〃	催徴吏たり
13	周行郷	任炳年	〃	30	〃	初中卒業	地方公益
14	塘口郷	章受伯	〃	43	〃	高中卒業	郷長をやる
15	塘橋郷	毛鵬華	〃	40	〃	高小中退	地方公益
16	虹橋郷	蔡軼夫	〃	28	〃	高中卒業	浦東中学教員
17	聚泉鎮	沈雲喃	〃	30	〃	高小卒業	郷公所事務員
18	古段郷	曹寅臣	〃	46	〃	〃	郷長をやる
19	寨角郷	呂心誠	〃	41	〃	〃	
20	珍門郷	陳善衍	〃	55	〃	高中卒業	浙江省地方法院録事
21	万善郷	陳国華	〃	35	〃	高小卒業	初小教員
22	萬柳郷	馮玉書	〃	43	〃	〃	郷長をやる
23	淘沙郷	高仰水	〃	47	〃	高中卒業	初小教員
24	王市鎮	黄人端	〃	43	〃	高小卒業	耿涇区助理をやる
25	南陽郷	汪東元	〃	40	〃	初小卒業	地方公益
26	曇花郷	劉旭初	〃	43	〃	〃	薬業執委及保長
27	鵁城郷	陶星璐	〃	30	〃	高小卒業	地方公益
28	龍墩郷	陶星	〃	33	〃	初中卒業	耿涇区長第二区副区長
29	万花郷	張国慶	〃	44	〃	初小卒業	地方公益
30	鄧市郷	顧増元	〃	35	〃	高小卒業	初小教員
31	福堡鎮	丁寿康	〃	36	〃	初中卒業	教職員をやる
32	武安郷	沈信長	〃	46	〃	高中卒業	地方公益
33	崔浦郷	周宝琛	〃	41	〃	〃	郷長をやる

おわりに

　この時の書院生の蘇州訪問は、現地でも報道されていた。蘇州に本社を置く『江蘇日報』には、亀井らに遅れて蘇州を訪問した書院生について「滬同文書院教授　学生を引率して蘇州に調査訪問」と題する記事が掲載されている[20]。それによれば、当時国際法担当の同文書院大学教授神谷龍雄に引率された書院生10名が、6月5日に蘇州に到り、外国租界、日本人居留民の生活、経済活動などを調査し、学生は蘇州城内の地方経済を調査研究している、とのことであった。また、雑纂扱いではあるが、清郷工作を展開していた汪政権、実質的には李士群の新聞である『清郷新報』では「上海日本同文書院学生「柳田与平次」ら、蘇州地方の紅木の諸製品およびその生産と消費状況を研究するため、特に学生多数と共に蘇州を訪れ、実地研究を行った」[21]と報道している。これらの報道は、書院生の活動が現地の統治者、有力者には知られていたことを意味している。

　亀井以外に同時期常熟に入った書院生の報告には、上にあげたように有野芳郎「支那家族制度」、金海政秀「常熟県集荷配給機構について」、川崎宏太郎「常熟県金融機関調査報告」がある。さらに、近接地域や時期の近いものも多数あり、今後それらを整理検討したい。

　亀井報告は一定の立場以上の日本人でなければ見ることのできなかった内部資料を筆写し、現在に残した点に意味がある。現在の中国においても存在する「人事檔案」資料である。日中手を取りあって、蒋介石＝重慶政

20　「滬同文書院教授　率学生蒞蘇調査」（『江蘇日報』民国32年6月8日第2面）。『江蘇日報』は、汪政権江蘇省政府の所在地である蘇州で発行されていた一般紙。もちろん汪政権寄り、親日的な報道姿勢である。『江蘇日報』は民国30年10月10日創刊。すでに蘇州で刊行されていた『蘇州新報』の後継紙。『江蘇日報』創刊号第1面に「発刊詞」が掲載されており、「本紙が本日、新たな装いで読者諸兄の面前にまみえることができたのは、我々にとって非常な欣快とするところである！　本紙の前身は『蘇州新報』であり、『蘇州新報』は3年余りの奮闘を通して、和平運動の発揚に相当な努力を尽くしてきた」とある。『蘇州新報』は民国28年9月23日刊行が第409号であり、日刊紙が滞りなく発行されていたと仮定すれば、民国27年、すなわち1938年7月初めに創刊されたと考えられる。報道姿勢は当初より親日的であったと考えられる。なお、『江蘇日報』は民国34年9月7日が最終刊であり、日本敗戦後のため、蒋介石支持に紙面が変わっている。

21　『清郷新報』民国32年6月18日第4面、「瑣聞一束」。『清郷新報』は、清郷工作のために前年1941年6月に創刊された『清郷日報』の後継紙。執筆者などは、『清郷日報』とかなり重なっている。前掲拙編著『『清郷日報』記事目録』参照。

権や共産党と対峙しなければならないはずであるのに、当の中国人スタッフに対して「機会があれば更迭すべし」というような人事考課を行うのは、汪政権を支えていたはずの日本側である。清郷工作において厳に戒めなければならないとされていた日本側の理由のない優越意識が、中国人スタッフの目に見えないはずの部分で露骨に現れていたのであった。

　書院史全体から見れば、日中戦争時期の評価は人に依って分かれるかも知れない。しかし、卒業大旅行の目的であった現地に即した調査研究の精神は息づいていたと言っても問題はないであろう。それゆえ、本章で紹介した亀井壮介は自らの報告に忸怩たる思いを持つ誠実な学生であったのであり、必死に常熟県政府などで資料を筆写し続けたことに彼なりの満足感を得ていたのではないだろうか。

【資料1】

旅行日誌：昭和18年度

・常熟班

学部2年　　亀井壮介（第75冊　pp. 179-190）

6月1日雨天　出発
　　　　　午前　 7：20　学校発
　　　　　午前　10：25　上海発の列車に乗車、蘇州へ
　　　　　　　　　　　・小竹教授　和平軍兵士銃殺とのこと
　　　　　　　　　　　　　　　　・「満鉄の人」に暴行の由
　　　　　　　　　　　・崑山を過ぎると、田植
　　　　　午後　 1：10　蘇州着　雨天
　　　　　　　　　　　・部隊に向かう
　　　　　午後　 2：00〜5：00　安藤大佐
　　　　　　　　　　　・清郷工作に関する訓話
　　　　　午後　 6：00　下士官室へ、その後外出：下士官室に宿泊か？
　　　　　　　　　　　・大丸に「飛石先生」訪問
6月2日　午前　 8：45　部隊出発、軍用トラック乗車
　　　　　午前　10：00　常熟着
　　　　　　　　　　　・憲兵隊、県庁にあいさつ訪問
　　　　　午後　 9：00　調査に関する打合せ
　　　　　　　　　　　・宿泊：常熟部隊内、「涼しくて良い」
6月3日　午前　 9：00頃より　連絡官室訪問
　　　　　　　　　　　・旧連絡官森下氏より3時間の長時間説明
　　　　　　　　　　　　・全県全般の事情……「造詣の深きお話」
　　　　　　　　　　　　　　　　　　　　　　「得る所大」

　　　　　午後　県政府訪問
　　　　　　　　　　　・県長王崑山氏に面会
　　　　　　　　　　　・行政関係王新五氏に面会
　　　　　夜　　馬場君と「支那服」にて散歩、「老酒」にて気焔
6月4日　曇天　午前中　飛石・斉伯教授と虞山にて遊ぶ、旧址訪問
　　　　　　　　午後　連絡部へ、「資料を写す」、その後斉伯教授と茶館で間（閑？）談
6月5日　午前中　連絡部、県政府にて調査
　　　　　　　　・飛石教授、馬場、早瀬君と東門外に、民船にて城内へ
　　　　　　　　・故山本元帥国葬日、東門外に国旗（日の丸？）掲揚

　　　　　　　　　　・「宣伝部鍾氏の努力」

6月6日　最初の晴天　鍾先生と興福寺へ、途中新公園へ

　　　　　午後　2：00　帰隊、兵営より日本酒

6月7日　端午節　曇天

　　　　　午前中　連絡官室、県政府で調査

　　　　　夜　数野君と南門外で老酒、飛石先生とお別れ

　　　　　　　・南門外で日本人が拳銃を突きつけられた事件あり、夜部

　　　　　　　　隊出動

6月8日　大詔奉戴日

　　　　　早朝　黙祷、宮城遙拝　連絡部へ

　　　　　夜　数野君と散歩、常熟芝居を見る

6月9日　晴天　午前中　連絡部にて調査

　　　　　　　　午後　1：00　有志有野君、高瀬君、木下君と小生、軍とと

　　　　　　　　　　もに滸浦口へ

　　　　　　　　　　　・今回旅行の圧巻

　　　　　　　　午後　5：30　クリークを伝い、滸浦口へ

　　　　　　　　　　・かつて塩密輸地として有名

　　　　　　　　　　・揚子江に臨み、「塩臭い」

　　　　　　　　　　・訓練部隊長、「我々の来た事を大いに喜

　　　　　　　　　　　んで下さった」

　　　　　夜　部隊長と町を見学

　　　　　　　・官舎に寝る

6月10日　晴天　午前　8：00　乗船、「戎克に始めて乗った」

　　　　　　　　　　　・「沿岸には竹矢来がづらへっと続いて

　　　　　　　　　　　ゐる」

　　　　　　　　　　　・北新聞へ、その後杜甫で王巷へ巡察

　　　　　　　　　　　・和平軍に対し部隊長の通訳

　　　　　夜　「田舎料理に花が咲く」

6月11日　晴天　早朝　5：30　北闈を起床（文章に乱れ）、一路滸浦へ向かう

　　　　　　　　午前　12：00　滸浦着

　　　　　　　　　　　　・土産に土産老布の支那服購入

　　　　　　　　午後　2：00　乗船、常熟へ

6月12日　曇天　「領事館の証明書の件にて明日常熟を去る」

　　　　　　　・馬場兄と区公所、陳公所訪問、調査

6月13日　上海に帰る

6月14日　領事館に行く、青島行きの準備

6月15日　上海にて浩然の気を養う

6月16日　午前　9：30　上海港出帆、北上

6月17日　曇天　午後　4：00　青島着

　　　　　　　　　・散歩

　　　　　　　　　・大阪外語同窓会支部に羽根田氏を訪問

6月18日　晴天　朝　青島神社など名書を回る

（以下、青島→（列車）→済南→（列車）→北京→（列車）→奉天→7.4帰国）

【資料2】

調査報告書：常熟県県政調査（第197冊　pp. 263-353）

　　　　　　　　　　　　　　亀井壮介　　昭和18年6月1日～15日

県政調査項目

　　　第一節

一．全県又は特別区の位置、面積、総人口、人口密度地勢

二．文化程度

三．外国の影響度

四．重慶及新四軍の曾ての影響並に反清郷工作の程度

五．事事変後の県政の沿革

六．新国民運動の展開概況

　　　第二節

一．現行行政区域及区数

二．威令圏の拡大経過

　　　第三節

一．県政府の機構

　　（一）内部組織

　　　　1．既設内部組織系統表

　　　　2．裁局改科の実施経過

　　　　3．合署弁公制の準用状況

　　　　4．設立籌備中のもの

　　　　5．県政会議の開催度数

　　（二）附属機関

　　　　１．既設各種委員会及び諸会団体の目的及組織

　　　　２．設立籌備中のもの

　二．県政府の人的構成

　　（一）総説

　　　　１．地方人材及地方経費の不足と人材吸収難状況

　　　　２．新政治理念の普及と新人登庸状況

　　　　３．現在の地方行政人員の素質と事変前の其との比較

　　（二）県政府構成者の分析

　　　　１．県長又は署長、秘書、科長、局長につき次の事項を一覧表に作成

　　　　（イ）氏名（ロ）本籍（ハ）年齢（ニ）学歴（ホ）職業経歴

　　　　（ヘ）党派別（ト）思想動向（チ）対職務忠実度

　　　　（リ）新政治理念の認識度

　　　　　　特に県長に付き人格徳望識見統率力を記入

　　　　２．科員、弁事員、書記及び此等と同等以上の県行政人員に付き次の

　　　　　事項を一覧表に作成

　　　　（イ）氏名（ロ）本籍（ハ）年齢（ニ）学歴（ホ）職業経歴

　　　　（ヘ）派閥（ト）思想動向（チ）新政治理念の認識度

　　　　３．県行政人員年齢別表

　　　　４．県行政人員出身地別表

　　　　５．県行政人員出身学校別表

　　（三）任用

　　　　１．高等又は普通考試及格者の氏名総数

　　　　２．任用資格と官職との関係

　　　　３．県長の任免手続

　　　　４．任用と幕友制即ち官署の利党化

　　　　５．県長、局科長の事務引継状況

　　（四）待遇

　　　　１．本俸、加成、公米又は米貼一覧表

　　　　２．退職賜金の有無と程度

　　　　３．県行政人員の生活費を調査しその給与の不足分を算出

　　　　４．給与不足額の補填実況

　三．県政府の運営

　　（一）県長の県政統率概況

　　（二）官署の私営化傾向の程度

（三）行政能率調査の結果

能率低級なるときは其の主なる原因を列挙

（四）日本側の内面又は側面指導の影響

四．県行政人員の訓練

（一）訓練機関

　1．省又は弁事処立及び建立の常設及び臨時のもの

　2．訓練工作

（二）受訓者の利用又は特典及び受訓中の給与

（三）訓練実績

五．県政府の附属機関の活動状況

六．県連合協議会の有無若し之あるときは次の事項につき調査

（一）目的、（二）招集手続、（三）構成、（四）既に召集したる回数、（五）県党部との協力状況、（六）民間各界代表の協力に於ける熱意

第四節　区制

一．各区公所の内部組織と附属機関の目的組織

二．各区公所の人的構成

三．各区公所の運営

四．区行政人員の訓練

五．区公所附属機関の活動状況

六．区連合協議会の有無、若し之あるときは県連合協議会に準じて調査

七．郷鎮長会議の運営状況

第五節

一．各区郷鎮保甲、人口、壮丁数一覧表を掲げて概説

二．郷鎮公所の内部組織

三．郷鎮長につき次の事項を調査す

（一）郷鎮長の年齢、党籍、学歴、職業、執務能力、（二）任用資格、任免手続、（三）待遇、（四）郷鎮長の対保甲指導力

四．郷鎮行政の運営と愛護村

五．郷鎮長の訓練

六．保長会議の運営状況

七．保甲長の任用資格と任用手続との概況

八．保甲弁公処の経費の調達

九．保甲会議の運営状況

十．保甲と自衛

（一）従来の武装職業自衛団を改組し、警保連繋に拠り自警団又は警
　　防団を組織しあるや、之あるときは組織訓練運営などにつき調査、（二）
　　連保連坐切結の適用あるや否や、（三）自新戸の管理、（四）検挙匪犯
　　の協力、（五）形跡可疑の人の潜入に関する報告及び其の他の情報の
　　蒐集
十一．戸口異同査報に依り次の調査を行ふ
　　（一）帰来者の増加状況、（二）出生死亡の差額状況
十二．保甲の工作概況
　　（一）隔絶幕構築と看視、（二）公路橋梁水路の修築、（三）愛路組織
　　及其他の工役
十三．保甲長の訓練
十四．民衆訓練概況
　　意見→対策

226

編者あとがき

　3年間、準備期間を含めれば足かけ4年にわたる「書院生大旅行日誌・報告書再読研究会」の最終報告書として、本論文集をまとめることができた。研究会の経過は後掲の一覧を参照されたい。総じて、史料の所在確認、解析、輪読に明け暮れていたといっても過言ではない。人文の学の常として、特に歴史学は史料の学問であり、この作業が研究の大半を占める。1つ1つの史料を関心のある者が丹念に読み解く作業であり、それは具体的なスケジュールでくくれるものではない。また、大がかりなシンポジウムで公表したからといって、よい成果が得られるものでもない。何年か経って、あるいは世の中で忘れられた頃に、だれかが発掘してくれるかも知れない作業である。「卒業大旅行」報告書を執筆した当時の書院生も、あるいは彼らを指導した書院の教員たちも、同様の心持ちを持っていたものと信じている。

　当初、膨大な復刻史料の山を見て、興味深さはともかく、その分量に圧倒された。愛知大学東亜同文書院大学記念センターの設立経緯と密接に関わる史料であり、中国に残されたものと併せて漸く一体化した姿である。どこを見ても新たな知見がくみ取れる。研究会は、日中戦争前後の時期を研究フィールドとする三好の呼びかけで、近接分野の広中・長谷川・暁敏が当初のメンバーとなり、日清貿易研究所および同文書院研究を別の視角から進めていた石田・野口が加わった。研究会の目的と課題として「書院生の大旅行日誌および報告書などを再読し、当時の状況と現在との比較を行う。それを通じて、書院および書院生の調査・報告書のもつ先見性、現代性を再発見する。また、現在中国で進められている日本による戦前中国

227

調査に対する資料整理や研究について、その情報を入手、検討し、当方の研究活動との連携の可能性を探る。もちろん、言わずもがなではあるが、研究の主体性の確保と一次資料の確認が大前提となる」（2019年8月23日研究会）をあげた。

　中国に端を発し、世界中に拡大した新型コロナのため、本来計画していた書院生の道を本格的に再踏査することは叶わなかった。そのため、悪疫猖獗の前、2018年に訪れることの出来たフフホト市内とその近郊の現況との比較に関する論考（三好「「東亜同文書院調査報告書再読」試論──フフホト調査の意味を兼ねて」（同文書院記念報 Vol. 27, 2019年3月）はここに収めなかった。しかしながら、書院生の活動に関わるものとして同地域に関するカトリック関連の論考および教育関連の論考（長谷川）、山西省の新民会（広中）、華中地域では清郷工作と常熟・崑山の地方政権に関する論考（三好）などがその欠を補うものとして配されている。また、振り返って「卒業大旅行」の基盤と重なる日清貿易研究所時期に由来する書院の活動を見渡した論考（野口）、書院初期から日中戦争期に到るモンゴル地域に関する論考（暁敏）、「卒業大旅行」の史料状況に関する論考（石田）も、それらを補う以上の成果となっている。さらに、本プロジェクトが開始された頃、中国四川西南民族大学から在外研究に見えていた李彬氏の論考からは、中国における書院史料の活用状況の一端を知ることが出来る。

　残された課題もまた多い。報告書を執筆した書院生のその後の道程は、日本の戦後史と重なる。復興、そして東アジアをはじめとする世界との関係の再定義、それ以前に日中戦争・太平洋戦争に終わった日本近代の総括。いずれも、避けて通ることは出来ない。具体的に見ても、東亜同文書院大学が敗戦後どのように引揚げ、その研究資料や資産をどのように中国に手渡してきたのか、交通大学校舎を接収した中華民国政府の手続きはどのように進められたのか。それは、対日協力政権としての維新政府、それを継承した汪兆銘政権の連続、非連続とどのように関わるのかという問題とも重なる。日中戦争期に東亜同文書院が上海の人々とどのような関係を取り結んでいたのかなど、詳細な検討を要する課題であろう。これは、引揚げ後の愛知大学への接続、ひいては戦後教育体制への接続と関わる問題であ

る。愛知大学に「在外父兄救出学生同盟」の支部が置かれ、重要な活動拠点ともなっていたことは、『愛知大学史』にも記されている。書院生が如何にして家族との再会を果たしたか、個人的なことが歴史の中に組み込まれている。

最後に、研究会の軌跡を記しておく。

【研究会記録】

2018年12月24日　準備会

2019年 4 月26日　第 1 回研究会：李彬（西南民族大学）報告「『中国省別全誌四川巻』の中国語訳に関する報告」

2019年 8 月23日　第 2 回研究会：課題の確認と今後の方針

2019年10月 2 日　第 3 回研究会：史料状況調査（豊橋センターにて）

2019年12月18日　第 4 回研究会：経過報告、史料輪読

2020年 1 月19日　第 5 回研究会：三好章（愛知大学）報告「亀井壮介の見た清郷工作……常熟1943年」

2020年 8 月18日　第 6 回：関連手稿史料輪読(支那派遣軍高級参謀日記)

2020年 9 月12日　第 7 回：関連手稿史料輪読(支那派遣軍高級参謀日記)

2020年 9 月22日　第 8 回：関連手稿史料輪読(支那派遣軍高級参謀日記)

2020年 9 月28日　第 9 回：関連手稿史料輪読(支那派遣軍高級参謀日記)

2021年 5 月28日　第10回：経過報告

2021年 9 月23日　第11回：経過報告

2021年11月24日　第12回：松谷曄介（金城学院大学准教授宗教主事）報告「日本の中国占領統治と宗教政策……日中キリスト者の協力と抵抗」

本書は、膨大な書院生の「卒業大旅行」報告・日誌から日中戦争時期を中心に一部を切り取り、彼らの見たものを整理することを目的としている。それは「大旅行」がそれを企画した東亜同文書院の、さらにその母体となった東亜同文会の、いうならば明治日本のアジア観に支えられた「アジアを見る目」が歴史の現実の前に終焉を迎えようとしていた時であった。身の丈以上の拡大をはかり、自らが参加したはずのヴェルサイユ体制・ワシントン体制に対して力による現状変更を迫り、そして失敗していった。その

出発点は、やはり近代にある。「アジア主義」と一括りにされるが、きわめてアモルファスな思いに先人たちは惹かれ、信じ込んでいった。20世紀前半、書院生の多くが「大陸雄飛」に胸を膨らませ、上海に降り立った。彼らに悪気などあろうはずもない。中国の現実を見ても、何とか彼らを救わねば、との善意で対そうとした者が大半であったはずである。その彼らがなぜ1945年8月をもって中国での活動を停止し、引き揚げざるを得なかったのか。それまでの東亜同文書院と書院生の軌跡からも考察さるべきであろう。

　書院に関する研究は今後も継続される。従来のビジネススクールとしての東亜同文書院という側面だけでなく、書院生が見たもの、蒐集したものをどのように現在に伝えるか、文化的な側面、社会的な側面からのアプローチが迫られている。書院の21世紀的意義を考えようとするなら、当然のことであろう。

各章初出一覧

第1章……書き下ろし。

第2章……書き下ろし。

第3章……「東亜同文書院に関する一次資料の所蔵状況について：日本・中国・台湾に所蔵されている一次資料」（『同文書院記念報』Vol. 29、2021年）を加筆修正。

補論1……「書院生大旅行日誌・報告書再読研究会」第1回研究会（2019年4月26日実施）での口頭報告を文章化し、加筆修正。

第4章……「書院生のフルンボイルにおける調査旅行」（『同文書院記念報』Vol. 2、2008年）、「書院生によるフルンボイルに関する調査報告書」（『同文書院記念報』Vol. 3、2009年）、「書院生のフルンボイル調査を中心に」（『同文書院記念報』Vol. 5、2011年）を加筆修正。

第5章……書き下ろし。

第6章……「蒙疆地域における日本のカトリック工作　伊東重美「大旅行報告書蒙疆に於けるカトリック宣教師の活動状況」（1939）を手掛かりに」（『同文書院記念報』Vol. 28、2020年）に一部加筆。

第7章……「蒙疆地域における教育の展開と目指された成果――東亜同文

書院の大旅行調査報告書から──」（『同文書院記念報』Vol. 29、
2021年）に一部加筆。

第8章……「東亜同文書院生が見た山西省新民会──大旅行調査の教育的
意義──」（『同文書院記念報』Vol. 29、2021年）。

補論2……書き下ろし。

第9章……「1941年夏、崑山──清郷工作開始前後──」（『同文書院記
念報』Vol. 29、2021年）を一部加筆修正。

第10章……「亀井壯介報告から見た蘇州・常熟の清郷──「清郷」地区
に関する報告（1943）──」（『同文書院記念報』Vol. 28、2020年）
を一部加筆修正。

東亜同文書院大学卒業大旅行報告書タイトル一覧：
日中戦争全面化以後

（中国国家図書館『報告書叢書』第156〜200冊所収）

【凡例】

- ここにあげる報告書一覧は中国国家図書館が刊行した『東亜同文書院中国調査手稿叢刊』全200巻に収められているものから、日中戦争全面化、すなわち1938年以後報告書を抜粋したものである。
- 復刻版は原本の写真製版による復元であり、活字化されているものではない。従って、各冊に収められた報告の題目に関しては、叢刊としては目次が付されているものの原本写真版との突き合わせが必要であった。
- 冒頭の「第〇〇冊」は中国国家図書館復刻『東亜同文書院中国調査手稿叢刊』の巻数を示す。
- タイトル、執筆者とも原文は旧漢字であるが、カタカナ・ひらがなが混在している。そのため、ここに収録するに際し、かな文字は原文のまま残し、漢字表記については、筆者名はそのままの字体で記し、タイトルは常用漢字に置き換えた。明らかな誤記は訂正した。
- 国家図書館復刻の『報告書叢書』はタイトル・執筆者の順に目次を整理しているが、ここでは執筆者・タイトルの順とした。また、国家図書館復刻版にはタイトルに中文訳を附しているが、本書では不要と考え省略した。
- 報告書執筆は単独の場合と複数の場合がある。複数の場合、報告書表紙に記された順番に従い、「・」で区切った。
- 報告書タイトルは「　」でくくったが、［　］、（　）でくくってある場合は『報告書叢書』目次の表紙の標記に従った。

第156冊

昭和13（1938）年　第35期生

荻下利明・渡辺健次　「占領地域内ニ於ケル北支経済ノ概況、北支金融工作」

横尾幸隆・本土敏夫・田浦正成　「北支紡績業」

細萱元四郎・細川正直　「北支那の農業に就て」

望月今朝夫・上野善臣・小川弘一・内坂旆旗　「蒙疆地域に於ける金融経済」

新行内義兄・八木友愛　「北支経済工作ノ発展」

第157冊

昭和13（1938）年　第35期生

今里明・浜田守保　「新民会」

村上和夫・岩橋恒治・武藤義道・蓑津豊　［太倉県調査報告書］

翠田実・田村忠・河合一男　「呉県調査報告書」

井上喜三郎・小林安正・戸部茂　「常熟県」

清水正徳・増田忠治・植松清一・橘良高　［揚州調査報告書］

瀬戸謙・妻木辰男　「青浦県調査報告」

田中康稔・島田満穂・牛島俊吉・村岡侃・北野定雄　「松江県調査報告書」

青井政親・宮永善二・徳田計資計　「嘉興県」

長柄垚一郎・木谷達郎・吉田哲郎・服部晋二　［嘉善県調査報告書］

齋藤洲臣・伊藤哲三・水野学・水元健治郎　「呉興県調査報告書」

第158冊

昭和13（1938）年　第35期生

吉賀俊亮・深場寛・後藤文治・芹沢五郎・鈴木厲吉　「杭州ニ於ケル経済事情
　　　調査報告書」

富田清之助・菊地喜久治・橋本昇・中園静雄・近光毅　「江北南通調査報告」

渡辺長雄　「上海を中心とする中支通貨の問題──円紙変調の考察を視角とし
　　　て」

小岩井忠彦　「上海ノ工業ト日支事変」

梅原和夫・田中徹雄・神辺開治・河島恒夫　「事変下に於ける香港支那人の動
　　　向に就いて」

北川林男・高橋立太・五十川統・河田要一・古谷鉄衛　「英領馬来華僑の現状
　　　と其の動向」

坂下惣平・前田五郎・松原理一・中村源吉・浜和夫　［暹羅華僑調査］

第159冊
昭和14(1939)年　第36期生

小西末一　「華興商業銀行」

鹿谷良太郎　「上海交通調査」

岡幸雄　「河北省冀東地帯ニ於ケル棉花」

高橋克明　「河北省東北部物産の出廻、取引状況」

角田三郎　「河北省東北部人口」

広末治男　「(河北省) 貨幣金融状況」

第160冊
昭和14(1939)年　第36期生

明野義夫　「石家庄報人商工業者活動状況　附井陘炭鉱鉱務経営状況」

佃正道　「河北省ニ於ケル教育事情」

仲俣秋夫　「蒙古地区物産の出廻、取引状況」

伊藤重美　「蒙疆に於けるカトリック宣教師の活動状況」

桜井善一　「蒙疆ニ於ケル日本人商工業者ノ活動状況」

房野博　「蒙古連盟政府管内ノ教育状況」

大澤康男　「蒙疆地区に於ける羊毛資源に就いて」

第161冊
昭和14(1939)年　第36期生

浅川典生　「蒙疆金融事情」

宇野善蔵　「蒙疆教育概況」

南恭輔　「蒙疆地区に於ける支那人の対日感情」

山口勝之　「山東省に於ける教育施設状況に付て」

田所善良　「山東省の物産出回り取引状況に就いて」

第162冊
昭和14(1939)年　第36期生

浅山益生　「山東方言調査」

田中多四郎　「事変下ニ於ケル北支棉花ノ生産ト需要」

宮静夫　「山東省交通状況」

新野岩男　「山東省人口」

原豊平　「山東羊毛」

原豊平　「山東煙草」

湯下良　「山西省人口の統計的研究」

第163冊

　昭和14(1939)年　第36期生

津波古充誠　「山西省教育調査」

岡島永蔵　「山西ニ於ケル対日感情報告」

中澤多賀夫　「山西省（太原中心として）の金融事情」

石川久　「山西省の教育事情」

若槻英敏　「山西省南部交通調査」

水野義德　「山西省南部旅行調査研究報告書」

安田秀三　「山西省石炭調査」

安藤武治　「蒙疆に於ける交通状況」

第164冊

　昭和14(1939)年　第36期生

深澤治平　「察哈爾人口調査報告誌」

尾見博巳　「旧察南、晋北両政権管内ニ於ケル教育状況」

近幸一郎　「蘇州言語調査報告」

春名和雄　「南通教育概況」

奥田隆　［南通交通］

池田安正　「（揚州）塩」

名倉光三　「江蘇省江都県教育概況調査報告」

岡崎巌　「小麦の調査」

井唯信彦　「徐州海州地方交通状況」

松田正人　「隴海沿線ニ於ケル人口調査」

第165冊

　昭和14(1939)年　第36期生

河野龍雄　「中支徐州一帯の教育事情について（附開封付近の教育概況）」

今村一郎　「安徽省長江流域ニ於ケル日本人商工業者ノ活動状況」

前川利雄　「蕪湖、安慶の人口調査」

秋山安正　「安徽省に於ける物産出廻取引状況調査（特に蕪湖、当塗、安慶、
　　　　　　蚌埠を中心として」

松野稔　「江西省交通状況調査」
樹野阪治　「(江西省) 物産出廻取引状況」

第166冊

昭和14(1939)年　第36期生
野田久太郎　「皮革に就いて」
市村克孝　「漢口市場ニオケル豚毛」
古賀六郎　「武漢地方に於ける外人宣教師の活動状況」
光岡義男　「中支に於ける支那人の対日感情　特に武漢を中心として」
江渕薫　「漢口市場を中心とする漆の調査報告」
松尾勇夫　「湖南省岳陽地方貨幣金融状況調査」
山本尚長　「岳陽城人口調査報告」
今西照男　「広州市教育状況」
大坪正十三　「広州市に於ける第三国権益の特異性」

第167冊

昭和14(1939)年　第36期生
鹿毛政人　「広州市に於ける人口離散復帰の状態」
岡正住　「広州地方物資ノ出廻及取引状況」
西村敏雄　「広東省ニ於ケル鉱産資源ト鉄」
土本邦雄　「広東に於ける支那人の対日感情」
高相武彦　「広東の貨幣金融」
古市清　「広東地方交通状況」
田尻親種　「広東ノ生糸」
吉村英助　「海南島金融経済事情調査報告書」
下條義克　「香港華僑概説」

第168冊

昭和14(1939)年　第36期生
中山一三　「香港に於ける支那人の対日感情」
宮原正四郎　「香港ニ於ケル日本人商工業者ノ活動状況」
堀深　「香港ニ於ケル物産ノ出廻リ及ビ取引状況」
田坂三雄　「香港華僑調査」
林正秋　「宣教師ノ活動状況」

下垣内正典　「香港に於ける外人権益に就て」
横川武　「香港及澳門に於ける交通状況」

第169冊

　　昭和14(1939)年　第36期生
大峡一男　「香港ノ貨幣金融調査」
田坂領甫　「広東語一端」
岡田晃　「仏印労働条件及び Cals を中心としたる一研究」
大久保泰　「仏領印度支那に於ける対日感情について」
阪東薫　「印度支那に於ける仏国植民政策の概況」
田中信隆　「暹羅に於ける華僑の経済的地位」
河合祝男　「事変下に於ける暹羅華僑の動向」
松尾松一郎　［暹羅華僑調査］
村岡正三　［暹羅調査］
中輝雄　「比島小売市場に就いて」
松井端　「アカバ（マニラ麻）産業に就いて」
岡島正　「日支事変下に於ける比律賓政府の動向」
松永鷲　「独立に対する比島人の自覚に就いて」

第170冊

　　昭和14(1939)年　第36期生
富岡健次　［フィリッピン華僑調査］
鴨澤二郎　［比律賓独立ノ経済的ニ見タ可能性］
丹田四郎・上野陽　［馬来経済問題］
小林保・岩間正雄　「海峡殖民地華僑の政治動向」
長田憲一　「無職者問題ヲ中心トシタル海峡殖民地ニ於ケル労働問題」
　　昭和15(1940)年　第37期生
橋坂隼登　「上海租界内に於ける支那大学の現状」
佐古廣利　「天津紡績業の現状」
金井正次　「河北省を中心とする華北交通建設、建設事業概況」
風間金丸　「河北省に於ける教育状況」

第171冊

　　昭和15(1940)年　第37期生

238

日野原朝徳　「北京に於ける絨氈工業」

齋藤保夫　「河北省定県の財政」

阿部善種　「北支那経済開発ト日支合作問題ニ就イテ（一）」

阿部善種　「北支那経済開発ト日支合作問題ニ就イテ（二）」

阿部善種　「北支那経済開発ト日支合作問題ニ就イテ（三）」

蜂巣一郎　「北支に於ける自動車交通に就いて」

第172冊

　昭和15（1940）年　第37期生

松坂賢　「我が興亜政策の在支発展状況」

柴田武夫　「山西省教育復興状況」

平田文次　「大同を中心とする晋北地方の交通」

村井光三　「山西省陽曲県に於ける財政」

緒方正己　「事変前後に於ける山東紡績業に就いて」

前山博延　「山東省貨幣金融状況」

第173冊

　昭和15（1940）年　第37期生

加藤咨郎　「蒙疆に於けるカトリック教勢」

江藤茂樹　「蒙疆に於ける通貨金融事情」

吉田善次　「戦後ノ蒙疆ニ於ケル物資出廻状況」

八木了彦　「蒙疆の戦後復興状況」

立花正平　「杭州嘉興に於ける民船に就いて」

石崎三郎　「杭州に於ける工業」

今村俊一　「浙江省教育施設復興状況に就いて」

第174冊

　昭和15（1940）年　第37期生

宮永得行　「杭州市地理調査」

尋木慎一郎　「江南地方に於ける民船」

松浦春男　「江蘇省内部各都市の耶蘇教（新教）を中心とする外人活動状況」

平田剛　［浙江民船］

井原雄治　「杭州を中心とする貨幣金融状況」

森口薫　「杭州に於ける主要紡績工業」

井上道高　「湖州を中心とする商業調査」
西山泰元　「事変後に於る安慶都市事情」

第175冊

昭和15(1940)年　第37期生
吉村健次　「安徽省の地方財政」
吉本正男　「安徽省に於ける鉱産資源について」
前田知徳　「安徽省に於ける商業及び商品について」
望月伸佐　「安徽省の金融状況（蕪湖を中心として）」
安藤公一　「安徽省蕪湖に於ける物資の出廻状況(その輸送問題を中心として)」
深堀吉郎　「中支に於ける棉花の生産並分布状態」
森博民　「長江流域の麻」
兒嶋駒吉　「事変前後に於ける九江の工業を見る」
横井秀信　「江西省に於ける物資出廻り状況」
宮脇彌七　「南京を中心とする商品出廻りと其の統制に関する調査」

第176冊

昭和15(1940)年　第37期生
田坂豊　「興亜政策に於ける在支日本人の発展状況」
田原勢典　「華中水電現況」
蘆澤実　「漢口市場を中心とする湖北省の棉花に就いて」
中村文雄　「支那事変と漢口の物資」
浅野栄一　「漢口に於ける商業調査」
竹内馨　「事変後の武漢三鎮を中心とした一般地理概説」
佐藤勇　「中支に於ける国策会社に就いて」
清水広　「武漢に於ける教育復興状況」

第177冊

昭和15(1940)年　第37期生
森茂樹　「広東に於ける我が興亜政策の政治的経済的発展」
谷本忍　「広州市財政調査」
岡崎俊広・三苫収　「広東省の貨幣金融に就いて」
藤村敬三　「広東の戦後状況」
宮野静夫・滝田実　「広州地方物産の出廻取引状況」

仲田茂　「海南島の交通に就きて」
山本貞文　「広東に於ける貨幣金融状況」
赤堀清　「澳門に於ける教育状況」

第178冊
　昭和16(1941)年　第38期生
古橋賢次　「上海共同租界警察機構に就いて」
原田留吉　「上海居留民団の沿革に就いて」（186期にも同名報告書あり）
森五郎　「上海市中央市場に就いて」
山根良男　「事変後の北支鉄道に就いて」
稲野達郎　「合会の研究」
大森実　「天津の工業に就いて」
森脇優登　「北支の金融に就いて」
松本鎮夫　「河北省を中心とする華北自動車交通に就いて」
荒木茂・森精市　「包頭に於ける当鋪の研究」

第179冊
　昭和16(1941)年　第38期生
奥野重雄　「山西省の鉄道に就いて」
高橋克夫　「山西省の教育について」
有野芳郎　「特別円の性格と円為替集中制について」
蔵岡習志　「太原に於ける織布マニュに就いて」
樋藤軍二・木村正三　「北支居留民団及び居留民会に関する調査」
坂井一　「山東省の教育復興状況に就いて」
永江和夫　「青島を中心とする日系煙草会社と英米トラストとの商業的各地区
　　　　　に就いて」

第180冊
　昭和16(1941)年　第38期生
山本君平　「青島に就いて」
岡田孝之　「青島港を中心とする民船業に就いて」
齋藤裕三　「青島工業一般状況」
秋貞健一　「厚和に於ける絨毯業」
中條康彰　「民族運動より見たる喇嘛に就いて」

尾灯昇　「蒙疆に於ける学校教育の現状に就いて」
白井秀夫　「察拉齋県に就いて」
山本隆　「鎮江県の県政に就いて」

第181冊

　　昭和16(1941)年　第38期生
岡幸雄・瀧石彰一　「江蘇省昆山県を中心とせる物資の出廻り並に統制に就い
　　　　　て」
山谷儔　「昆山県に於ける教育復興状況」
久保田太郎　「江蘇省昆山県の県政に就いて」
山田順三　「南京、蘇州を中心としたる支那側学校教育に就いて」
鈴木隆康　「南京、蘇州を中心とせる欧米人の教育事業復興状況」
道旗林三郎　「鎮江県に於ける教育復興状況」
鈴木信　「鎮江金融状況」
新井宝雄　「杭州市を中心とする経済地理」

第182冊

　　昭和16(1941)年　第38期生
武藤義一　「杭州市を中心とする浙江省交通一般状況」
小林三郎　「蕪湖の土布工業に就いて」
山崎正春　「安徽省の教育状況」
笠坊乙彦　「安徽省の政治概況」
泉澤尚太郎　「事変前に於ける江西省行政制度概略と戦後の推移に就いて」
河本忠司　「景徳鎮陶磁器の商業的調査」
尾形明　「南昌県の財政」
荒木勇　「戦時下に於ける九江の米穀に就いて」
工藤良徳　「九江県に於ける教育復興状況」

第183冊

　　昭和16(1941)年　第38期生
白子三郎　「江西省徳安県の財政に就いて」
大脇秀次　「南昌方面に於ける物資出廻状況に就いて」
清水健次郎　「南昌に於ける工業に就いて」
松本正　「南昌に於ける支那家族の組織に就いて」

宮原一　「支那農村金融に於ける頼母子講」
加藤幸男　「漢口の人口問題」
松下京平　「湖北省棉花事情」
平井勉　「湖北省各県地方財政」
青木繁男　「漢口に於ける金融調査」
荻原義久　「漢口特別市政府の財政に就いて」
青柳里美　「居留民団の調査」

第184冊

　昭和16(1941)年　第38期生
小澤潤一郎　「武漢工業調査」
宮坂喜雄　「湖北省漢陽縣県政調査」
三枝重男　「武昌県の県政に就いて」
友野裕　「武漢地区の交通に就いて」
安藤健吉　「武漢三鎮に於ける主要工業調査」
橋本清　「武漢を中心としたる湖北省教育調査」
久保田元次郎　「漢口地方の物資交流と合作社に就いて」

第185冊

　昭和16(1941)年　第38期生
松崎茂夫　「事変後の漢口市政に就いて」
青山貢　「漢口特別市に於ける教育復興状況」
井上俊一郎　「湖北省省政調査」
殿塚隆治　「咸寧県、蒲圻県、岳陽県及新堤県地方の戦後状況」
田尻泰正　「廈門に於ける紙箔工業」
佃豊治　「廈門の教育状況（附鼓浪嶼教育状況）」
伏木清吉　「廈門に於ける米粉業」
皿谷伊勢男　「廈門の貨幣金融及び華僑に就いて」

第186冊

　昭和16(1941)年　第38期生
高田武　「廈門人口問題に就いて」
原田留吉　「閩江流域の経済に就いて」（178期にも同名報告書あり）
藤原敏大　「廈門の教育状況」

岡部賢一 「廈門市商会の現状に就いて（附廈門の貿易及び物資出廻状況）」

高屋孝之 「汕頭地方出身華僑最近の動向」

三上量三郎 「汕頭市潮陽県各地の教育状況」

阿部博光 「汕頭の銭荘に就いて」

鶴田正男 「広州対外貿易事情」

西村正介 「広東地方の水上交通」

木田弥三郎 「広東、香港商業ルートの現状」

白柳義一 「蚌埠皮革工業事情」

第187冊

昭和16(1941)年　第38期生

鹿又秀一 「広東貨幣金融調査」

池田陽二郎 「広東地方の交通に就いて」

新角俶郎 「広東の居留民団に就いて」

本郷正男 「広東省の教育に就いて」

綱木正昌 「広東省に於けるタングステン取引状況」

山領康夫 「広東地方に於ける米に就いて」

中島秀孝 「広東に於ける象牙業に就いて」

山口栄 「広東の土布工業に就いて」

第188冊

昭和17(1942)年　第39期生

高橋昇治・奥田隆春・黒木正吉 「主要都市における金融機関及通貨の現状」

佐藤泰司・高田宣夫・坂下雅章・大島新吾 「包頭に於ける蒙古業（包頭市の
　　　経済的機能の分析）」

中村輝美・大江勝・吉田偉三・秋元伸一 「純蒙地域政治建設状況」

中村輝美・吉田偉三・大江勝・秋元伸一 「華北方面政治建設情況調査報告書」

日野茂樹・内丸五典・宇佐美和彦・小野良章 「太原に於ける糧行につきて」

福田経・徳永速美・立見章三・田沼菊彌・松城弘 「華北に於ける政治建設状
　　　況（新民会工作を中心として）」

富田定・平木義高・高宮敬 「北支政治建設」

第189冊

昭和17(1942)年　第39期生

石丸俊雄・真下九五雄・古本祝・溝上慶治　「都市の経済的機能の分析(石門)」
　　　　湖南常徳

阿部弘　「支那に於ける現在の政治建設状況」

坂本浩　「支那に於ける政治建設の状況」

西澤信男・中村益士・唐川博　「北京を中心とした駱駝業の調査」

湊保・金丸一夫・宗方健二郎・絲谷禮輔　「北京語補助動詞の研究」

廣長敬太郎　「天津旧英国租界」

山田静夫・横田文真・大久保啓三・鵜飼達哉・杉山恭衛　「新政権下に於ける
　　　　教育建設状況」

第190冊

　昭和17(1942)年　第39期生

芹沢五郎・内倉三郎・小島和雄　「燕郊鎮の概略」　河北廊坊

松尾七郎・石丸岩夫・鈴木吉之・久保徹之　「大東亜戦争の支那人並に在支外
　　　　人に與へし影響」

三浦良男・岡秀彦・渡邊卓郎　「都市の経済機能の分析」

東輝夫　「安慶の救済事業」

蜷木定輝・土田正治　「人民団体」

第191冊

　昭和17(1942)年　第39期生

大森史郎・鈴木良介　「漢口地方の軽工業について」

緒方正義・安藤資郎・村田裕彦　「漢口を中心とする棉花蒐荷制度」

村田裕彦・安藤資郎・緒方正義　「農村生産物の蒐荷制度（蕪湖の米）」

阿久津房治・小野桂・門田功　「北支、中支政治建設の状況について」

百瀬源・田中市松・秋山征士・瀧本一夫　「蘇州並びに蚌埠に於ける金融機関
　　　　と通貨の現状」

第192冊

　昭和17(1942)年　第39期生

佐伯朝春・玉村三夫　「英米在支権益の大東亜戦争後に於ける帰趨」

堀口博國・北村清八郎・清野幸雄・岩尾淳一　「清郷工作と純正国民党」

宇佐忠人・増井晃　「無錫県県政調査」

馬殿幸次郎・加来揚次郎　「寧波地方調査報告：錫箔業及経済一般事情」

今田章・藤村正輝・綿引喜之 「増産と蒐荷対策（華北棉）」

今田章・藤村正輝・綿引喜之 「杭州附近を中心とする棉花の蒐荷制度及一般棉花状況」

今田章・藤村正輝・綿引喜之 「花行の沿革と棉花一般銷流経路及北支棉花増産機構一覧表」

乾正己・織本健二郎・駒井輝夫 「杭州許氏祠堂、蘇州潘氏祠堂調査報告書」

第193冊

昭和17(1942)年　第39期生

鹿島達也・藤本博・中山節夫・中西芳一・佐味健太郎・蔭山恒義 「天津と中支間の経済関係」

中山喜久蔵・清水一夫・牧廣・内山敬忠 「大東亜戦争の中国人並に与へし影響」

松野谷夫・岡本健・高原茂美・杉本出雲 「満洲国北安省綏稜県第三次開拓団瑞穂村」

田中卓也・小松秀吉・日野晃・重松盛二 「英国皇領植民地時代に於ける香港の経済機構（貿易　附皇軍占領後の建設状態）」

星久次・深澤邦基・小野敏平 「第七次七虎力開拓団調査報告」

昭和18(1943)年　第40期生

山尾照芳 「（太倉）家族制度」

山尾照芳 「（太倉）人口」

片岡正一 「太倉県の沿革及び自然」

第194冊

昭和18(1943)年　第40期生

関屋重政 「（太倉）県政調査」

久保田穣 「（太倉）経済（工業調査）」

山本多賀夫 「太倉県下の訓練、出版物、宣伝及宗教」

内倉吉憲 「（太倉）治安調査」

柘植大六 「（丹陽）宗教」

川崎謙吉 「丹陽県清郷工作党務概況」

宮田一郎 「丹陽県双廟郷史家村及同県中仙郷章家坂に関する社会的考察一斑」

丸川辰生 「（丹陽）金融調査報告書（附貨幣、物価）」

松田又一 「丹陽県県政調査報告」

田中重信　「丹陽県金融調査報告書」

南里誠治　「丹陽県」

甲斐照利　「丹陽工業実態調査報告」

第195冊

　　昭和18(1943)年　　第40期生

丸尾忍　「(丹陽)文化宣伝、訓練、出版物」

藤田信弘　「呉県方言調査」

寺澤衛　「呉県史地」

林勲　「呉県県政」

松本和夫　「呉県に於ける蒐荷及び配給調査報告大要(前編)」　後編無し

橋本冨士雄　「呉県教育、宗教調査報告」

下隠登喜吉　「呉県楓橋鎮内諸部落の社会的考察」

加藤和　「呉県ニ於ケル政治指導」

北村求　「呉県金融調査報告」

第196冊

　　昭和18(1943)年　　第40期生

谷山善夫　「蘇州工業調査報告」

川村實　「南通県工業調査報告」

齋藤鐵彌　「(南通)経済」

高木芳郎　「(南通)習俗言語一般」

小川清　「南通蒐荷配給」

石橋達郎　「南通教育調査報告書」

平尾尚　「司法報告書(南通　第二部)」

平尾尚　「財政報告書(南通　第二部)」

佐藤金人　「蘇北清郷工作南通特別区行政調査報告」

第197冊

　　昭和18(1943)年　　第40期生

赤司武夫　「南通経済班蒐荷配給ノ二」

有野芳郎　「支那家族制度」

金海政秀　「常熟県集荷配給機構について」

吉澤仁　「(常熟)経済──集荷及ビ配給ニツイテ」

龜井壯介 「常熟県県政調査」
早瀬次雄 「常熟縣に於ける統制経済の現況」
堤徹 「支那社会の実證的研究」
川崎浤太郎 「常熟県金融機関調査報告」

第198冊

昭和18(1943)年　第40期生

吉川一郎 「(常熟) 人口ニ関スル報告」
永野巌 「常熟ニ於ケル金融 (通貨・物価)」
小中清 「[常熟言語、習俗]」
大屋英夫・數野泰吉 「常熟県教育調査報告」
馬場重定 「常熟県司法調査要綱」
高瀬恒一 「(常熟) 史地」
　　　　　「江蘇省常熟県財政調査」
黒澤貞夫・菅野俊作 「(泰県) 治安」
井澤寛 「泰県に於ける宣伝調査報告」
藤井芳彦 「(泰県) 金融、物価調査報告」
秋山善三郎 「泰県宗教調査報告」
秋山善三郎 「泰県方言調査報告」
峰岸慶六 「泰県人口家族制度」
清水好孝 「江蘇省泰県財政調査報告書」
尾藤勝彦 「統制経済」
高久七郎・今江七郎 「(揚州) 人口、家族制度」
吉田正夫 「江都県治安調査報告書」
花井清二良 「江都県宗教」
花井清二良 「江都県郷土芸術」
花井清二良・原田正人 「江都県経済 (集配)」

第199冊

昭和18(1943)年　第40期生

増山恵三・江崎春太郎 「楊荘の社会的考察」
柴田敏之 「江都県金融通貨物価概況」
小松康宏 「(江都) 風俗」
小松康宏 「(江都) 言語」

鈴木俀 「江都県行政組織」

伊藤茂 「江都県に於ける教育概況」

菊野幸夫 「江都県財政調査」

中村信 「(無錫)県政調査報告」

加藤美治 「無錫の金融機関について」

高田富佐雄 「無錫地区に於ける蒐荷及び配給の現況」

田坂博能 「無錫に於ける言語並に習俗」

山本福三 「(無錫)訓練、宣伝、出版物」

市河正和 「無錫郷土芸術」

原不二郎・原英一 「(崇明島)史地」

笹田和夫 「崇明島金融調査報告」

青木正視 「崇明島調査班宗教調査報告」

高本恒夫 「[崇明に於ける行政]」

比嘉定雄 「崇明島教育調査報告」

河岡洋一 「(崇明島)」

藤井孝一 「崇明島社会構成及ビ職業団体」

西多喜雄 「(崇明島)配給」

第200冊

昭和18(1943)年 第40期生

高遠三郎 「崇明島蒐荷調査報告書（二）」

笠川幸雄 「崇明政治班（財政）」

柿崎守俤 「崇明班治安調査」

小倉義信 「崇明島の工業調査」

本里明 「常州の金融機関」

立上良美 「江蘇省武進県教育調査報告書」

宮本幹男 「(武進)訓練、宣伝、出版物」

工藤俊一 「武進班（宗教編）」

赤澤修二 「武進県言語習俗調査報告」

向野貴文 「(武進県)人口、家族制度」

菊池博 「武進県に於ける統制経済」

長島一夫 「[武進史地]」

奥野珠雄 「蘇北清郷視察記」

松尾長 「江蘇省海門県言語調査報告」

上野肇・光安彦臣　「海門班（金融)」
益田憲吉　「海門調査班（宣伝、訓練、出版物)」
福島茂・松尾悦夫　「海門に於ける蒐荷配給状況」

執筆者紹介

《編者》

三好 章（みよし あきら）

1952年生。愛知大学現代中国学部教授。愛知大学東亜同文書院大学記念センター長。
一橋大学大学院社会学研究科博士後期課程修了。博士（社会学）。
主要論著：『摩擦と合作——新四軍1937〜1941』（創土社、2004年）、『根岸佶著作集』
全5巻（編集解説）（不二出版、2015〜2017年）、『アジアを見る眼——東亜同文書院の
中国研究』（あるむ、2018年）。

《執筆者》

野口 武（のぐち たける）

1981年生。愛知大学非常勤講師、豊橋技術科学大学非常勤講師。愛知大学東亜同文書
院大学記念センター客員研究員。愛知大学大学院中国研究科博士後期課程修了。博士（中
国研究）。
主要論著：「日清貿易研究所出身者の「立身」と教育機会（2）」（『愛知大学国際問題研
究所紀要』第148号、2016年10月）、「「日清貿易研究所」研究の整理と課題——東亜同
文書院前史としての位置づけとして」（『アジアを見る眼——東亜同文書院の中国研究』
あるむ、2018年3月）。

石田卓生（いしだ たくお）

1973年生。愛知大学非常勤講師、愛知大学東亜同文書院大学記念センター研究員。
愛知大学大学院中国研究科博士後期課程修了。博士（中国研究）。
主要論著：『東亜同文書院の教育に関する多面的研究』（不二出版、2019年）、分担執筆・
藤田佳久編『東亜同文書院卒業生の軌跡を追う』（あるむ、2020年）、「『華語萃編』初
集にみる東亜同文書院中国語教育の変遷」『中国研究月報』72(2)（2018年）。

李彬（り ひん）

西南民族大学副教授。四川大学博士。
主要論著：「清末民初日本対川渝的調査——以《中国省別全志》四川巻爲研究範例」（『西
南民族大学学報（人文社科版）』2019年第1期（CSSCI期刊））。「"文字叙事"建構"歴
史記憶"：解読日本戦争文学的証言書写」（『社会科学研究』2021年第2期（CSSCI期刊））。
訳書：『中国省別全志第五巻四川省』中国文史出版社、2020年。

暁敏（しょう みん）

1977年生。内蒙古大学経済管理学院講師、中国内蒙古自治区地縁（広域）経済データ
研究センター執行センター長。愛知大学東亜同文書院大学記念センター客員研究員。
愛知大学大学院中国研究科博士課程修了。博士（中国研究）。
主要論著：「ダウルはモンゴルか否か——個別民族としての歩み——」（ボルジギン・ブ
レンサイン編著『内モンゴルを知るための60章』明石書店、2015年）、「書院生の内モ

ンゴル中部の商業経済調査について」(加納寛編『書院生、アジアを行く——東亜同文書院生が見た20世紀前半のアジア』あるむ、2017年)。

長谷川怜(はせがわ れい)

1986年生。皇學館大学助教。愛知大学東亜同文書院大学記念センター客員研究員。学習院大学大学院人文科学研究科博士後期課程単位取得満期退学。修士(文学)。
主要論著:「『講談社の絵本満洲見物』が伝える満洲イメージ」(『皇學館史學』37号、2022年)、「学生は大陸で何を見たか——神宮皇學館の海外修学旅行から」(『日本歴史』872号、2021年)、「満洲天理村移民の戦後——引揚げから奈良・三重での再植民まで」(『別冊総合人間科学』3号、2021年)〈共著〉田浦雅徳監修『橿原神宮史続編』(国書刊行会、2020年)。

広中一成(ひろなか いっせい)

1978年生。愛知大学非常勤講師。愛知大学東亜同文書院大学記念センター客員研究員。愛知大学大学院中国研究科博士後期課程修了。博士(中国研究)。
主要論著:『後期日中戦争——太平洋戦争下の中国戦線』(KADOKAWA、2021年)、『傀儡政権——日中戦争、対日協力政権史』(KADOKAWA、2019年)、「日中戦争初期華北における仏教同願会の成立と対日協力」(『東洋史研究』第77巻第2号、東洋史研究会、2018年、62–93頁)、「ふたつの授業ボイコットからみた東亜同文書院の学校運営の問題(1920〜1930年)」(『史潮』第81号、歴史学会、2017年、20–41頁)。

愛知大学東亜同文書院大学記念センター叢書

書院生の見た日中戦争

2022年3月31日　第1刷発行

編　者　三好　章
発　行　株式会社 あるむ
　　　　〒460-0012 名古屋市中区千代田3-1-12
　　　　TEL (052)332-0861　FAX (052)332-0862
　　　　http://www.arm-p.co.jp　E-mail: arm@a.email.ne.jp
　　　　印刷／興和印刷　　製本／渋谷文泉閣

ISBN 978-4-86333-182-2　C3022